脱貧困の社会保障

唐鎌直義
Naoyoshi Karakama

旬報社

昨年の晩秋、急性心不全のために短い一生を終えた
根本佑輔君（専修大学経済学部二〇〇九年度卒・元唐鎌ゼミ生）に本書を捧げる。
多額の奨学金の返済を抱え、「マイナスからの出発です」と言っていた君は
その細い身体で、一生懸命働き過ぎたのだ。
葬儀の日は風のない薄曇りの空だった。
この空のどこに君はいるのか。

はじめに

これはひとり社会保障に限られたことではないのかもしれないのだが、近年、研究者のあいだで「社会保障とは何か」に関して合意形成することが難しくなってきたように感じられる。その典型例は、逆進性の強い大衆課税である一般消費税の税率を引き上げて、社会保障の財源に充当すべきだという意見の急増である。

イギリスで一九一一年に国民保険法が初めて制定された際、その財源を捻出するためにデビット・ロイド・ジョージ（当時の大蔵大臣）は累進所得税制の導入を提案し、国会を通過させた。彼はこれをかの「人民憲章」(People's Charter, 一八三八年）になぞらえて、「人民予算」(People's Budget) と呼んだ。社会保障は、富者から貧者に所得を再分配することをその使命として、初めてこの世に誕生したものである。

これに比して、貧者ほど負担の度合いが高まる消費税が財源では、社会保障の使命は雲散霧消してしまうであろう。「薄く・広く・公平な負担」を求めることが、はたして本当に社会保障にとって「公正」なことなのか。よく考えねばならない。

たしかに、どこから、どんなふうに集めて来ようとも、一〇〇〇円の金は一〇〇〇円であるということは普遍の理である。客観的価値とはそういうものである。しかし、富者が支払う一〇〇〇円と貧者が支払う一〇〇〇円とでは意味が大きく違ってくる。貧者の一〇〇〇円は、生命の維持にとって不可欠な何らかの必需品、もしくは母の日に子どもが母親に贈る赤いカーネーションの購入を犠牲にして支払われたものかもしれないからである。子会社から数年間に一〇六億円もの巨額の金を引き出してカジノ賭博で浪費し尽くした大王製紙元社長が夜ごと酒場で行なっていたという「一〇〇万円じゃんけん」と、一般大学生が行なう罪のない「一〇〇円じゃんけん」とは主観的価値において等価なのではないか。こういうことに思いを致すのが、本当の意味での「公正」の追究ではないか。富者の虚栄のための消費と貧者の生活のための消費をまったく同等に扱っているのが、わが国の一般消費税に他ならない。これほど「不公正」な税制はないといってよい。

近年の社会保障をめぐる動向のなかで、筆者が感じている違和感は財源問題だけにとどまらない。昨今の厚生労働省の文書に頻繁に登場する「社会保障は本当に困っている人を助けるためのものである」とか「働く能力があるのだったら、生活保護に頼らずに、働いて自活する道を選ぶべきである」といった見解は、一見したところ真っ当至極な意見のように思われる。しかしこれらの意見は、社会保障の歴史に照らすならば、非常に重大な問題点を含んでいる。

社会保障が「本当に困っている人」だけを対象とするようになったならば、あなたは本当に困った事態に立ち至った時に、社会保障を利用する気持ちになれるだろうか。市民として「国家公認の貧困者」に認定されることだけは避けたいと考えるのではないか。事実、「本当に困った人」だけを対象とした福祉は「本当に困った人」を救済できなかった歴史を持っている。近年、「ベーシックインカム」という所得の普遍的給付という考え方が提起されるようになった背景には、こうした根本的な問題が横たわっている。

また、「働けるのならば、働いたら」という意見も、当事者にとって相当に過酷である。失業圧を背景とした非正規雇用の増大とそれにともなう賃金の歯止めなき低下によって、首都圏で月給一五万円、地方で一二万円という求人が賃金の相場を形成している。これではアパート代を払って生活することは困難であることは誰にでもわかる。今の日本で「働く」ということは、ここまで自分の価値を低下させなければならない、ある種の危険との遭遇なのである。「働けるのならば、働いたら」という発想は、労働力の供給圧力をいま以上に高め、さらに一層の低賃金を招来する。これが最終的に誰を利することになるかは、言うまでもないであろう。

社会保障は働く人々を貧困化から守るために存在している。それが社会保障の第一義的な存在理由である。国家財政の均衡のために存在しているわけではない。今やアメリカに次いで世界第二位の富裕者(ビリオネア)数を擁するようになった超富裕国・日本では、不況が続く今も「格差」が拡大し続けている。驚いたことに、対人口比からみた富裕者数は、いつの間にかドバイを抜き、アメリカと変わらぬレベルに達している。その対極には「孤独死」ならぬ「家族死」とでも表現すべき餓死・病死事件が全国各地で頻発している。悲惨の度合いが、これまでよりもまた一段強まったように思われてならない。なぜ日本の社会保障制度は、こうした悲惨な事件を未然に防止できないのか。その解答を本書のなかから見つけていただけたならば幸いである。

本書は、前半部分で社会保障の歴史を記述している。イギリスと日本の社会保障史を対比することで、日本の社会保障制度の特異性（「日本の常識は世界の非常識」）を明らかにしようとした。後半部分では、日本の社会保障制度について、領域ごとに現状と課題を明らかにした。所得保障制度に比重が置かれすぎており、サービス保障の領域についてはやや手薄の感を否めない。次回までの宿題にさせていただけたらと思う。

本書の刊行を契機として、「社会保障とは何か」をめぐる議論が少しでも活性化することを期待している。社会保障を考える際に、少数派の低所得・不安定層のことだけを追究していて、多数派の「中間層」のことを考えていないという批判をたびたびいただいてきた。しかし、低所得層と「中間層」の本質的な違いはどこにあるのだろうか。その境界はもともと薄い皮膜のようなものであり、その皮膜さえも溶解させようとしているのが、今に続く「構造改革路線」（新自由主義経済政策）なのではないか。イギリスで中産階級というと、メイドか執事がいる世帯のことを意味する。いまや国民の九九％が労働者階級（われわれ）であるというアメリカのＯＷＳ（occupy the Wall Street）運動のほうが社会の本質を突いている。スイスや香港に預金逃避しているような日本の富裕層に「船外」から指図されるのはやめにしよう。低所得層も「中間層」もともに日本という「船中」の人なのだから。

二〇一二年七月

脱貧困の社会保障◆目次

第Ⅱ部 日本の社会保障――歴史と現状

第Ⅰ部

社会保障とは何か

1 「福祉」の原点

1 資本主義と「福祉」の関係

新自由主義の信奉者を除いて、「福祉」とか社会保障と聞くと、それ自体を「善」と識別する人が多い。「福祉」は貧困者や高齢者、障害者といった「社会的弱者」に援助の手をさしのべる制度だと考えられているからである。しかし、その判断は「福祉の機能的側面」だけを見て下されているにすぎない。福祉に充当される現金やサービスなどの財源を誰がどう負担するのかという「福祉の経済的側面」を考えはじめると、そこには別の性格が立ち現れる。

わが国で介護保険制度が創設された際、主としてこの新奇な「福祉」制度の機能面が議論され、誰がどう負担するのかという問題は、社会保険で運営されることとすべての高齢者が負担すること以外、議論の中心課題にはならなかった。その詳細を旧厚生省が施行直前まで公表しなかったせいもある。「応益負担制」が低所得の高齢者に及ぼす深刻な影響は、施行後に表面化した。今日ではその影響への対応に、多くの自治体が苦慮している。「福祉」を機能面で判断してしまう危うさを語って余りある。

また、政権交替以前の厚生労働省の文書では、「セーフティネット」論とともに「社会保障は『本当に困っている人』を救うためのものであり、そうでない人は『生活の自己責任』を果たすことが望まれる」という「福祉の効率的適用」を推進する表現が随所にみられた。これに関しても、一般勤労者・国民の大方の反応はいまも受容する傾向にあると思われる。しかし、野宿者でさえろくに救済されず、経済苦・生活苦から自殺する人が年間一万人に達しているわが国で、「本当に困っている人」とは誰のことを指すのか。よく考えるとわからない。また、生活困窮に陥った多くの人びとが生活保護を申請せずに苦しい生活をおくっていることにみられるように、誰が国家から「本当に困っている人」と認定されることを進んで受け入れようとするだろうか。もし自分がそういう境遇に陥ったとき、どんな心境に至り、どんな行動をとるのか。ほんの少しの想像力を働かせさえすれば、理解できることである。「福祉は『本当に困っている人』を助けるためのもの」という理解は、同じ労働者の問題でありながら貧困を「共通の運命」とみなさず、自分とは永遠に関係のない「他人事」とみなし、他者の苦悩を共有しない鈍感な思考の広がりを背景としているのではないか。

上にあげた二つの例は、じつはヨーロッパの国ぐにでは古くから論議されてきた福祉の根源的テーマである。このテーマが過去のテーマとはならずに今日まで生き延びてきた点に、日本の社会保障・社会福祉をめぐる危機の本当の深さがある。それは民主主義の危機と言い換えてもよい。以下、イギリスの社会保障史を参考にしながら、「福祉」の意味をとらえ直すことにしたい。

2 「福祉」の原点――エリザベス救貧法

資本主義が早期にスタートしたイギリスでは一六世紀に入ると、人口増にともなって小麦や羊毛への需要増が起こり、農業の生産性の向上が求められるようになった。「規模の経済」を追求するのが手っ取り早い方法であったから、大地主による暴力的な農地の「囲い込み」が発生した。その結果、零細自作農は土地から追放され、貧困化・浮浪者化するに至った。封建制の弛緩・衰退の始まりである。一六世紀末には、首都ロンドンでは、イングランド南部から流入してきた浮浪者が目立って増加し、それへの対策が必要になった。一五九四年に始まり、四年間続いた穀物の凶作と飢餓の発生が追い討ちをかけた。イングランドの女王エリザベスI世（一五三三～一六〇三年）は、都市浮浪者の増加とその暴徒化を憂慮し、「社会が責任の一端を引き受けざるを得ない」ことを承認した。こうして、その治世の最晩年近くに施行されたのが「救貧法」（一五九八年。正式名称は「貧民救済のための法律」）である。のちに登場する悪名高き「新救貧法」と区別するために、この法律を一般に「旧救貧法」または「エリザベス救貧法」と呼んでいる。

エリザベス救貧法は、治安対策の一環として貧困者を救済する性格のものであったが、初期資本主義の社会政策の典型例として、資本主義を促進するという、もう一つの役割をも兼ね備えていた。具体的には、貧困者を「働ける貧民」（"able bodied poor"）と「働けない貧民」（"non-able bodied poor”）に区別し、前者をワークハウス（Workhouse, 労役場）に収容して働かせるとともに、必要な資材を提供した。また、孤児を徒弟に就かせて技術を習得させた。エリザベス救貧法は、「労働力の陶冶」（いまで言う職業訓練によって、貧民を労働者に仕立て上げること）を最大の目的としており、それを通じてブルジョアジー（産業資本家）の活動を後方支援し、資本主義を促進する役割の一端を担った。救貧法は形を変えながらこのあと三五〇年近く存続することになるが、その収容施設の一般名称としてワークハウスという言葉が使われ続けたのは、救貧法の本質が貧困の救済よりも労働力の陶冶にあったことを物語っている。

また、高齢者や病人・身体障害者などの「働けない貧困者」をプアハウス（Poorhouse, 救貧院）に収容し、衣食住を提供した。働こうとしない怠け者は「矯正院」（House of Correction, 一種の刑務所）で刑罰を課された。これらの施設を維持する費用は、教区（parish, 教会がおかれた地域の単位）に領地をもつ地主層（旧勢力）から徴収される「救貧税」（rate, 地方税）によって賄われた。このようにエリザベスI世は、旧勢力に課税して得られた財源を新興勢力の援助に用いる仕組みを救貧法のなかに巧妙に忍び込ませたのである。

これは絶対王政の政略によるものと理解されている。当時、旧勢力（領主層）だけでは政権を維持できなくなりつつあり、また、新興勢力（ブルジョアジー）だけでも政権を執るには至らなかった。両者の力の均衡点で、絶対的権力を振るう王権（絶対主義、absolutism）が成立しえた。エリザベスI世はみずからの政権安泰のために「救貧法」を利用したのである。このように「救貧法」を貧困者救済という機能面だけで判断し、それを善政とみなすことも治安対策とみなすことも皮相な見方にすぎる。「福祉」を利用してみずからの政権の安定化を実現しようとした政治の深部（本当の意図）も見抜かなければならない。

日本の介護保険制度の成立は、それまで要介護高齢者福祉にかかる費用の五〇％余を負担してきた国に対して、この制度が続くかぎり未来永劫、どれほど人口の高齢化が進んでも二五％以上負担しなくて済むようにし、足りなくなった分は四〇歳以上の勤労者とすべての高齢者が支払う保険料で賄わせることにした。「介護の社会化」「家庭介護からの女性の解放」「措置から選択へ」「お仕着せの福祉からの脱却」といった当時の華々しいスローガンは、いまとなっては空しいばかりである。現在も老老介護の果ての殺人事件や自殺事件はあとを絶たない。また、高い入居料を払って有料老人ホームに入っても、安心できない状況が広がっている。極端に人員が合理化された施設内で、入居者の転倒事故が多発している。その裏側からは、国（旧厚生省と旧大蔵省）の高笑いが聞こえてくる。社会保険制度の新設や全面的な「改正」によって「誰が得をするのか」。「福祉」制度の大転換時には殺人事件の解決方法と同レベルの推理の形式が求められることを、イギリスの「エリザベス救貧法」と日本の「介護保険法」は教えている。アメリカの保健維持機構（Health Maintenance Organization, 略称ＨＭＯ）も同じである。新しい福祉政策は、もっともらしい理念などの「飾り」を取り除いて、経済学的に評価することが必要である。真の意図や暗部を美しい理念でごまかすことは、政治家の常套手段だからである。

同時に、救貧法の時代から「福祉」（貧困者救済）は「就労」と強く関連づけられてきたことに注意する必要がある。近年、欧米で進められてきた「ワークフェア」も、その日本版である生活保護制度の「就労自立支援」も、発想自体は決して新しいものではない。それは資本主義経済の発展を底辺から支える低賃金労働者を「福祉」の名のもとに創出し、企業の搾取材料として供給していくことである。どんなに綺麗な言葉を用いても、今日の就労支援にはそういう過酷な本質があることを認識しておかなければならない。たしかに、資本家に雇われて働くしか生きる途のない大多数の労働者にとって、就労支援は「より良い生の一里塚」に見えるかもしれない。しかし、現状では多くの場合、そこから得られるものは「より良い生」どころか、「自立」することさえ叶わない低すぎる賃金と、心身を荒廃させる過重労働である。自明のことだが、「雇用の劣化」を食い止め、すべての人に「普通に働いたら普通に幸せになれる社会」を準備することが最優先課題である。多くの他者の不幸のうえに自己の幸福が実現されても、人間は本当の意味で幸福感を得られるものだろうか。

初冬の休日、朝九時半頃、私は講演の会場に向かうために、横浜市の野毛地区に通じる駅前の交差点で信号待ちをしていた。そこで見た光景は、薄汚れてくすんだジャンパーを着込んだおびただしい数の中高年の男たちが、競馬の予想紙と思われる新聞を片手に次々と駅の改札口に飲み込まれていく様子だった。友だち連れの人は少ないようで、一人ひとり無言で歩いていた。私の思い込みかもしれないが、皆一様に孤独で、少し怒っているように見えた。その灰色の光景に圧倒された私は、信号が青に変わってもしばし動くことができなかった。男たちはどこでその日の朝を迎え、どこで朝食を済ませてきたのだろうか。こうした都市の日常に、いつまで人は見て見ぬふりを決め込むことができるのだろうか。スーツ、ネクタイ姿の私は、永遠にその光景に溶け込むことができない他所者《よそもの》であった。何気ない日常の裏側には、見知らぬ人々の不幸が溢れていることを思い知らされた。いまの日本の現状をきちんと正視しさえすれば、「あってよい格差」などどこにも存在しないことに誰でも気づくはずである。

3　救貧法と賃金補助

一八世紀に入って資本主義の発展が本格化すると、救貧法は厳格に適用される方向をたどり始めた。個人主義的自由の時代が訪れ、貧困の原因を主として「個人の道徳的堕落」の結果とみなす風潮が強まったためである。これには「プロテスタンティズムの倫理」が強く作用していた。資本主義の発展のためには何よりも「資本」（増殖する価値、元手）が必要であり、それはブルジョアジーにとって「勤勉・節約・蓄財」以外の方法では準備されなかったからである。まさに産業（industry）は勤勉（industry）の賜物であった。彼らは、労働者の貧困は「勤勉」でないこと（つまり道徳的堕落）によって生じている問題に他ならず、それは「自己責任」に帰結する問題とみなした。

しかし、その方向性のなかにも紆余曲折はあった。一七八二年に制定されたギルバート法は、労働能力を有する貧困者に対して収容主義を廃止し、院外救済（つまり在宅での救済）の道を開いた。ま

表Ⅰ—1—① スピーナムランド会議（1795年5月6日）における治安判事決定（バークシャー州に適用）

1ガロン当たりのパンの価格	勤勉な貧困者のあるべき週所得（世帯規模別）							
	男1人	女1人	夫婦	夫婦＋子ども1人	夫婦＋子ども2人	夫婦＋子ども3人	夫婦＋子ども4人	夫婦＋子ども5人
1シリング0ペンス	3シリング0ペンス	2シリング0ペンス	4シリング6ペンス	6シリング0ペンス	7シリング6ペンス	9シリング0ペンス	10シリング6ペンス	12シリング6ペンス
1〃 1〃	3〃 3〃	2〃 1〃	4〃 10〃	6〃 5〃	8〃 0〃	9〃 7〃	11〃 2〃	12〃 9〃
1〃 2〃	3〃 6〃	2〃 2〃	5〃 2〃	6〃 10〃	8〃 6〃	10〃 2〃	11〃 10〃	13〃 6〃
1〃 3〃	3〃 9〃	2〃 3〃	5〃 6〃	7〃 3〃	9〃 0〃	10〃 9〃	12〃 6〃	14〃 3〃
1〃 4〃	4〃 0〃	2〃 4〃	5〃 10〃	7〃 8〃	9〃 6〃	11〃 4〃	13〃 2〃	15〃 0〃
1〃 5〃	4〃 0〃	2〃 5〃	5〃 11〃	7〃 10〃	9〃 9〃	11〃 8〃	13〃 7〃	15〃 6〃
1〃 6〃	4〃 3〃	2〃 6〃	6〃 3〃	8〃 3〃	10〃 3〃	12〃 3〃	14〃 3〃	16〃 3〃
1〃 7〃	4〃 3〃	2〃 7〃	6〃 4〃	8〃 5〃	10〃 6〃	12〃 7〃	14〃 8〃	16〃 9〃
1〃 8〃	4〃 6〃	2〃 8〃	6〃 8〃	8〃 10〃	11〃 0〃	13〃 2〃	15〃 4〃	17〃 6〃
1〃 9〃	4〃 6〃	2〃 9〃	6〃 9〃	9〃 0〃	11〃 3〃	13〃 6〃	15〃 9〃	18〃 0〃
1〃 10〃	4〃 9〃	2〃 10〃	7〃 1〃	9〃 5〃	11〃 9〃	14〃 1〃	16〃 5〃	18〃 9〃

注１：実際には「夫婦＋子ども７人」の世帯まで基準額が定められていた。「あるべき週所得」と実際の賃金額の差額を救貧税から給付する仕組み。

注２：１ポンド＝20シリング、1シリング＝12ペンス。

出所：Ian Martin“From Workhouse to Welfare,The Development of the Welfare State”Penguin Books,1971.p.53.

た、救貧院のなかに「救貧病舎」を設け、病気の貧民（the sick poor）に対して入院治療を施すようになった。

その後、フランス革命（一七八九年）の勃発によるフランス農業の停滞の影響を受けて、穀物輸入国であったイギリスでは小麦の価格が異常に高騰した。賃金の範囲内では食料を買えない労働者世帯が多数生じた。南イングランドの一地方スピーナムランドでは、パン価格の上昇と家族数に応じて、救貧税から賃金を補助する仕組みがスタートした（**表Ⅰ—1—①**）。この「スピーナムランド制」は、翌年（一七九六年）に「ヤング法」として全イングランドで施行された。現に働いている労働者に低賃金対策の一環として、税金から補助金が支給されるという画期的な試みが施行された。二〇〇九年四月に実施されたわが国の「定額給付金」は一回限りのものだが、イギリスでは救貧法において恒常的に賃金補助を行なうことになったのである。わが国と違ってイギリスでは、いまでも貧困な稼働世帯が公的扶助制度の対象と位置づけられている。その淵源は「スピーナムランド制」に求められるのかもしれない。

4　新救貧法の登場

一八三〇年代はイギリスの産業革命期に当たる。生産方法がそれまでの工場制手工業（マニュファクチュア）から機械制大工業に移行した時期である。この時期を経て、イギリス資本主義は「世界の工場」という地位を獲得することになる。その延長線上には、ヴィクトリア女王治世下の「黄金時代」が待ちかまえていた。工業の発展を背景に、都市における急速な人口の増加が始まっていた。こうした発展の裏側では、フリードリヒ・エンゲルスが『イギリス労働者階級の状態』（一八四五年刊）で、またヘンリー・メイヒューが『ロンドンの労働とロンドンの貧民』（一八五一年刊）で活写したように、資本主義の原生的労働関係のもとで、多くの労働者が資本家の搾取と貧困に喘ぐ、著しい格差社会が生み出されていた。

このような富の蓄積と貧困の蓄積が同時進行していた時代に、悪名高い「新救貧法」（救貧法改正法、一八三四年）が登場した。この法律は、貧困の原因を「個人の道徳的堕落」に一元化したことと、それに規定されて救済の対象を高齢者や障害者・病人などの「働けない貧困者」に限定した点に大きな特徴を持っていた。この特徴は、ロバート・マルサスの「絶対的過剰人口論」やジェレミー・ベンサムの「功利主義」等に代表される当時の著名な経済学者の世界観（道徳哲学）を率直に反映したものであった(1)。

マルサスは一七九八年に出版した『人口論』のなかで、食糧と人口の関係を論じ、食糧が土地の有限性に規定されて算術級数的にしか増産されないのに対して、人口はこのまま放置すれば幾何級数的に増大すると説き、近い将来に食糧に対して絶対的に過剰な人口が生じ、飢饉が発生すると警告した。ここから「貧乏人の子沢山」を招いている救貧法（スピーナムランド制）に反対の立場をとり、貧困者に避妊を強制することと「貧困の原因が貧困者自身にあることを教えること」の重要性を主張した。

過去を振り返って「無慈悲きわまりない」と批判するのは簡単である。いまの日本の福祉行政において全面展開されている「自立支援政策」は、貧困の原因を貧困者自身に求めている点で、マルサスの主張と同じではないか。いったい何人の学者が自立支援政策に反対の声を上げているかを考えると、背筋が寒くなる思いがする。

結局、マルサスの予言は当たらなかった。イギリスの貧困研究者デヴィッド・ピアショー氏は、かつて次のように述べた。

「一世紀前、アイルランドではジャガイモの輸出が続くと同時に、小麦の過剰生産がみられたが、その一方で、百万人にも及ぶ人々が餓死するという状況が生じた(2)」。

つまり、歴史に残るアイルランドの大飢饉は、凶作によってではなく、資本主義の市場メカニズムによって引き起こされたものであることを指摘している。より高い価格で買ってくれるヨーロッパ市場に、アイルランドの農民がジャガイモを輸出したにすぎなかった。ピアショー氏は「一兆ドルの借金を負わされた第三世界が存在すると同時に、世界のいくつかの地域では膨大な食糧過剰が生じている。世界の僅かな人々に非常に多くの富が集中する一方で、何百万人もの人々が貧困と栄養失調からくる疾病で死亡している」と続けている。

「人口論」は今日でも形を変えて流布されている。お馴染みの「高齢化の危機」がそれである。総人口に占める六五歳以上人口の比率が高まると、社会が衰退するという主張である。年金問題への応用バージョンもあり、現在は三人の生産年齢人口で一人の高齢者を養っているが、二〇五〇年には一人の生産年齢人口で一人の高齢者を養わなければならない。だから年金の給付水準を抑制しないと破綻する、という主張である。しかし、人間を年齢で区切ることに合理的根拠はあるのだろうか。六五歳を超えて社会的に活躍している人は多い。高齢者でも所得税や社会保険料を払い、社会を支えている人は多い。反対に、若年の派遣労働者のようにまともな賃金も得られず、税金を納めるどころではない若者が多数生み出されている。だから消費税が必要になるのであろう。人口論はいつも現実とかけ離れた、わかりやすい二次元の架空の空間で展開される。いわば「経済学におけるディズニーランド」である[3]。

ジェレミ・ベンサムは功利主義の立場から、国家の役割を「最大多数者にとっての幸福を最大化すること」(the greatest happiness of the greatest number) におくべきであると主張し、少数者にすぎない貧困者の幸福に対して冷淡な立場をとった。ベンサムの功利主義は、階級的利害対立の枠組みではとらえきれない性格をもっている。貧困者救済に関しては反対の立場をとったが、伝染病の予防に関してはベンサムの直弟子であったエドウィン・チャドウィックが公衆衛生法 (Public Health Act, 一八七五年) の制定に尽力するなど、先進的な役割を果たした。すべては政策対象が「多数派」であるか「少数派」であるか、つまり「公共善」の推進という点にあった。チフスやコレラといった諸外国から持ち込まれた伝染病は、当初はテムズ川河口近くで港湾労働者等に従事する低所得労働者の病気であったが、下水道の不備によって徐々に中産階級や上流階級をも脅かす猖獗《しょうけつ》へと拡大していった。飲み水と病気との因果関係が解明されるには、医学の発展を待たなければならなかった。ヴィクトリア女王の夫君アルバート公が一八六一年に四二歳の若さで腸チフスで亡くなったことが、公衆衛生法制定の直接の動機であったといわれている。ここから、公衆衛生の本質は「社会防衛」にあるととらえられている。少数者（貧困層）が罹る貧民病であるかぎり、国家は対策に乗り出さなかったのである。

ジョン・スチュアート・ミルは、労働者の賃金は資本家の利潤の一部である「賃金基金（wage fund）」から支給されるという理解に立脚し、貧困者の救済は「貧困者による一般労働者の搾取につながる」と主張して、救貧法に反対の立場をとった。ミルは同様の理屈で、「労働組合」の存在にも反対した。「賃金基金」の量は一定なので、組合に所属する労働者が所属しない労働者を収奪することになると考えたのである。これはミルの初歩的なミスで、のちにカール・マルクスによって『資本論』のなかでこっぴどく批判されることになる。賃金は価値構成から見れば、総投下資本中の可変資本部分であって、資本家にとっては「費用」の一部（人件費）である。利潤の一部ではない。こういう誤解は、ひとえに賃金が「後払い」であることから生じたものである。賃金は「先払い」でも構わない。そう考えれば、資本家の利潤の一部を労働者が分けてもらっているというミルの学説は成り立たない。しかし、現代の日本の若者のほとんどは、いまもミルの「賃金基金」説のほうが理解しやすいようである。大学人として、日本はまだ戦前なのだと思わされる瞬間である。自分たちを守る理論を支持することができない。こうした根源的なところに、日本の民主主義の未成熟さの原因があるのではないか。

以上のようなスピーナムランド制批判の背後には、迅速に高額の資本を投入しなければならない工業の発展にとって、年間七〇〇万ポンドに及ぶ救貧法財政が重荷であるというブルジョアジーの主張が隠されていた。新救貧法はまさに、産業資本家層（工場経営者）の利益を代弁するかたちで成立した。

5 「福祉のパラドクス」

新救貧法は、次のような四つの原則から成り立っていた。

第一に、餓死を免れるためにはどんなに悪い条件でも甘んじて受け容れるほどに、まったく自立の見込みのないことが証明されないかぎり、労働可能な貧民に対する救済はすべて拒否する。

第二に、貧民を救済する場合には、被救済者の地位を、自立している労働者のなかの最下層の労働者の地位以下に押しとどめる。これは「劣等処遇」原則（less eligibility）と呼ばれた。

第三に、救済を適用するに際して、曖昧さやごまかしの余地がないように、困窮度を簡単に測定できる基準を設ける。すなわち、劣悪な環境の救貧院に入ることを承諾した者だけを「真に困窮している者」とみなす。つまり、「ワークハウス・テスト」を実施する。

第四に、全国的に教区の合併を推し進めて六〇〇の救貧教区連合に改め、中央集権化を図るとともに、全国で統一基準の救貧法運営が行なわれることを可能にする。

これらの諸原則は「自立・自助」という資本主義の生活原則に照らすと、一見誤りがなく正当であるように見える。「働く能力があるのならば働いて生活すればいい」、「血税が財源の福祉で生活するときは、多少の我慢は当然である」。こういう言葉は普段よく耳にするし、わが国では「世間の常識」と化している感さえする。普通の仕事に従事して、普通の暮らしをおくれている場合には至極当然の「自立」観であるが、ひとたび貧困に陥った場合には、この「自立」観がじつに残酷に作用するようになることに気づかなければならない。新救貧法の恐ろしさは、まさにこの点にあった。

困窮している人を救済するという「福祉」本来の役割からみると、新救貧法の四原則はあまりにも重大な過誤を含んでいた。すなわち、これらの原則どおりに救貧法が運用された結果、

ア．院外救済（在宅救済）の廃止と収容主義の復活

イ．救済に値する貧民（deserving poor）と救済に値しない貧民（undeserving poor）の峻別と救済対象の前者への限定

ウ．「バスティーユ監獄」にも擬せられた貧民収容所の驚くべき惨状

をもたらすことになった。

こうして救貧法は、絶望的な困窮に陥っている人でさえ二の足を踏むようなものに変質させられた。新救貧法はブルジョア合理主義に則り、「真に困窮している者」だけを選別して効率的に救済することを目的に掲げたが、市民としての尊厳をひどく傷つけるものであったから、「真に困窮している人」でさえ「できる限り回避すべきもの」と考えるようになった。これを「福祉のパラドクス」と呼ぶ。「本当に困っている人」だけを救済しようとする福祉は、「本当に困っている人」さえも救済でき

なくなるということである。誰しも「国家公認の貧民」になって辱めを受けることは避けたい、という当たり前の事実を意味している。とくに真面目な人ほどそう考える。こうして貧困は、犯罪と同列にみなされるようになった。

新救貧法がいかに多くの貧困者を苦しめたかは、チャールズ・ディケンズの散文が雄弁に物語っている。[4] ディケンズは幼少期に父親が詐欺罪で経済刑務所に入れられた経験を持っており、貧困な生活をおくった。その経験がのちに新救貧法批判を彼に執筆させ、それが生涯のテーマになった。ディケンズは当時、「浮浪者収容所」(casual ward) と呼ばれていた救貧院を訪れ、子どもも高齢者も、妊婦も精神障害者も、男も女も、すべてごちゃ混ぜに収容された救貧院の惨状を書き残している。子どもには教育と規律を、高齢者には安静を、という当たり前の処遇が崩壊してしまった惨状である。いまも一〇ポンド紙幣にディケンズの肖像画が使われているのは、イギリス資本主義の発展期にブルジョアジーが犯した過ちを二度と繰り返してはならないというイギリス人の強い戒めのように思われる(口絵参照)。

10ポンド紙幣に使われているディケンズの肖像

また、喜劇俳優として著名なチャールズ・チャップリンは、ロンドン南部で離婚母子家庭の子どもとして育った。貧困による極度の栄養失調から、元舞台女優であった母親が精神を病み、六歳のときに「ランベス救貧院」に収容された経験をもっている。二人の息子に食べ物を与えるために、自分は食べずに我慢し続けた結果であった。発狂した母親は、それでも救貧法の適用を受けることを拒み続けた。家賃の滞納が続いたために大家が警察に通報し、母子別々に収容されたのである。ちょうど二〇世紀に入る直前の出来事である。新救貧法の制定以来七〇年近くが過ぎ去っても、その脅威が貧困者を苦しめていた証拠である。チャップリンは著書『私の若年時代』のなかで「わが人生で最も悲しかった思い出」と語っている。のちにチャップリンはアメリカに渡って喜劇王として大成功するが、生涯演じ続けた役割は「心優しい浮浪者チャーリー」であった。貧困が人の生に与える影響の激しさを思わずにはいられない。母親はチャップリンの成功を見ることもなく、精神病から回復することもなく、ランベス救貧院で亡くなった[5]。

「福祉は『本当に困っている人』を救済するためにある」。このドグマがいかに間違ったものであるかは、以上の説明から理解できるであろう。イギリス労働者階級が数世代にもわたって新救貧法に苦しめられた事実は、まさにイギリス労働者階級のＤＮＡに刻印された。それが理論的、政治的に批判されるのはもう少しあとのことである。ウェッブ夫妻に代表される「フェビアン協会」の「反救貧法運動」の高揚と、一九世紀末の「貧困の発見」（つまり、貧困は道徳的堕落のような個人的原因によって生じたポーパリズム〔恤救性〕ではなく、社会的原因によって生じたポバティ〔近代的貧困〕であることの学問的証明）を待たねばならなかった。

（1）　たとえば哲学者ジョン・ロックは、貧困を「心身抑制の弛緩と生活態度の堕落の結果」とみなしていた。モーリス・ブルース〔秋田成就訳〕『福祉国家への歩み――イギリスの辿った道』（法政大学出版局、一九八四年）五五頁。

（2） アラン・ウォーカー、キャロル・ウォーカー〔佐藤進・金子和夫・廣瀬真理子ほか訳〕『福祉大改革――イギリスの改革と検証』（法律文化社、一九九四年）三七頁。

（3） 当時の思想家トーマス・カーライル（一七九五～一八八一年）は、マルサスの人口論に代表される経済学を「陰鬱な学問」（dismal science）と呼んだ。将来の危機を喧伝することにより、貧しい人々の要求や希望を打ち砕く役割を果たしたからである。人口論に立脚する高齢化社会論もこの役割を果たしてきた。考えてみれば、新自由主義経済学も同じである。競争、効率、功利の推進により人々をさらなる努力と労働強化に駆り立てている。これでは経済学は、不幸ばかりを予告して人々に我慢を強いる「暗い学問」に成り下がってしまう。それはおそらく近代経済学が本質的に「性悪説」に依拠して構築されているせいであろう。学問の役割は人々に希望や明るい将来を提示する点にある。それを忘却している経済学に明日はあるのだろうか。

（4） 「ある夜のロンドンの光景」という文章において、ディケンズはある年の一一月にホワイト・チャペルで見たことを以下のように記述している。

「暗い路地のぬかるんだ舗道の上で雨に打たれながら、五人から成るぼろ布の一団が救貧院の壁を背にしゃがみ込んでいた。じっと動かず、生きた人間には見えなかった。ぼろ布で覆われた五つの大きな蜂の巣、もしくは首と足を縛られたまま墓から掘り出された五つの死体が公道上で雨に打たれているように見えた。『何てことだ。救貧院の一時収容所から締め出された可哀想な人たちじゃないか』と私は連れに言った。彼らの前で立ち止まった私たちは、その凄まじい外見に、足に根が生えたように動けなくなった」。

ディケンズは救貧院のドアを叩いて尋ねるが、そこの管理人からは外にいる人たちに関しては何も知らないと告げられる。「『ここはいつも満員なんです。毎晩そうです。子どもをつれた女性を優先的に入れてやるべきでしょう?』。私たちは救貧院のドアから一番近くにいたぼろ布に歩み寄り、それに触れた。何の反応もなかったので、そっと揺すってみた。そのぼろ布はゆっくりと動き、少しずつ顔を上げた。おそらく二十三、四歳と思われるその若い女性の顔は飢えで痩せ衰え、垢で汚れていたが、もともと醜い顔立ちではなかった。私はかがみ込んで『なぜここで寝ているのですか』と聞いた。『救貧院に入れなかったからです』。彼女の話し方に少し愚鈍さを感じた。彼女は黒い空と降る雨を微睡むような目で見上げたが、決して私たちの方は見なかった。『昨日の夜からここにいるんですか』。『ええ一晩中。その前の日の夜も』。『このなかに誰か知り合いはいますか』。『知り合いは隣の人だけ。彼女は昨日の夜もここにいて、サセックスから来たといっていました。それ以上のことは知りません』。『一晩中ここにいたということですが、昼間もここにいたのではありませんよね』。『ええ。一日中いたわけではありません』。『昼間はどこにいたのですか』。『大抵、路上に』。『何か食べましたか』。『何も食べていません』。『ちょっと思い出してみてください。あなたは疲れて寝ていたから、私たちに何を話しているのかよくわからないのでしょう。今日何か食べたのではありませんか』。『いいえ本当に何も。市場近くで拾ったものをほんの一口食べただけです。なぜ私を見つめるの』。彼女は襟を広げ、再び首を覆った。『もし一シリングあって、夕食と宿泊に使えるとしたならば、それをどこで使えるか知っていますか』。『ええ知っているわ』。『それならば、どうかこれを受け取って』と言って、私は彼女の手にお金を渡した。彼女は力なく立上がり、歩き去った。一言も感謝の言葉を述べるでもなく、一度として私を見るでもなく、気の滅入る闇のなかに溶け込んでいった。それはこれまでに私が経験したことのなかで最も奇妙な反応だった。私も多くの奇妙なことを経験してきたが、この無感動な態度以上に私の記憶に深く刻み付けられたことはない。ボロボロな悲惨の山がいくばくかの金をもってどこかに消えた、ということだった。」（唐鎌訳）（Ian Martin“From Workhouse to Welfare,The Development the Welfare State”, Penguin Books,1971. p.56）。

（5）チャールズ・チャップリン〔中野好夫訳〕『チャップリン自伝』（新潮文庫、一九八一年）参照。一八九五年に六歳のチャップリンがランベス救貧院に収容された時の様子は、以下のように『自伝』に記されている。

「救貧院の門をくぐる時まで、何が起きているのか私にはわからなかった。その後、絶望的な混乱に襲われた。というのも私たち家族は離れ離れにされたからである。母は女性収容所の方に行き、私とシドニーは児童収容所の方に進んだ。あの最初の面会日の強い悲しみを忘れることはできない。収容所服を身に付けた母が面接室に入ってきたのを見たときの驚き。母はどれほど絶望し混乱していたのだろうか。一週間のあいだに年を取り、痩せてしまっていた。それでも私たちを見て、母の顔が輝いた。シドニーと私が泣き出したので母も泣いた。大粒の涙が母の頬を伝い落ちた。」（唐鎌訳）（Charles Chaplin "My Autobiography"）。

2　貧困の「発見」——貧困観の一大転換

1　言葉の嘘を見破ることの重要性

「自立・自助」、すなわち「生活の自己責任」という価値観は本来、営業と交易の自由を求めて封建的諸規制の廃止に立ち上がったブルジョアジーの価値規範である。ブルジョア革命により王政を打倒することに成功し、新たな支配者の地位についた資本家層は、自分たちの価値観を労働者階級にも押しつけるようになった。しかし、基本的に自己の労働力を売ること以外に生計の手段を持たない労働者は無産階級（プロレタリア）であるから、失業、疾病、災害、老齢などの社会的事故に関して自前で対応するには限界がある。前時代における地域や家族による共同体的な支え合いの仕組みも、急速な労働移動等により崩壊し始めていた。社会保障というアイデアは、まさにこのブルジョア的価値規範の押しつけである「生活の自己責任」原則を労働者の側から打ち破っていく過程のなかから誕生した。

日本の政府や厚生労働省が出す最近の文書には「本当に困っている人を助けるのが国の役割であり、それ以外の人は自己責任で生活することが望まれる」という文言が必ずどこかに記されている。重度障がい者でさえ「自立支援」の対象にされ、母子世帯の母親でさえ就労自立を迫られているいまの日本で、政府の文書はいったい誰を「本当に困っている人」と想定しているのか、皆目わからない。「本当に困っている人」という想像の砂上に築かれた概念の楼閣は、きっと「生活の自己責任」や「選択の自由」「高齢化社会」「世代間扶養」といった言葉と同様に、福祉を削減していくときに用いられる便利な常套句に違いない。

「本当に困っている人を助ける」というメダルの裏側には、「働ける人は働いて自立すべきである」という言葉が刻まれている。しかし、この言葉にも嘘がある。自立すなわち「自助」は、その社会で「普通に働いたら人並みの生活をおくれる」ことが保証されていてはじめて通用しうる概念である。今の日本のように、必死に働いてもアパートを借りるどころか食べていくことさえやっとという人が大勢いる社会で、国民に「自立自助」を要求することは、ワーキングプアに向かって「国は助けない」と通告しているのに等しい。一九世紀末のイギリスで「自立自助」という言葉の嘘を見破ったのは、「反救貧法運動」に結集したフェビアン社会主義者たちであった。

2 二つの偉大な「貧困の発見」

イギリスではフェビアン協会の活動以前から労働者階級の悲惨な状況に関心を寄せ、彼らの貧困の原因を追究しようとした人々が存在した。『イギリス労働者階級の状態』(一八四五年刊)を著したフリードリヒ・エンゲルス、『ロンドンの労働とロンドンの貧民』（一八五一年刊）を著したヘンリー・メイヒュー、この二人が双璧としてあげられる。しかし、彼らの著作はビクトリア朝中期、イギリス産業資本主義の最盛期に刊行された。研究が社会のイデオロギーを根底から転換させるのはもう少し後のことであり、イギリス資本主義の危機の到来を待たねばならなかった。

一八七三年から始まったイギリスの不況は、九六年まで続く未曾有の「世紀末大不況」（グレートデプレッション）となった。後進国であったアメリカとドイツの相次ぐ工業化によって、イギリスの単独市場支配は終わりを告げ、歴史の舞台は大国による植民地分割競争の時代に、つまり帝国主義の時代に突入した。危機から脱出する過程でイギリス資本主義は自由競争から脱却して、少数の大企業が市場を支配する独占（寡占）資本主義に移行した。この激動の時代に長期不況が重なったことが、イギリス国内に蓄積されていた貧困問題に社会の関心を急速に向かわせる直接的な契機となった。

貧困の原因が「個人の道徳的堕落」、つまり「真面目に働かない」ことや「酒・煙草・ギャンブル依存」にあるというドグマを転換させた契機は、チャールズ・ブースとベンジャミン・シーボーム・ラウントリーによる二つの社会調査であり、それはのちに「貧困の発見」と呼ばれるようになった。

(1) ブースの貧困研究

リバプールの成功した海運業者であったチャールズ・ブースは、統計学に強い関心をもち、ロンドン支店開設を機に統計学を用いた社会調査を首都で実施したいと考え、テーマを探していた。折しもイギリス唯一のマルクス主義の政治団体であった社会民主連盟（一八八三年設立）の代表者ヘンリー・ハインドマンが「イギリス労働者階級の四分の一が健康を維持する賃金を得ていない」と主張していることを知り、「産業界の総帥」としての意気込みをもってロンドン民衆の生活実態の解明に乗り出した。その一八年に及ぶ調査研究の結果は、『ロンドン民衆の生活と労働』（一八八六〜一九〇三年刊、全一七巻）という大著にまとめられた。

ブースの貧困研究は「社会階層」（social class）という概念を用いることにより、一定の「職業と結びついた貧困層」（つまり「レーバリング・プア」）の存在を証明した点に最大の特徴をもっている。その職業に就いている労働者の大部分が、低水準の生活をおくっているような職業が存在するという仮説である。ブースは「港湾労働者」「馭者」「煉瓦積工」などを、レーバリング・プアの代表として見出している。

表I—2—①と**表I—2—②**は、一八八八年にブースがイギリス王立統計協会で調査結果を発表した論文「東部ロンドン・ハックニー地区の人々の生活状態と職業」から引用したものである。極貧層（A・B）と貧困層（C・D）の合計値は全世帯主数の三五・二％に達している。ブースは「収入が規則的にあり、質素な暮らしながらも緊急時に他人から借金しなくても済む暮らし」（decent, independent life）を「生活の標準」と考え、そうした生活をおくるには最低でも週当たり二一シリングの所得が必要であると考えた。この貧困測定基準は科学的に厳密に設定されたものではなく「恣意的な（arbitrary）」ものであることを、ブースは率直に認めていた。しかし、その基準が測定基準と

表Ⅰ—2—① 世帯主の職業と生活水準の相関関係（イーストロンドンとハックニー地区）

（単位：人、％）

		世帯主数	構成比	極貧 A	極貧 B	貧困 C	貧困 D	快適 E	快適 F	富裕 G	富裕 H	計
	1. 最下層・浮浪者等	9,050	1.0	100.0	-	-	-	-	-	-	-	100.0
労働者	2. 不安定日雇労働	42,505	4.8	-	97.2	2.8	-	-	-	-	-	100.0
	3. 非正規労働	21,165	2.4	-	21.5	72.2	-	6.4	-	-	-	100.0
	4. 正規労働・低賃金	39,562	4.4	-	3.0	-	96.7	0.3	-	-	-	100.0
	5. 正規労働・普通賃金	77,227	8.7	-	0.4	-	14.5	84.8	0.3	-	-	100.0
	6. 職長・責任ある仕事	17,394	2.0	-	-	-	0.1	2.0	97.8	-	-	100.0
職人	7. 建設業	50,915	5.7	0.3	8.6	13.0	11.7	56.3	10.1	-	-	100.0
	8. 家具・木工等	64,720	7.3	0.2	10.0	11.7	16.3	55.3	6.6	-	-	100.0
	9. 機械・金属	35,682	4.0	0.2	4.1	6.1	10.5	66.8	12.3	-	-	100.0
	10. その他の職人	53,793	6.0	0.2	5.7	8.9	12.0	50.7	22.5	-	-	100.0
	11. 衣服	59,062	6.6	0.1	10.6	15.8	21.5	46.4	5.5	-	-	100.0
	12. 食品調理	21,792	2.4	0.2	3.8	6.0	16.6	71.7	23.6	-	-	100.0
交通	13. 鉄道員	9,683	1.1	0.1	1.4	0.1	7.5	53.3	37.6	-	-	100.0
	14. 道路サービス	9,915	1.1	-	6.0	8.1	16.9	60.6	8.4	-	-	100.0
店員	15. 商店・食堂店員	21,514	2.4	0.1	4.2	2.3	14.5	67.2	11.8	-	-	100.0
他の賃金労働	16. 警官・兵士・準公務員	12,763	1.4	-	1.6	0.4	6.3	84.8	6.9	-	-	100.0
	17. 船員	10,448	1.2	-	2.7	7.3	18.0	85.7	0.2	-	-	100.0
	18. その他の賃金稼得者	15,603	1.8	0.2	3.2	5.0	12.1	66.7	12.8	-	-	100.0
工場経営者等	19. 家内工業（非雇用者）	19,540	2.2	0.1	9.4	17.0	8.7	47.3	17.1	0.3	-	100.0
	20. 小規模雇主	23,539	2.6	-	0.2	0.1	1.8	13.7	55.0	26.8	2.4	100.0
	21. 大規模雇主	2,658	0.3	-	-	-	-	-	-	67.0	33.0	100.0
販売店主	22. 行商等	15,015	1.7	2.0	23.1	29.2	15.1	28.6	2.1	-	-	100.0
	23. 雑貨商	9,940	1.1	0.7	3.3	15.2	12.6	41.9	24.3	2.0	-	100.0
	24. 小商店主	23,960	2.7	-	1.0	1.1	8.4	51.4	31.6	6.5	-	100.0
	25. 大商店主（店員あり）	15,628	1.8	-	-	-	-	1.9	30.5	38.6	29.0	100.0
食堂	26. 喫茶店・下宿屋	2,922	0.3	-	-	-	3.5	23.3	37.0	36.2	-	100.0
	27. 酒類販売店主	6,328	0.7	-	0.1	0.5	1.2	6.6	19.4	49.6	22.6	100.0
給与生活者等	28. 事務員・係員	38,468	4.3	-	1.3	1.9	5.0	30.0	40.1	18.9	2.9	100.0
	29. 下級専門職	9,021	1.0	-	1.5	2.3	6.1	28.8	38.1	21.2	1.9	100.0
	30. 専門職	4,485	0.5	-	-	-	-	-	8.1	15.2	76.7	100.0
無職	31. 病気・無職	2,930	0.3	-	69.8	15.7	6.8	5.9	1.8	-	-	100.0
	32. 資産生活者	1,841	0.2	-	-	-	-	43.5	24.3	28.1	4.1	100.0
女性世帯主	33. 半ば家事使用人	15,503	1.7	0.4	45.1	22.0	18.9	13.4	0.3	-	-	100.0
	34. 衣類縫製	7,220	0.8	-	28.5	22.0	28.4	20.6	0.5	-	-	100.0
	35. 小商売	5,657	0.6	1.0	32.6	17.6	23.2	23.6	1.9	0.2	-	100.0
	36. 雇主・専門職	1,082	0.1	-	-	-	12.9	32.8	30.5	23.8	-	100.0
	37. 被扶養者	3,022	0.3	-	13.4	5.9	21.5	56.7	2.3	0.2	-	100.0
	38. 資産生活者	1,536	0.2	-	-	-	4.6	41.6	15.0	38.9		100.0
	39. その他の勤労成人女性	68,451	7.7	1.3	11.4	8.7	14.8	43.0	14.9	4.4	1.6	100.0
	40. 予定外世帯	40,000	4.5	-	-	-	-	21.3	-	-	78.7	100.0
計		891,539	100.0	1.2	11.2	8.3	14.5	42.3	13.6	3.9	5.0	100.0

注：「10. その他の職人」には①印刷、②時計・道具等、③毛皮・皮革、④絹糸紡績、⑤その他の職人が含まれる。

出所：チャールズ・ブース「東ロンドンとハックニー地区の人々の生活状態と職業」『王立統計協会ジャーナル』1888年6月、328-329頁より作成。

表Ⅰ－2―②　ブースによる社会階層の定義と分布状況（ハックニー地区）

社会階層		内　　　容	構　成　比	
極貧	A	臨時的労働者の最下層（浮浪者と半ば犯罪者）	1.2%	
	B	不規則な稼得の者・極貧（18シリング未満）	11.2%	12.4%
貧困	C	間歇的稼得の者（18シリング以上）	8.3%	
	D	少額の規則的稼得の者	14.5%	22.8%
普通	E	規則的・標準的稼得の者（22-30シリング）	42.3%	
	F	上層労働者	13.6%	55.9%
裕福	G	中産階級下層	3.9%	
	H	中産階級上層（召使のいるクラス）	5.0%	8.9%
計				100.0%

出所：チャールズ・ブース「東ロンドンとハックニー地区の人々の生活状態と職業」『王立統計協会ジャーナル』1888年より。

して客観性を有していたことは、のちに述べるように、ラウントリーの「ヨーク調査」によって裏づけられることになる。週当たり二二シリングという基準で測定した結果、それ以下の収入で生活している世帯の出現率は、ハインドマンの推測を大きく超えて三五％強に達していたのである。次に、彼は貧困原因の究明に向かった。**表Ⅰ―2―③**に示されているように、貧困階層（C・D）に属する世帯の六八％が「就労は規則的だが低賃金である」ことや「賃率は低くはないものの就労自体が不規則・不安定である」ことによって、貧困に陥っていることが明らかになった。ブースはこれらを「雇用に基づく貧困」に分類している。また、「世帯主の病気または虚弱」や「大家族（五人以上の子持ち）」のせいで発生している貧困を「境遇に基づく貧困」に分類し、それが貧困原因の一九％にのぼっていることを明らかにした。新救貧法のドグマである「個人の道徳的堕落」（つまり、世帯主の飲酒癖や怠け癖、妻の浪費など）によって貧困に陥っている世帯は、せいぜい貧困原因の一三％を占めるにすぎないマイナーな問題であることが判明した。こうし

表Ⅰ—2—③　ブースによる貧困の原因の区分（C､D 階層、ハックニー地区）

貧困の直接的理由	世帯主数		構成比	貧困原因
1．浮浪者・半ば犯罪者	—	—	—	非該当
2．収入は規則的だが低賃金	503 人	1,668人	68％	雇用にもとづく貧困
3．不規則収入	1,052 〃			
4．少額の利潤	113 〃			
5．飲酒癖（夫または夫婦ともに）	167 人	322人	13％	習慣にもとづく貧困
6．飲酒癖または浪費癖の妻	155 〃			
7．世帯主が病気または虚弱	123 人	476人	19％	境遇にもとづく貧困
8．大家族（多子世帯）	223 〃			
9．臨時的労働と結びついた病気または大家族	130 〃			
計	2,466 人	2,466人	100％	

出所：チャールズ・ブース「東ロンドンとハックニー地区の人々の生活状態と職業」『王立統計協会ジャーナル』1888年6月、295頁より。

てブースは、最大の貧困原因が雇用問題にあることを発見し、港湾日雇労働者（ドック・レーバラー）に代表される「半失業」問題（「不安定雇用労働者」問題）に着目した。労働者の貧困の大半は、新救貧法が想定していたような道徳的堕落という「個人的原因」によって生み出された自業自得の問題ではなく、雇用問題という「社会的原因」によって、個人的な努力では回避しがたい問題として発生していることが学問的に証明されたのである。なぜ「社会的原因」と言えるのか。その理由は第一に、資本家階級の圧倒的な繁栄のもとで労働者の悲惨な貧困が生じていたからであり、また第二に、国家が何らかの対策をとるならば解決できる貧困を放置し続けることによって発生させていたからである。

ここからブースの貧困問題解決のための処方箋が描かれる。それは慈善組織協会（COS）以来の伝統的なケースワークによる個別的な貧民援助の有効性を否定するものであった。**図Ⅰ—2—①**に示したように、彼はその大半が「不安定雇用労働者」から構成されている「B階層」を、労働者階級全体にとっ

図1−2−①　ブースの労働市場の概念図

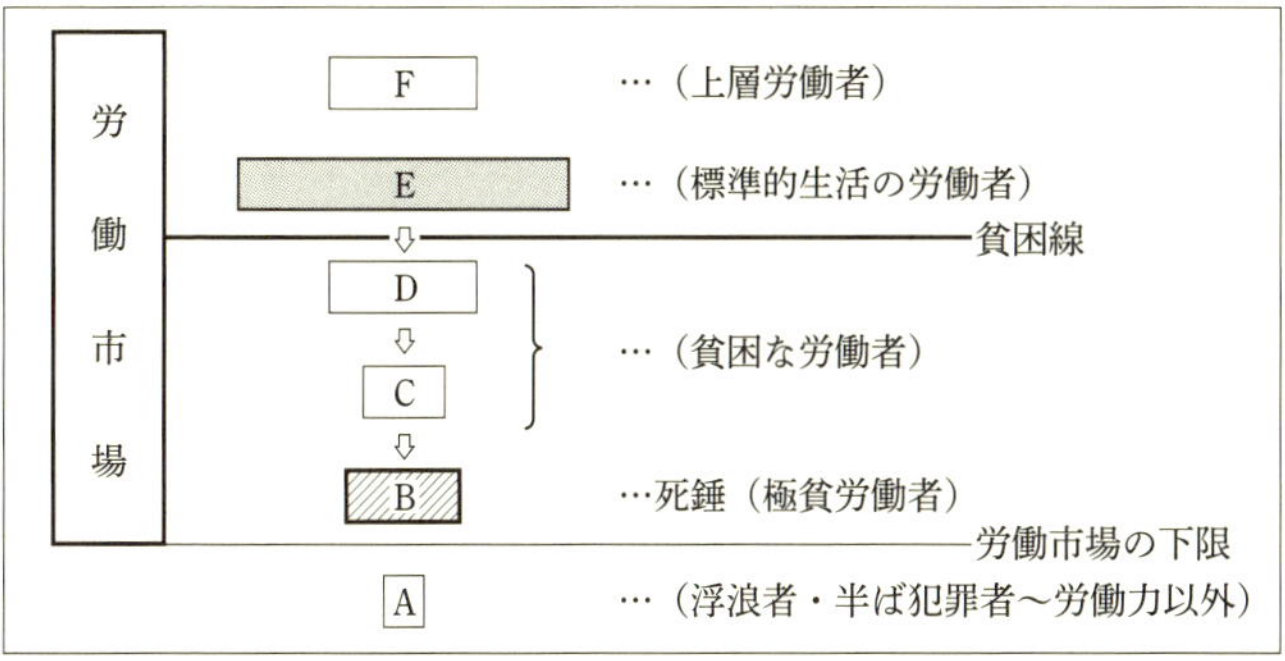

出所：表1−2−②より筆者作成。

ての「死錘」（dead weight）あるいは「社会問題の鍵」（key of social problem）とみなし、労働市場から「B階層」を取り除くことによって、C・D階層を標準的生活のE階層にまで浮上させられると考えた。「B階層」を詳しく調べると、そこには高齢労働者や障がいをもつ労働者が多数含まれていた。彼らに老齢年金や障害年金、公的扶助を給付してその生活を保障するならば、彼らを労働市場から引退させることができる。その結果、「ひどく劣悪な条件の仕事でも、食べるために否応なく働かなければならない労働者」をなくすことができる。高齢労働者や障がいをもつ労働者に対して、一枚のコインの裏と表のように一体化している労働と所得の関係を相対的に分離していくならば、労働市場における労働者間競争圧力を緩和し、労使交渉における労働者の要求を優位に導くことができる。ブースはさらに踏み込んで、「不安定雇用」（casual labour）をなくすために「常用雇用化」（デカジュアリゼーション、正規雇用化）を提唱した。公的な無料の職業紹介所を創設して、仕事を紹介するたびに一件一件雇用の質をチェックし、「不安定雇用」を労働市場から除去していく役割を担わせた。

この処方箋の体系をここでは「ブースの労働市場論」、もしくは「ブースの雇用理論」と呼ぶことにする。彼の考え方はのちに「労働市場の組織化」理論として、ウィリアム・ヘンリー・ベヴァリッジやジョン・メイナード・ケインズに受け継がれ、第二次世界大戦後の先進工業国の雇用政策、社会保障政策の基本的パラダイムとなった。[1] あまり知られていないが、戦前からの「口入れ業」「ピンハネ業」「周旋屋」「私的職業紹介」を禁じた日本の職業安定法（一九四七年）の精神にも、ブースの労働市場論が生かされている。労働者派遣法が制定される以前、求職者が自分で探し出した社会保険に加入していない出来高払いの請負労働に従事しようとすると、当時の職安（職業安定所。現在のハローワーク）はその仕事に就くことを求職者に再考するように促していた。「三割職安」と呼ばれ、たとえ職業紹介全体の三割しか担っていなかったとしても、全国の職安がこういうチェック機能をすべての求職者に対して施していれば、やがて雇用の質が全体的に高まっていくことが期待できた。

労働者派遣法（一九八五年）成立以降の日本の雇用政策は、周知のとおり「派遣労働」という現代的非正規雇用を段階的に拡大していくプロセスであった。ブースの提唱または職安法の精神とは正反対の「カジュアリゼーション」（非正規雇用化）の道をたどった。いまや非正規労働者は一八〇〇万人に達するといわれる。その存在が正規労働者の労働条件悪化（とくに賃金の低下と長時間残業）に及ぼしてきた甚大な影響は計り知れない。また、トヨタの「期間工」の例を持ち出すまでもなく、非正規雇用労働者から大企業がどれほど巨額の利潤を得てきたかも計り知れない。

この歴史の流れに逆行する制度が、わが国では数少ないブース理論に精通し職業安定法の精神を知り尽くしている学者の手によって創設されたことを、私たちは忘れてはならないだろう。

特別な高賃金職種に限定して派遣法を制定したというのがその人の言い訳であるが、財界の長期的なねらいが製造業派遣の解禁を射程に入れた段階的規制緩和にあることを見抜けなかったほど純真な研究者ではあるまいと思われる。その人はそのとき、確実に日本の労働者階級を見捨てたのである。

ブースの政策提案は数年後に、世界最初の無拠出老齢年金法（一九〇八年）、世界最初の職業紹介所法（一九〇九年）、国民保険法（とくに第Ⅱ部の世界最初の失業保険、一九一一年）等に結実した。もちろん、これらの諸制度の実現はブース一人の力によるものではないが、「不安定雇用労働者」問題という「近代的貧困の本質」の発見を通じてそれまでの貧困認識を一変させ、社会保障制度というそれまで誰も考えつかなかった政策を提案したことの社会科学的意義は大書特筆されなければならない。このゆえをもって、ブースの研究はいまも「貧困の発見」と称賛されている。彼の研究は資本主義が続くかぎり、その暴走を防ぎ、何とかそれと折り合いをつけながら生きていかなければならない労働者にとって、普遍的意義を持つものといえよう。その意味で、社会主義国家の実現によって貧困問題を乗り越えようとしたマルクスの主張よりも現世的利用価値が高い。反対側から見れば（つまり資本家から見れば）、ブースの研究は「獅子身中の虫」ということになるのかもしれない。そう思われることはブースにとって名誉でありこそすれ、侮辱ではないであろう。

(2) ラウントリーの貧困研究

イングランド北部にあるヨーク市でココア会社を経営する家の三代目として成長したベンジャミン・シーボーム・ラウントリーは、ブースの貧困研究に強い影響を受け、二八歳のときにヨーク市の全世帯（一八九九年四月一日現在、人口七万五八一二人、一万五〇〇〇世帯）を調査し、貧困率の測定を行なった。その成果は『貧困――都市生活の研究』（一九〇一年刊）として上梓された。彼は家業を継ぐために一八歳でアメリカに渡り、食品化学を勉強した。そこから得た知見を全面的に貧困研究に援用した点に、ラウントリーの研究の特徴がある。しかし基本的に、調査手法の点でブースのロンドン調査の影響を強く受けた研究となっている。

ラウントリーは、労働者が日々元気に働くためには何よりも「肉体的能率」（physical efficiency）が維持されなければならないと考え、そのためには「ふつう程度の筋肉労働」に従事している成人で、一人当たり日にエネルギー値三五〇〇キロカロリー、蛋白質一二五グラムの食物摂取が必要になると考えた。この必要食物量は、過去の生理学の知見を総動員して推定している。しかるのちに、これを充足するのに必要となる食物の量を具体的に決定し、そこから食物を購入するために必要な貨幣額を算出した。こうして導かれた飲食物費を中心に、それに家賃と雑費を加え、世帯規模別に「最低生活費」を算定した。家賃については、必要最小限の住居を確保できるレベルに設定すべきであることを指摘しながらも、この調査ではヨーク市で労働者家族によって実際に支払われている家賃の平均額を部屋数別に算出し、これを調査対象世帯の世帯規模ごとの基準にしている。そう判断した理由は、労働者の場合、住宅に関する贅沢な支出というものはみられないからであり、「貧乏人が最も切り詰めようとするのは家賃であるからである」と述べている。[2] また、雑費に含まれるものとしては、靴、衣服、燃料（ストーブで焚く石炭代）があげられている。これらも労働者の実際の生活について収集した資料から、必要最小限の金額が導き出されている。このようにして算出された「最低生活費」は**表I―2―③**のとおりである。この「最低生活費」を個々の調査対象世帯に当てはめ、それに満たない世帯の出現率をヨーク市の貧困率としたのである。

その結果は**表I―2―④**のとおりである。「常時、最低生活費以下の収入しかない世帯」（彼はこれを「第一次貧乏」と命名）および「緊急な出費があると確実にそれ以下の収入に陥る世帯」（これを「第二次貧乏」と命名）の出現率は合計二七・八％にのぼっていた。薔薇戦争の舞台となった中世以来の伝統的な地方都市であるヨークにも、ブースの調査結果に匹敵する貧困な労働者家族が存在していることが明らかにされた。

ラウントリーの食料に関する追求はじつに徹底している。労働者の世帯を生活水準の上下によって二種類に区分し、そこで営まれている食生活の実態を事例研究「一週間の献立」として掲載している。賃金の支給日の翌日に当たる土曜日から翌週の金曜日まで、摂取された食品の変化を追っている。「貧困」に分類されている労働者世帯の献立のバラエティがじつに貧弱であり、わずか十数種類の食品しか摂取していないことは、二五種類以上もの料理からなる上層労働者世帯の一週間の献立と比較

表Ⅰ−2—③　ラウントリーの最低生活費（貧困基準）

世帯規模	食費	家賃	家庭雑費	最低生活費
成人男子単身	3シリング0ペンス	1シリング6ペンス	2シリング6ペンス	7シリング0ペンス
成人女子単身	3〃　0〃	1〃　6〃	2〃　6〃	7〃　0〃
夫　　婦	6〃　0〃	2〃　6〃	3〃　2〃	11〃　8〃
夫婦と子ども1人	8〃　3〃	2〃　6〃	3〃　9〃	14〃　6〃
〃　〃　2人	10〃　6〃	4〃　0〃	4〃　4〃	18〃　10〃
〃　〃　3人	12〃　9〃	4〃　0〃	4〃　11〃	21〃　8〃
〃　〃　4人	15〃　0〃	5〃　6〃	5〃　6〃	26〃　0〃
〃　〃　5人	17〃　3〃	5〃　6〃	6〃　1〃	28〃　10〃
〃　〃　6人	19〃　6〃	5〃　6〃	6〃　8〃	31〃　8〃
〃　〃　7人	21〃　9〃	5〃　6〃	7〃　3〃	34〃　6〃
〃　〃　8人	24〃　0〃	5〃　6〃	7〃　10〃	37〃　4〃

出所：B・S・ラウントリー〔長沼弘毅訳〕『貧乏研究』㈱千城、1975年、125頁。

表Ⅰ−2—④　ヨーク市の貧困率

第一次貧乏（primary poverty, 肉体的能率を保持できない）	7,230人	9.91％
第二次貧乏（secondary poverty, 他の支出に振り向けられなければ、どうにか肉体的能率を保持できる）	13,072人	17.93％
貧困者合計	20,302人	27.84％
総人口	72,923人	100.00％

出所：B・S・ラウントリー〔長沼弘毅訳〕『貧乏研究』㈱千城、1975年、132頁。

表Ⅰ—2－⑤　週所得26シリング未満の労働者世帯の1週間の献立（1901年 3月）

	朝　食	昼　食	お　茶	夕　食
土曜日	パン、バター、茹で卵、コーヒー	肉、ジャガ芋、パイ、紅茶	パン、バター、紅茶	ローストビーフ、ジャガ芋、紅茶
日曜日	パン、バター、コーヒー	牛肉、ジャガ芋、プディング、紅茶	パン、バター、紅茶	肉、パン、紅茶
月曜日	パン、バター、コーヒー	肉、ジャガ芋、パン、紅茶	パン、バター、紅茶	肉、パン、紅茶
火曜日	パン、バター、紅茶	細切れ肉、パン、紅茶	パン、バター、紅茶	—
水曜日	パン、バター、紅茶	牛レバー、ジャガ芋、玉葱、紅茶	パン、肉汁、バター、紅茶	—
木曜日	パン、バター、コーヒー	パン、焼き肉の脂、紅茶	パン、肉汁、紅茶	—
金曜日	パン、バター、紅茶	トースト、バター、紅茶	トースト バター、紅茶	—

注：ケース番号8……父（37歳）、母（35歳）、娘3人（8歳、6歳、2歳）の5人家族。
「—」は献立がないことを表わす。つまり、夕食は火曜日から金曜日まで摂っていない。
出所：B・S・ラウントリー〔長沼弘毅訳〕『貧乏研究』㈱千城、1975年、299頁。

表Ⅰ－2—⑥　週所得26シリング以上の職工長の世帯の1週間の献立（1898年 9月）

	朝　食	昼　食	お　茶	夕　食
土曜日	ベーコン、パン、紅茶	ミートポテトパイ、ジンジャーエール	パン、バター、焼き菓子、紅茶	パン、ミルク、肉、ジンジャーエール
日曜日	ハム、ベーコン、スープ、パン、コーヒー	ローストビーフ、ヨークシャープディング、ポテト、ビール	パン、バター、焼き菓子、紅茶	パン、ミルク、肉、フライドポテト
月曜日	フライドベーコン、パン、スープ、紅茶	コールドミートポテト、ライスプディング、紅茶 ジンジャーエール	パン、バター、焼き菓子	パン、バター、焼き菓子、ココア
火曜日	ベーコン、パン、スープ、紅茶	細切牛肉、ポテト ライスプディング	パン、バター、焼き菓子、紅茶	パン、ミルク、魚フライ、ポテト
水曜日	ベーコン、パン、スープ、紅茶	肉、スープ、パン、ダンプリング、紅茶	パン、バター、チーズ、焼き菓子、紅茶	パン、ミルク、魚、ビール
木曜日	ベーコン、パン、バター、マッシュルーム、紅茶	肉、ポテト、スープ、チーズ、パン、ライスプディング	パン、バター、焼き菓子、紅茶	シープスリード、（セージ、玉葱、ポテト添え）
金曜日	トースト、紅茶	スープ、肉、パン、ダンプリング、紅茶	イワシ、パン、ミルク、紅茶	パン、チーズ、ココア

注：ケース番号15……父（35歳）、母（34歳）、子ども6人（16歳から4歳まで）の8人家族。
出所：B・S・ラウントリー〔長沼弘毅訳〕『貧乏研究』㈱千城、1975年、315頁。

図1−2−② ラウントリーの貧困の循環

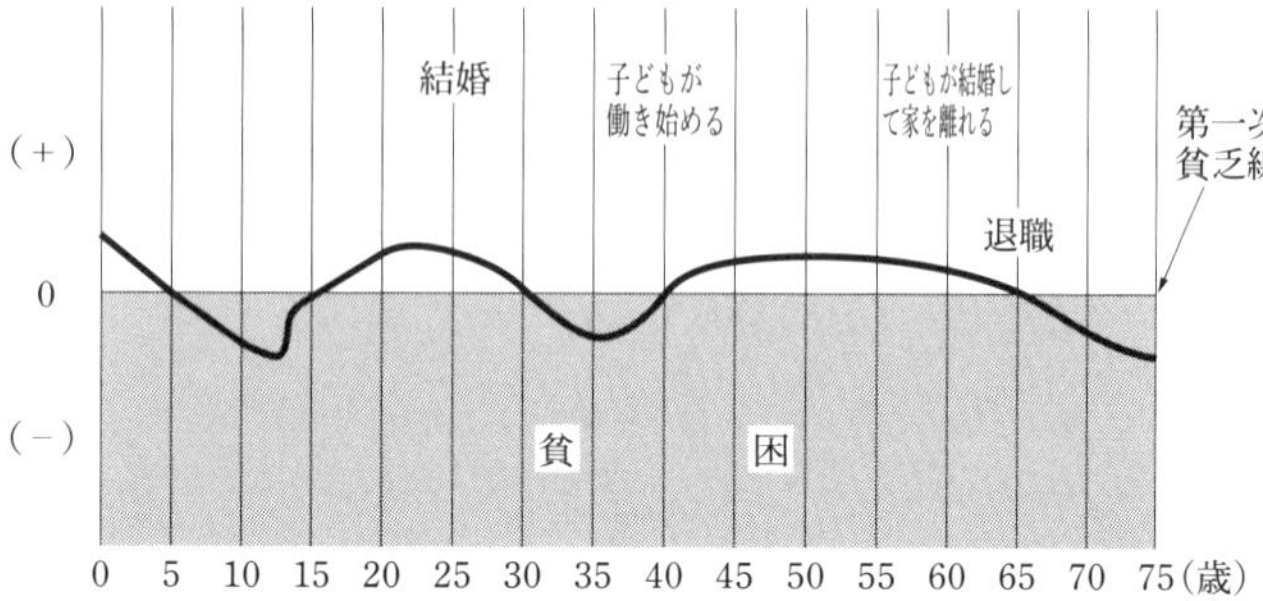

出所：B・S・ラウントリー『貧乏研究』152頁。

すると一目瞭然である（**表Ⅰ—2—⑤、表Ⅰ—2—⑥**）。この献立を見せられて、なお「貧困はない」と反駁できる人は、当時一人もいなかったであろう。まさに有無を言わせぬ研究の力である。ラウントリーは著書の結論部分を、次のような一文で締めくくっている。

「いまやマルサス主義哲学の暗影は拭い去られた。換言すれば、人々がその本質のより高尚な部分を去勢し破壊するような生存競争を行うべく、不可避な法則に運命づけられているというような社会秩序は、もはや容認されないのである[3]」。

ラウントリーの研究は「貧困は個人の道徳堕落の結果である」という新救貧法の誤ったドグマに対する最後通牒となり、イギリス労働者階級の著しい低賃金の問題を浮かび上がらせた。彼の研究はのちに「マーケットバスケット方式」という最低生活費の算定方法に結実する。その手法は貧困に関する最初の客観的・科学的研究として高く評価されると同時に、ブースの貧困研究を貧困測定基準の科学性という側面から学問的に補強するものであったといえるであろう。

また、ラウントリーは、**図Ⅰ—2—②**のように、労働者の生涯が三回の「困窮」と二回の「比余裕のある暮らし」からなることを発見した。兄弟が生まれることによる「幼年期の貧困」と結婚後の「子育て期の貧困」、子どもが独立して家を出たあとの「高齢期の貧困」である。この「貧困循環」は児童手当と公的年金の創設によって克服可能であるが、それらが不充分であると、現在の日本のように、今なお妥当性を持ち続けることになる。

以上、二つの偉大な社会調査により、特殊なポーパリズム問題（社会構造からの脱落者の問題）とみなされ続けてきた貧困は、社会の生産活動を担う労働者階級の下層部分にとくに集中的に現われている問題であり、社会的に克服されるべき課題であることが明らかにされた。折しも、南アフリカとの間に勃発したボーア戦争におけるイギリス国軍の兵力低下問題は、労働者の貧困が重大な影響を及ぼした結果であると指摘された。もはや貧困問題を放置し続けることは、産業にとっても国家にとってもマイナス要因以外の何ものでもなかった。

こうして貧困問題の学問的・政策的認知が広がるなか、二〇世紀初頭には保守党に代わって自由党内閣が誕生し、大蔵大臣デビッド・ロイド・ジョージを中心に、社会改良政策が猛烈な勢いで実行に移されていくことになる。

（1）　現在の日本では失業者や障がい者、要介護高齢者、被保護者、野宿者等に対して「自立支援」政策が普遍的に設けられ、強力に機能している。筆者が「自立支援」政策に反対する理由は、資本主義における貧困の問題を分析する際に、ブースの労働市場論が社会科学における根源的な真理として役立つと考えるからである。貧困や失業の原因を貧困者個人や失業者個人に求める考え方が、政府の「自立支援」政策の反動性を曖昧にする原因となっている。生活保護を受ける権利（申請権）は生活保護法において認められ、憲法で保障されている権利であるが、それは理念上のことにすぎず、現実には制度の運用において大きく阻害されている。ましてや都留民子氏の説く「失業する権利」に至っては無条件に賛成する研究者は筆者くらいのものであろう。「自立支援」政策は、個人が変わることにより貧困や失業から脱却できるという理解に立っている。こうした貧困や失業を社会問題として理解しない政策が支持され続けるかぎり、日本の社会保障が大きく発展することはありえないだろう。

（2）ベンジャミン・シーボーム・ラウントリー〔長沼弘毅訳〕『貧乏研究』（千城、一九七五年）一二一頁。

（3）ベンジャミン・シーボーム・ラウントリー、前掲書、三四一頁。

3 社会保険制度の限界と公的扶助制度の登場

チャールズ・ブース、ベンジャミン・シーボーム・ラウントリーらによる「貧困の発見」の後、総選挙で「地滑り的大勝」をおさめたイギリス自由党は、新たな「社会改良」（リベラル・リフォーム）政策を矢継ぎ早に実行に移した。自由党が圧勝した理由は、一八九三年結成の独立労働党の力がまだ弱く、労働者は自由党に投票することで自分たちの要求を実現しようとしたからである。**表Ⅰ—3—①**は、この時の社会改良政策の実施状況を年譜として記載したものだが、まさに歴史の方向性は「セルフ・ヘルプ」（自立・自助）から「ソーシャル・リフォーム」（国家責任にもとづく社会改良）へ、一八〇度近く方向転換したことを示している。(1)

1 社会改良政策の諸特徴

こうしためざましい政策転換の背景には、貧困調査・研究の影響のみならず、不安定雇用労働者たちを結集し「ニューモデル」の労働組合と呼ばれた一般労働組合の抬頭や、資本家層にとって現実的脅威となり始めた社会主義運動の汎欧州的な高揚など、政治的諸力が作用していた点も見逃せない。そうした諸力の政治的ベクトルとして「リベラル・リフォーム」政策が誕生を見たというべきであろ

表Ⅰ―3―① 19世紀末－20世紀初期におけるイギリスの主な社会改良政策

1897年	労働者災害補償法
1902年	教育法（国による中等教育の開始）
1905年	失業労働者法
1906年	貧困児童のための学校給食
1907年	学校健康診断の実施、中学校の学費無償化
1908年	児童法（児童の保護）、無拠出老齢年金法
1909年	民衆の予算（累進所得税制の採用）
	職業紹介所法、賃金委員会（最低賃金の決定機関）の設置
	住宅・都市計画法（スラムを撤去する地方自治体への国庫補助）
	「救貧法に関する王立委員会報告」（多数派報告、少数派報告）
1911年	国民保険法（Ⅰ部・健康保険、Ⅱ部・失業保険）
1912年	炭坑夫最低賃金法
1914年	家賃および住宅ローン利子制限法
1915年	穀物生産法（農業労働者に対する週25シリングの最低賃金）
1918年	教育法（14歳までの義務教育）、出産・児童福祉法
1919年	住宅建設補助法（公営住宅の建設促進）
1920年	失業保険法（国民保険法から分離独立、適用拡大）
1925年	老齢年金を拠出制に変更して国民保険法に統合
1929年	公的扶助委員会を州議会に設置（救貧法施行委員の廃止）
	地方自治体法（救貧院附属病舎の自治体病院への転換）
1934年	失業法（長期失業に公的扶助で対応、失業扶助局の設置）

出所：各種文献より筆者作成。

う。この二〇世紀初頭のイギリスにおける「社会改良」政策をもって、イギリスにおける福祉国家の本格的始動といわれる。これに続く福祉国家確立への道程において、理論的支柱として常に道標の役割を果たし続けたのが「社会的貧困」観であった。このことは繰り返し述べておきたい[2]。

この時期の社会改良政策の特徴を端的に表現するならば、社会保険制度の創設による所得保障の実現に焦点がおかれたといえるであろう。ここで仮に失業、疾病、老齢を、労働者が人生の過程で遭遇する「三大」社会的事故と定義するならば、それぞれの事故に失業保険、健康保険、年金保険が対応するものとして設定される。このなかで健康保険はいまと異なり、疾病時の医療サービス給付に主眼がおかれていたのではなく、所得保障を主目的としていた点に留意されなければならない。病気の治療よりも、稼ぎ手が病気で働けない時の生活費の保障に、つまり、現在の日本の「傷病手当金」の支給に主目的がおかれていたのである。その最大の理由は、当時は医学が発展途上で、コレラ、チフス等の伝染病の克服にようやく明るい兆しが見え始めた頃であり、人々の要求は医療サービス（治療行為）という不確実な現物給付よりも、病気で休職中の所得の保障のほうにあったからである。医療サービスの給付に人々の要求が移行するには、この時期以降の医学のめざましい発達による入院治療の有効性が、人々のあいだで広く認知されることが不可欠の条件であった。

社会保険制度は「保険」という危険分散機能を通じて、所得保障の達成に合理的かつ有効な役割を果たすことは言うまでもない。(3) 自由党政府による一連の「社会改良」政策のなかの頂点というべき一九一一年の国民保険法において、先の「三大事故」のなかの失業保険と健康保険は社会保険制度として実現された。しかし、残る年金は、すでにドイツのビスマルク養老保険が社会保険モデルとして存在していたにもかかわらず、イギリス政府はあえて社会保険制度に組み込まず、七〇歳以上の貧困高齢者を対象とする無拠出制の（つまり全額税負担型の）老齢年金制度として実現した。言うなれば、年金制度を公的扶助型で創設したのである。失業保険制度を世界最初に編み出したイギリスがドイツ・モデルを参考にして年金保険をつくり、国民保険法に組み入れることは、公的扶助型の年金制度を創設するよりもはるかに容易であったはずである。そこをあえてそうしなかった点に注意しなければならない。「無拠出老齢年金法」の実現という政策選択の背景には、イギリスにおける「老齢年金の父」と呼ばれるブースの考え方が反映されていた。[4] 全額税方式の老齢年金制度の採用は、当時、まだ救貧法すら完全撤廃できていなかったイギリス政府にとって、その後の社会保障制度のイギリス的性格（いわゆる「北欧型」社会保障モデル）を決定づけるものであった。

この時期の社会改良政策においておそらく最大の功績と思われることは、前記の諸政策を実現するための財源確保手段として、イギリス政府が所得税制に累進課税制を初めて導入した点にある。当時の大蔵大臣であったデビッド・ロイド・ジョージは、一九〇九年の予算編成を「人民の予算」(People's Budget) と命名した。「国家予算は人民のために使われるべきものである」ことを宣言した言葉だが、当時は斬新な発案としてイギリス国民の目に映った。このキャッチフレーズは、国家予算を「巨大ゼネコンのための予算」「大銀行のための予算」「天下り官僚のための予算」「米軍のための思いやり予算」「金持ち優遇予算」として使われ続けてきた日本国民の目には、いまも新鮮すぎるほど新鮮に映る。イギリスでは、こういうキャッチフレーズが一〇〇年以上も前に使われていたという事実に打ちのめされる思いである。「人民の予算」というマニフェストがあったからこそ、福祉国家への歩みを軌道に乗せることができたに違いない。民主党政府が「大企業の国際競争力を維持するために来年度から法人税率を五％引き下げる。証券優遇税制もあと二年間継続する。社会保障の拡充は消費税率の引上げでまかなわざるを得ない。なお党への企業献金を再開する」などと言い続けているかぎり、たとえあと一〇〇年待っても、日本にＥＵ諸国並みの福祉国家は誕生しないであろう。国力に比して過少な社会保障を、国民があたかも宿命でもあるかのように、諦めとともに受け容れざるをえない社会が続くだけであろう。

2 社会保険制度とは

イギリス最初の国民保険制度について説明する前に、そもそも社会保険制度とは何かということについて簡単に説明しておきたい。

社会保障制度がない時代、生産の中心が農耕におかれていた時代には、人間の生活は永く親族網を中心とする血縁・地縁によって支えられていた。労働集約的な農業を営むには、農繁期を中心に多くの働き手が必要となる。生産のあり方が直系家族を一般的な家族形態に規定するとともに、地縁・血縁の形成が重要な意味を持っていた。いわば「封建的紐帯」のなかで、人々は生きることができたのである。しかし、人間の自由な移動を必要とする資本主義が発展し始めると、こうした血縁・地縁による支え合いの基盤は徐々に崩壊せざるをえない。王政を廃してブルジョアジーが政権を獲得した後、ブルジョアジーは自分たちの価値規範である「自立・自助」をプロレタリアート（無産階級）に対しても要求するようになった。土地から切り離されて移動の自由を獲得した労働者は、新しい生産関係のもとで、「貧困への自由」をも獲得することになった。

意識する、しないにかかわらず、常に資本家との力関係のもとでしか賃金水準を決定できない労働者は、自立・自助が完結しがたい分、助け合いの仕組みを考案し、発展させてきた。その本源的形態は、わが国でも「頼母子講」とか「無尽講」といった名称で広範囲に展開されてきた。数人または数十人が「講」と呼ばれる組織を形成し、そこに毎月一定額を拠出し合って基金をつくり、まとまった金を必要とする事態に遭遇した人が全員の合議のうえで、基金の利用権を与えられるというシステムである。これは筆者の体験なのだが、長野県では一九九〇年代にも、月に一度の定期的な「無尽講」の集まりが持たれていた。たまたま夕食に訪れたレストランでその会合の現場に遭遇したので、興味を抱き説明を求めた。基金の使途は「家族の入院費用」とか「マイカーの車検代」「子どもの進学費用」など様々であったが、切実度と過去の利用実績によって優先順位がつけられ、基金の利用が許可される。「無尽講」の難点は、基金を利用したまま行方をくらます人がたまに出ることだそうで、地域に長期間定住している人々によって構成されていても、かなり継続は難しいということであった。当時すでに、助け合いの組織であるよりも単なる親睦会に変質しつつあるとのことであった。

イギリスでは相対的に負担力を有する上層労働者を中心に、「友愛組合」(Friendly Society) と呼ばれる相互扶助 (mutual aid) システムがつくられた。友愛組合とは、労働組合 (Trade Union) の旧称である。イギリスでは団結禁止法 (Combination Law, 一七七九年制定、一八二四年廃止) で労働組合の政治活動が禁止され、経済活動しか許されていなかった時期があり、政治活動をしていない証明として友愛組合 (Friendly Society) という名称が用いられるようになった。組合員の相互扶助活動に力点をおいていたという意味で、この名称はその本質をよく表している。そもそも熟練労働者中心の労働組合であったから、「渡り職人」として他の地域に移動する際の旅費の支給などに相互扶助の中心的機能があったといわれる。その後、社会の変化につれて、疾病給付などもしだいに行なわれるようになった。こうした労働者同士の相互扶助制度の発展を土台として、企業が自社の労働者の拠出金の一部を負担するようになった。こうして生まれたのが「共済制度」である。かくて専ら労働者の賃金から成り立っていた相互扶助制度は、企業の利潤の一部が加えられて「共済」制度になることにより、大きく発展した。

共済制度をさらに発展させたものである社会保険制度は、相互扶助に端を発する保険原理（リスク・プールまたはリスク・シェアリングという。「危険分散」のこと）を踏襲し、従来の加入者（労働者）本人の拠出と企業の拠出のほかに、国家の拠出（税からの拠出）を加えることにより成立したものである。いわゆる「三者拠出制」を特徴としている。わが国の社会保険制度にはいまも国家公務員共済、地方公務員共済、私立学校教職員共済という三共済があるが、これらには国庫負担が投入されていないか、もしくは投入されていても投入主体が第三者としての「公」ではなく、使用者としての「公」なので、「二者拠出制」となっている。それゆえに「共済」と命名されていると思われる。

社会保険制度は、国家が運営主体となる強制加入の制度である。加入が強制される理由はいくつか考えられるが、やはり所得（負担力）が高く、リスクが低い富裕層を制度から逃避させないことが一番の理由と考えられる。富裕層は「自立・自助」が可能であり、社会保険制度に大きな魅力を感じない。その意味で、世界中で最も多くの富裕層を擁するアメリカで、公的健康保険制度がなかなか創設できないのは理解できる。表向きの理由は「医療の国家統制反対」「自由診療を守る」であるが、本音を言えば「中・低所得者の健康に関する費用まで負担したくない。われわれ同様、自己責任でやってほしい」という富裕層の計算が働いている。社会保障制度は富裕層のエゴイズムを制御するために、民主主義の発展を不可欠の前提として成立したものである。「自由と民主主義の国」といわれるが、公的医療保険制度をもたないアメリカの民主主義は本物なのだろうか。

社会保険制度は「危険分散」のシステムなので、保険数理を用いる。この点では基本的に、民間生命保険と同じ原理に立脚している。事故に遭遇した際に保障すべき金額（A）と事故発生率（B）が確定すれば、（A×B）により徴収すべき年間保険料の水準が決定される。ただし、事故からの回復が長期化したり、急激なインフレが進行しそれへの対応を迫られたりした場合は、保障金額が予想を超えて支出され、財政破綻する。また、危険分散を行なうべき加入者の範囲が小さすぎると、事故発生率が不確定化しやすくなり、財政破綻に陥る危険性を抱える。つまり、社会保険制度は加入者の数が多くなればなるほど、想定された事故発生率に実際の事故発生率が近づくことになり、保険財政が安定化する。このように社会保険制度は「小さな負担で大きな保障」を実現するための効率的な制度であるが、想定内の平均的な事故には有効だが、どんな事故にも対応できるわけではない、という点に限界が認められる。その限界を最終的にカバーするのは、公的扶助制度である。公的扶助制度のセーフティネットとしての存在意義はそこにある。したがって、社会保険制度と公的扶助制度は、「社会保障制度の両輪」と呼ばれてきた。どんなシンプルな社会保障制度体系をとる国でも、この二制度は必ず設置されている。

3 健康保険制度と格差構造

「一九一一年法」と呼ばれる国民保険法は二部構成となっていた。第一部が「健康保険」(Health Insurance) で、当時の大蔵大臣デビッド・ロイド・ジョージが立案の責任者となった。第二部は「失業保険」(Unemployment Insurance) で、若き国家公務員ウィリアム・ヘンリー・ベヴァリッジが担当者となった。この法律制定の背景には、一九〇九年に発表された『救貧法に関する王立委員会報告』の影響がある。この有名な報告は、一八三四年に制定された新救貧法のあり方をどう再構成すべきか検討することを当初の目的としていたが、結果的には時代の要請を受けて、社会政策の方向性を総体的に検討することに目的が広がらざるをえなかった。その『多数派報告書』(Majority Report) を執筆したのは慈善組織協会（ＣＯＳ）の代表エレン・ボサンケであり、大部の『少数派報告書』(Minority Report) を執筆したのはフェビアン協会の代表ビアトリス・ウェッブである。前者の主張は、救貧法の存続と私的慈善による「家族全体を対象とするケースワーク・サービスの維持」におかれていた。後者の主張は、救貧法の即時廃止と新たな「困窮化予防」(Privention of Destitution) の体系の構築であった。ただし、医療に関しては、多数派報告が民営の「廃疾保険」の創設を提唱していた。ロイド・ジョージは多数派報告の趣旨を採用したが、国営の強制保険 (Compulsory Insurance)

として創設することに踏み切った。

(1) イギリスにおける医療制度の発展

ここで簡単に、イギリスにおける医療制度の発展過程を説明しておきたい。多分にイギリス的特殊事情が認められるからである。

イギリスでは一三世紀に入ると、ロンドン南部の修道院のホスピス（ホスピタルの語源）において、行旅病人等に対する医療の提供が始まった。病気で倒れた巡礼者を看病したのが最初である。かつてBBCで人気番組となり、日本でも放映されたエリス・ピータース原作の探偵小説『ブラザー・カドフェル』の主人公カドフェル修道士は、シュロップシャーにあった修道院の薬草園の担当者である。[5] この修道院のホスピスが、のちの『篤志病院』(Voluntary Hospital) の起源となる。キリスト教の博愛精神にもとづく行旅病人の看護から始まっているので、篤志病院は貧困者だけを対象に無料で医療を提供した。その伝統は以降も堅持された。

一八世紀に入り資本主義が発展すると、プロテスタントの倫理「勤勉・蓄財・寄付」に従って、多くの成功した資本家が活発に篤志病院に寄付するようになった。篤志病院は寄付を財源として、しだいに大病院に成長していった。クリミア戦争で活躍したフローレンス・ナイチンゲールが勤めていた、ロンドン南部のテムズ川沿いにある大病院「セントトーマス病院」もその代表例である。[6] 貧民を対象に無料で医療を提供することが篤志病院のポリシーであったから、医師は医療行為からは報酬を得ず、弟子を採用して教育に当たり、その授業料収入で生活していた。イギリスでは一九世紀に入っても、「貧民限定、無料の医療」という方針が降ろされることはなかった。一番の問題は、「非貧民」である一般労働者が篤志病院の治療を受けられなかったことである。労働者は「土曜基金」といった基金組織をつくり、資金を準備して「コッテージ・ホスピタル」と名づけられた小さな私費診療所を立ち上げ、そこに篤志病院で教育を受けた若い医師を一般医として招いて、自費で医療を受けていた。当時のイギリス医療上の最大の受益者は「貧民」であった。

一九世紀後半になると伝染病患者のための独立病舎が篤志病院内に設けられ、これにより初めて貧民以外の人々が入院できるようになった。このときから、病人に対する呼称が「ザ・シック・プア」(疾病貧民)から「ペイシェント」(「患者」、「耐える人」の意味)に変更された[7]。したがって、患者という概念はかなり新しい概念である。医学の発展につれて入院治療の有効性が広く認知されるようになると、篤志病院内にも「有料患者のための有料ベッド」が設置されるようになった。しかし、それもごく一部にすぎなかった。基本的に「貧民限定・無料の医療」が貫かれたのである。

他方、一八世紀に入ると、救貧院も病院機能を持つに至った。病気が原因で貧困に陥ることはごく普通に見られた。ギルバート法(一七八二年)により救貧病舎が設けられることになり、病院機能が本格化した。ここは当然に「貧民限定・無料の医療」であった。篤志病院で教育を受けたあと救貧病舎の医師となった人たちは、救貧院の劣等処遇の改善に立ち上がった。疾病貧民に院内雑役を課すことも廃止された。救貧病舎は徐々に病院らしく変貌を遂げていった。一九二九年の地方自治体法

(Local Government Act) により、すべての救貧病舎が地方自治体病院に変更された。

イギリス医療制度の歴史をたどると、修道院起源の篤志病院と、救貧法起源の地方自治体病院という二つの「無料の医療」の流れがある。第二次大戦後、イギリスでは国民保健サービス（NHS）という「無料の国営医療事業」が誕生したが、伝統的な「貧民限定・無料の医療」が「国民全員・無料の医療」に切り替わっただけのようにも思える。これはやはり、イギリス的特殊事情と言うべきではなかろうか。

(2) 健康保険制度とその矛盾

一九一一年法の第I部「健康保険」として、イギリスの社会保険医療がスタートした。考案者のロイド・ジョージは、「四ペンスの負担で九ペンスの給付」というキャッチフレーズで国民保険法のキャンペーンを展開した。これは国：企業：労働者本人の拠出を、それぞれ週に二ペンス：三ペンス：四ペンスと定めたからである。しかし、このキャンペーンに大きな壁が立ちはだかった。なんと、思いもよらない労働組合の反対であった。

先に述べたように、イギリスの労働組合は助け合い等の経済活動を前面に押し出した「友愛組合」として発展してきた。「土曜基金」等の相互扶助活動の一環として、疾病時に「一般医」(General Practitioner, 略称GP) を受診することができた。これを宣伝材料に組合員を獲得していた労働組合は、健康保険制度の成立によって相互扶助機能が国家に吸い上げられる結果、労働組合の組織拡大が難しくなるのではないかという危機感を抱き、ロイド・ジョージの健康保険制度案に強く反対したのであった。ロイド・ジョージにすれば、労働者のために社会保険制度を創設しようとしたのに、当の労働者の代表から反対されるとは、本当に意外なことであっただろうと推測される。ロイド・ジョージは国民保険法を成立させるために、労働組合と妥協することにした。それまでの「友愛組合」をすべて健康保険の給付等の窓口業務を遂行する「認可組合」（Approved Society）として存続させることにし、認可組合に給付の自由裁量を認めたのである。この判断は大きな誤りであった。のちに述べるように、認可組合間の著しい給付格差を招き、国民保険法成立の一〇年後には「矛盾の体系」と理解されるまでになった。問題点の指摘に入る前に、健康保険制度のメリットから述べることにする。

健康保険制度のメリットは、なんといっても対象者の拡大である。一四〇〇万人、有業人口の八〇％をカバーする制度になった。試みに、一九一〇年における友愛組合加入率と比較してみれば歴然としている。当時の俸給生活者を除く労働者の数は一五五〇万人であり（分母）、友愛組合加入者数は四七三万人であった（分子）。加入率は三〇％にすぎなかった。つまり、相互扶助システムは上層労働者だけをカバーしていたのである。健康保険制度によって、飛躍的に改善されたといえるであろう。

健康保険制度のデメリットは先に述べたように、①医療サービスの提供よりも休業中の生活費の保障に重点が置かれていたこと、②加入者本人以外の家族（妻子）や働いていない高齢者は除外されており、これらの人々は自費で医療を受けるしかなかったこと、③加入者本人でも受けられるのは一般医（ＧＰ）の診療のみであったこと、である。入院・専門医の治療は自費負担であり、私的病院保険に二重加入する必要が生じた。

こうして健康保険制度は、時を経ずして限界を露呈するに至った。それは一言でいうならば、「格差構造が抱える矛盾」であった。サラリーマンから構成される認可組合は、付加給付できるほどに黒字状態であったのに対して、炭鉱夫から構成される認可組合は破産状態で、閉鎖に追い込まれるところも出た。二つの認可組合間には、事故発生率に関して甚だしい差があったからである。毎週の保険料は均一額（四ペンス）なのに、豊かな認可組合と貧しい認可組合が存在することは、どう考えても矛盾に他ならなかった。こういう矛盾が生じることを、ロイド・ジョージは予見していたようである。妥協案の提示に悩むロイド・ジョージに対して、ベヴァリッジはこう進言した。「人は大きな単位よりも小さな単位において共通の利害を見出すから、認可組合を設置すれば仮病による申請などの不正受給を防止できる効果がある」と[8]。しかし、この小さなメリットでもって大きなデメリットに眼を瞑ることは、そもそも間違いであった。

健康保険制度の二つ目の矛盾は、商業保険との癒着である。『ベヴァリッジ報告』のなかで詳細に語られているように、健康保険の給付金を自社（認可組合）の任意保険の掛け金に流用する事態が発生し、給付金が受取人の手に渡らない事態が頻繁に発生した。庶民の埋葬保険から出発し、二〇〇万人が加盟する最大の認可組合であった「簡易保険会社」で、そういう不祥事が多発した[9]。

当時のイギリスの健康保険制度の問題点は、二つの点で日本の社会保険医療の現状と非常によく似ている。第一に、制度の分立と保険料の制度間格差（地域間格差を含む）、給付格差の存在である。日本がイギリスと決定的に異なるのは、イギリスはこの矛盾に立ち向かって、第二次世界大戦中に社会保険医療から離脱することを決め、ＮＨＳを打ち立てたが、日本は矛盾に気づきながらもいまなお彌縫策に終始して、医療の制度間格差という根本的欠陥に眼を瞑り続けている点である。第二に、労働組合は上層労働者の組織であることが一般的で、上層労働者は自分たちがつくり上げてきた既得権益を守ろうとするあまり、労働者階級全体にとって改善となる事柄にしばしば反対することがある、という点である。たとえば、わが国で一九八三年に老人保健法が提案された際、健康保険組合連合会は新聞一面の広告を使ってこの法案に反対した。「プール制」と呼ばれた高齢者医療の「財政調整」の仕組みに、負担金を出すことに反対したのである。未組織労働者の組織化がなかなか進まないのも、根は同じと思われる。

4　失業保険制度の財政破綻と失業扶助による対応

(1)　失業保険制度の創設と構造的失業

イギリスの失業保険制度は、一九一一年法の第Ⅱ部「失業保険」として発足した。考案者のベヴァリッジはウィンストン・チャーチルの要請を受けて、新設された職業紹介局長に就任していたが、政府からドイツに派遣され、社会保険の仕組みを勉強することになった。失業保険としては初めての試みであったから、発足当初は建築、土木、造船、工作機械、製鉄、車輛部門といった雇用変動の激しい熟練労働を必要とする産業部門のブルーカラー労働者二二五万人に限定して適用された。国民保険法案が国会を通過する晩、ベヴァリッジは盟友と国会内の公務員席にすわり、法案の通過を待った。[10] 失業率が八%を超えなければ、制度が破綻しないで済むように設計されていた。

ベヴァリッジの心配とは裏腹に、一九一三年には三二〇万ポンドの余剰金が生じ、失業保険制度は順調な滑り出しとなった。一九一四年に勃発した第一次大戦によるイギリス国内の好景気と失業者の激減を受けて、失業保険制度はさらに余剰金を蓄えた。一九一六年には適用対象を拡大し、新たに一五〇万人が被保険者に加えられた。一九一九年には基金準備は二二〇〇万ポンドにまで膨張した。これに気をよくしたイギリス政府は、一九二〇年に失業保険制度を国民保険法から分離独立させ、失業保険法に格上げした。適用範囲を農業労働者・家事使用人・公務員を除く全労働者へと拡大した結果、被保険者数は当初の五倍弱の一一〇〇万人に達した。年収二五〇ポンド未満のホワイトカラー労働者が、新たに加入することになったからである。[11] 給付内容も拡充され、一二週間の保険料拠出で受給資格が得られ、一年間を有効期間として一五週間失業手当が受けられるようにした。ただし、給付水準は週に男性一五シリング、女性一二シリングであり、ラウントリーの最低生活費（夫婦と子ども三人からなる世帯で週に二二シリング）に比べると、かなり低水準であったことは否めない。この点に関しては、翌年から被扶養者手当が発足し、配偶者に週五シリング、児童一人につき週一シリングが加算されるようになった。[12]

失業保険制度が絶頂期を迎えたとき、その崩壊は突然に始まった。第一次大戦の終結によって一九二〇年に戦後恐慌（反動恐慌）が発生し、失業者が急増して、失業保険財政はまたたく間に赤字に転落した。一九二一年には被保険者失業率（失業保険受給者数を失業保険加入者数で除したもの）は一気に一七％に達し（失業者数二〇〇万人）、翌年一四％、翌々年一二％と、想定失業率の範囲を超え続けた（**表Ⅰ—３—②**）。この時期の失業は、三つの際立った特徴を有していた。第一に、失業率の地域的不均衡があげられる。首都ロンドンの失業率はそれほど高くなかったが、北部のグラスゴーの失業率はなんと五九％に達した。世帯主の六割近くが失業者であっては、もはや失業を「個人の努力不足」のせいに帰することは誰の眼から見ても誤りであった。第二に、失業の業種的不均衡があげられる。当時の新興産業であった自動車は好況であったが、イギリスの伝統的産業である石炭・繊維・造船は厳しい不況に見舞われた。産業構造の変化という社会変動から起きた問題を、個々の労働者の責任において解決することは不可能だった。第三に、失業期間の長期性があげられる。

表Ⅰ—3—② イギリス被保険者失業率の推移

1921年	17%
1922年	14%
1923年	12%
1924年	10%
1925年	11%
1926年	13%
1927年	10%
1928年	11%
1929年	10%
1930年	16%
1931年	21%
1932年	22% (275万人)
1933年	20%
1934年	17%
1935年	16%
1936年	14%
1937年	11%
1938年	14%
1939年	12%
1940年	10%

出所：Ian Martin“From Workhouse to Welfare”Penquin 1971. p.70.

一年以上の失業者が三分の一に達していた。

こうしてイギリスが遭遇した失業は「構造的失業」であり、労働者を襲っている貧困はもはや「個人の道徳的堕落」によってもたらされた「自己責任」の問題ではなく、社会の責任において対処されなければならない問題であった。こうして新救貧法（一八三四年）の諸原則の妥当性のなさが完全に明らかとなった。ベヴァリッジはすでに一九〇九年に『産業問題としての失業』というタイトルの本を上梓していたが、まさに失業は「個人の問題」ではなく、ベヴァリッジの言うとおり「産業の問題」と認識されるべき国家の課題なのであった。[13]

(2) 長期失業者に対する税財源による失業手当の支給

大量失業に対処するために、イギリス政府は一九二一年三月の緊急立法により、国家から失業保険財政に一〇〇〇万ポンド借入れし、給付期間を一五週から一六週に延長した。また、「無契約給付」(Uncovenanted Benefit) という失業手当 (Out of Work Donation, 通称「ドール」Dole) を新設し、失業保険の給付期間が満了したあとの長期失業者を対象に、税金から手当を支給することにした。失業保険制度の契約外の給付という意味で「無契約給付」と名づけられた。これは事実上の公的扶助による失業者救済の開始である。

「世界大恐慌」として歴史に名を残す一九二九年恐慌が勃発した翌年に当たる一九三〇年のイギリスの失業保険の財政状況を見ると、保険料収入が年間三〇〇〇万ポンドであったのに対し、失業保険契約分の給付は年間八八〇〇万ポンド、無契約分の給付は年間二二〇〇万ポンド、支出額の合計は一億一〇〇〇万ポンドに達した。単年度で八〇〇〇万ポンドの赤字であり、保険料収入の約三・七倍もの給付が行なわれたことになる。この年の被保険者失業率は、一六%に達していた。一九三二年には被保険者失業率は二二%にまで上昇し、失業者数はピークの二七五万人に達した。以降一九四〇年まで、イギリスの失業者数は一〇〇万人を下回ることはなかった。イギリス政府は、戦争経済への移行によって失業率が大きく低下した一九四〇年まで、失業者に対する給付の大盤振る舞いを二〇年間近くにわたって実行し続けた。イギリス政府の緊急対応は、一九三四年の失業法のなかで整理され、二六週以内の短期失業者に対しては失業保険で、二六週を超える長期失業者に対しては失業扶助で、その生活費が保障されることになった。また、失業扶助局が設置され、個々の失業者に対してケースワーク（個別援助）が行なわれるようになった。こうして社会保険の限界を公的扶助が補完するシステムが確立され、社会保険と公的扶助は「社会保障制度の両輪」とみなされるようになった。

国家財政を投入して失業者を「完全失業者」として救済し続けた背景には、前章で述べたチャールズ・ブースの雇用理論が背景にある。またジョン・メイナード・ケインズが『自由放任の終焉』（"The End of Laissez Faire", 一九二六年）で提唱した有効需要創出政策の影響もある。そうした合理的根拠（一種の政策への権威づけ）が準備されていたとしても、巨額の税を毎年長期失業者に投入し続けたイギリス政府の対応は、今日に至ってなお「小さな政府」論を支持している日本人の眼から見ると、「狂気の沙汰」のように見える。なぜ、そこまでして失業者救済に邁進しなければならなかったのか。そこには「労働市場の組織化」という目標を超えるイギリス政府の危機意識が作用していた。

当時、日本においても世界大恐慌の影響は深刻であった。農業恐慌は農村を疲弊させ、子女の身売り（人身売買）を激化させた。都市部では失業問題の深刻化によって失業保険制度を創設する要求が高まった。失業保険制度案がたびたび帝国議会に上程されたが、「徒に懶惰の風を助長する」（無益に怠け癖を助長する）という理由により廃案にされた。結局わが国では、第二次大戦の敗戦により国土が焦土と化し、天皇制国家が崩壊し、戦後の民主国家に行き着くまで、失業保険制度はついに創設されなかった。つまり、失業者は一貫して救済されなかったのである。この点で日本は、イギリスとは正反対の道を歩んだ。

失業に対するこの対応の差は何をもたらしたか。日本においては軍国主義、排外主義、全体主義への傾倒が起こり、軍部独裁を招き、無益な侵略戦争へと向かった。イギリスは「人間は飢餓の恐怖の前では容易に理性を失う」と考える経験論的唯物論の国であるから、失業と貧困の放置は国民の理性を失わせ、やがてナチス・ドイツの抬頭と同じ轍を踏むことになると考えた。そういう民主主義を否定する危険な道を国民が選択しないように、防波堤を築くことが失業者の救済に専念することの意味だったのである。これに対して日本は、「心構え」次第であらゆる困難を克服できると考える非合理的精神主義の国であったから、失業と貧困も民族の精神力の発揚で乗り越えられると考えた。その帰結が、ファシズムへの道と国家体制の崩壊であった。

第二次世界大戦は、フランスの「人民戦線」に象徴されるように、民主主義を擁護する国家群とドイツ、日本、イタリアの独裁政治国家群とのあいだの全面戦争になった。この二つの異なる道にそれぞれの国民を導いたものこそ、一九三〇年代における失業と貧困に対する社会保障政策の相違であった。戦争による死者二〇〇〇万人という痛ましい歴史の経験から教訓を導くとするならば、どんな時でも国民の生活と生命を尊重し保護することに民主主義の神髄があり、それに奉仕することが国家の役割に他ならないということである。これを忘却しているどころか、「特攻隊」のような人命無視の戦争遂行を国民に強いた戦前日本の国家体制は、潰れるべくして潰れたのである。

リチャード・J・クーツが一九六六年に刊行した『福祉国家の形成』という本には、スコットランドのジャロウという造船業の街で一九三六年に起きた失業者によるハンガー・マーチ（飢餓行進）の写真がその表紙に用いられている。一〇〇年以上に及ぶ福祉国家の形成史を語る本の表紙に失業者の行進風景が選ばれているという点に、著者の強いメッセージを感じる。イギリス社会保障の発展史を鳥瞰したときに、最も象徴的な出来事として著者の心に一番強く印象づけられたのが「失業者の行進」だったのだろう。「貧困の発見」を行なったブースやラウントリーの写真でもなく、福祉国家の創設に大きく貢献したロイド・ジョージやベヴァリッジの写真でもなかった。一〇月の冷たい雨がそぼ降るなかを「ジャロウ十字軍」と書かれた横断幕を掲げ、ハーモニカを吹きながら、二〇〇人の失業労働者たちがスタンリー・ボールドウィン首相に渡す請願書を携え、スコットランドのダーラムからロンドンまでの約四八〇キロの道程を二八日かけて行進した。国会の下院でははかばかしい回答を出さなかったものの、政府は行進参加者全員が特別列車で帰途につくように取り計らった。やがてジャロウの街には造船業に代わって製鉄工場や船体処理工場等が進出し、一九三九年には復活を遂げた。「ジャロウ十字軍」は世論を喚起することに成功したのである。[14]

わが国では社会保障というと、年金、医療、介護に象徴されるように、主な受給者は高齢者であると受け止められている。事実、「社会支出」の約八〇％が高齢分野と保健分野の二分野に重点的に配分されている。日本国民のあいだで「世代間扶養論」が容易に通用するのは、現実がそうなっているからに他ならない。しかし、イギリス社会保障史の底流に流れているものは、「社会保障は労働者階級のものである」という強固な主旋律である。それは「国民」といった漠然とした概念でもなく、「勤労者」といったニュートラルな概念でもない。高齢者でさえ「定年退職して高齢期を迎えた労働者」である。社会保障の中心線がどこに引かれているかは、非常に重要なテーマではないか。「社会保障は労働者階級のもの」という位置づけを揺るぎないものにしているものこそ、失業時の所得保障の充実度に他ならない。イギリスと比較すると、わが国の社会保障制度はいまも〝仏作って魂入れず〟の状態にある。なぜフランスでは、年金制度改悪反対のデモに大勢の高校生が参加するのか。そのことを十分に理解できる日が来た時、日本の社会保障は本物になると思われる。

（1）　レナード・T・ホブハウス『自由主義』一九一一年。
（2）　毛利健三「世紀転換期イギリスにおける貧困観の旋回——新自由主義による『社会的貧困』概念の構想」（『社会科学研究』三三巻五号、一九八一年）参照。
（3）　当然、保険というシステムには限界があり、万全の制度というわけではない。

（4）M.B.Simey "Charles Booth, Social Scientist" Oxford University Press,1960.p.p. 156-178.
（5）エリス・ピーターズ〔大出健訳〕『修道士カドフェル・シリーズ』（光文社文庫、全二〇巻、二〇〇三年〜）。
（6）チャールズ・グレイブス〔永坂三夫・久永小千世訳〕『セント・トマス病院物語 1106-1947』（日本看護協会出版会、一九七四年）。
（7）ブライアン・エーベルスミス〔多田羅浩三・大和田建太郎訳〕『英国の病院と医療、二〇〇年のあゆみ』「第八章 貧民病院から公立病院へ」（保健同人社、一九八一年）。
（8）José Harris "William Beveridge, A Biography" oxford University Press 1977. pp.171-173.
（9）『ベヴァリジ報告、社会保険と関連サービス』「付録D．簡易生命保険の問題」（山田雄三監訳、至誠堂、一九七五年）。
（10）José Harris "William Beveridge, A Biography" pp.181-183.
（11）前掲注（8）「付録B．社会保険および扶助の現行制度」三一三頁。
（12）前掲注（8）「付録B．社会保険および扶助の現行制度」三一八頁。
（13）William Beveridge "Unemployment as a Industrial Problem" 1909.
（14）リチャード・J・クーツ〔星野政明訳〕『イギリス社会福祉発達史——福祉国家の形成』「第六章 失業の暗い影 第五節 ジャロウの十字軍」（風媒社、一九七七年）。

4　福祉国家の設計図『ベヴァリッジ報告』

世界大恐慌（一九二九年）に至るまでの足かけ五年間は「資本主義の相対的安定期」（一九二四〜二八年）と呼ばれ、アメリカ資本主義が絶頂を極めた時期である。「永遠の成長」という時代精神を具象化したものとして、ニューヨークのマンハッタンやシカゴにはスカイスクレーパー（摩天楼）と呼ばれる超高層建築が出現した。[1] 二つの世界大戦に挟まれた二〇年足らずのあいだには、ごく短期間ではあったが、資本主義のかつてない繁栄が訪れたのである。しかしながらその一方で、イギリス資本主義は世紀末不況の影響を長く引きずり続け、長期の経済的停滞と大量失業に見舞われた。二〇世紀初頭に華々しくスタートした社会改良政策は、やがて失業保険も健康保険もともに大きな矛盾を抱えるに至った。限界にぶち当たっていることは誰の眼にも明らかであった。イギリスが経済的苦境から脱出するのは、他の資本主義国と同様に、総力戦といわれた戦争経済への移行によってである。しかし、戦争は軍事特需を喚起して失業者を減らした代わりに、空爆による都市の破壊、非戦闘員の死といった別種の重い犠牲を国民にもたらした。反ファシズムの大義を掲げて参戦した第二次世界大戦が終結をみたあと、イギリス社会をどう再建すべきか。それが戦争中に検討されなければならない喫緊の課題となった。

第二次大戦最中の一九四二年一一月、『社会保険と関連サービス』と銘打たれた政府の報告書が発表された。前年六月、無任所大臣アーサー・グリーンウッドは、当時食料配給問題に携わっていたウィリアム・ヘンリー・ベヴァリッジに「社会保険と関連サービスに関する関係各省委員会」の委員長に就任するよう要請し、約一年間の集中審議をふまえて勧告書を作成するよう依頼した。その成果が、戦争終結後のイギリス社会を社会保障中心に再建することを提示した本報告書である。最終的にベヴァリッジ委員長の単独署名になったことから、一般に『ベヴァリッジ報告』と呼ばれる。この報告書は、福祉国家の基本目標をすべての国民が「所得の維持によって窮乏からの自由を獲得すること」に置き(2)、人生の過程で遭遇する失業・疾病・障害・老齢・死亡などのあらゆる社会的事故に対して、国民に「国民最低限」(ナショナルミニマム)を遺漏なく保障するべきことを主張したものである。

「資本主義社会を社会保障中心に再建する」と宣言することが当時どれほど「革命的」なことであったかは、この文書がすぐに右派から「モスクワへの一里塚」と評されたことからも窺える(3)。戦争遂行内閣の首班であったウィンストン・チャーチルは、すぐに反対を表明した。しかし、『ベヴァリッジ報告』が発売されるや否や、ロンドンにある販売所には一・六キロに及ぶ購入希望者の列ができ、イギリス軍の最前線基地にまでダイジェスト版が届けられ、最終的な販売部数は六三万五〇〇〇部に達した。イギリス国民の希望を的確につかんでいたというよりも、世界史の発展方向を正確に理解していたからこそ、ベヴァリッジが全面的に勝利したのであろう。『ベヴァリッジ報告』はイギリス国内にとどまらず、第二次大戦後の西欧諸国の福祉国家形成にも大きな影響を及ぼし、戦後日本の社会保障計画策定の際にも手本とされた。「社会保障のバイブル」と称されるのも、決して誇張ではない。

『ベヴァリッジ報告』は、日本ではかつて批判的に紹介されることが多かった。とくに、その社会保険中心主義と均一拠出・均一給付原則が主な批判の対象とされてきた。本章ではベヴァリッジの狙いを読み解きながら、そうした批判に対する検討を試みる。

1　国民最低限（ナショナルミニマム）の保障

『ベヴァリッジ報告』において最も重要な概念であると同時に最大の政策目標は、「国民最低限」（ナショナルミニマム）の保障である。ベヴァリッジの「ナショナルミニマム」概念は「最低限の所得」の保障のことであり、「他の資産がなくてもその額だけで生存に必要な最低所得を得られる」ように保障することである。今日ではナショナルミニマムは、医療・介護・教育などの現物（サービス）給付を含む広い概念として用いられることが多いが、ベヴァリッジの概念は狭く現金給付に限定されていることに注意する必要がある。この点で、最低賃金制のみならず、労働時間規制等を含む非常に広い概念として「ナショナルミニマム」論を最初に提唱したウェッブ夫妻の理解とも大きく異なっている。

次に、ベヴァリッジが「最低限の所得」の水準をどう考えていたかが問題になるが、具体的には戦争開始前の一九三六年に実施されたベンジャミン・シーボーム・ラウントリーの「第二回ヨーク市調査（一九三六年）」（『貧困と進歩』一九四一年所収）において用いられた貧困線（最低生活費）が前提におかれており、これに戦時中の物価上昇率（二五％）を考慮して保障水準が定められた。夫婦で週に四〇シリング、単身の成人で週に二四シリングが基本保障額として設定された。ベヴァリッジは、この最低所得をどういう方法で保障しようとしたのか。順を追って見ていくことにする。

2　社会保険による最低所得の保障

ベヴァリッジは、この最低所得を保障する役割を一〇〇パーセント税で運営される公的扶助制度ではなく、三者拠出方式（被保険者本人の保険料＋雇主の保険料＋税）で運営される社会保険制度に委ねた。これを一般に、ベヴァリッジの「社会保険中心主義」と呼んでいる。失業、労働不能に始まり、生計手段の喪失、定年退職、女性の結婚によって生ずるニード、葬祭費、児童、疾病もしくは心身障害に至る、およそ個人が人生の過程で遭遇すると想定される八つの基本的ニーズ（貧困原因）に関して、社会保険制度で対処することを彼は選んだ。これは保険料を納めることで国民が受給の権利を認識しやすくなると、彼が考えていたためである。公的扶助制度は、右に掲げた基本的ニーズ以外の特別なケース（「遺棄または別居による困窮」や「食事・看護等に関して異常なニードを持つことから生じる困窮」）に対応すべき補完的な機能を果たすものとして位置づけられた。

なぜ、最低所得の保障役割を社会保険制度に託そうとしたのか。それは、彼が国による雇用の維持を「社会保障計画の前提条件」の一つにあげていたように、彼は国の努力によって完全雇用状態が達

表Ⅰ—4—① 社会保障給付の見通し

	支出額（100万￡）		構成比（％）	
	1945年	1965年	1945年	1965年
退職年金	126	300	18.1	35.0
失業給付	110	107	15.8	12.5
労働不能給付	72	86	10.3	10.0
その他の社会保険給付	41	42	5.9	4.9
国民扶助	44	30	6.3	3.5
児童手当	110	100	15.8	11.7
事務費	24	23	3.4	2.7
国民保健サービス	170	170	24.4	19.8
計	697	858	100.0	100.0

出所：ウイリアム・ベヴァリジ〔山田雄三監訳〕『ベヴァリジ報告』〈第2刷〉至誠堂、1975年、309頁より作成。

成された暁には、ほとんどの国民が雇用と所得を保障されることにより、社会保険料の納付実績を積み上げて受給権を獲得することができ、あわせて社会保険制度の財政基盤が強固になると考えていたからである。公的扶助制度は将来的にはなくなることはないが、その役割を徐々に低下させていくものと想定していた（表Ⅰ—4—①参照）。

歴史の事実を述べるならば、彼が思い描いたこの構想は完全雇用の未達成によりあえなく瓦解する。イギリスでは公的扶助制度は縮小するどころか、拡大の方向をたどった。雇用とそれにもとづく所得の獲得機会は、企業と労働者の「契約」という名の実質的に不平等な力関係のもとにおかれている。自由競争原理が支配し、それゆえに景気循環の波が不可避に発生する資本主義社会においては、企業の利益が優先され、完全雇用の達成は不確実なものとならざるをえない。資本主義の宿命という意味で、完全雇用の達成は「シジフォスの石」のようなものである。こうして公的扶助制度は、「国民最低限」の保障において社会保険制度の「補完的役割」にとどまることなく、かなり重要な役割を担わざるをえなくなった。

ベヴァリッジ自身、「短期の雇用に一、二度従事して、家庭なり親族のところに帰る女子」や「零細農、小作農、行商人、裁縫婦、下請労働者およびその他の臨時労務者」といった社会保険料を恒常的に適用免除されなければならない低所得階層が一定存続することを認めていた[4]。社会保険の諸給付が完全に成熟した段階においても、公的扶助によって補完されなければならない領域が残る可能性に言及していた。しかし、それらの人々は主として補足年金の対象者にすぎず、それに対して国庫が負担する費用もそう大きくならないと考えていた。

3 社会保障における国家の役割——所得比例制の否定

ベヴァリッジは、社会保険制度で最低限の所得を保障する際、革命的ともいえる大胆な原則を掲げた。有名な「社会保険の六原則」のなかの「均一額の最低生活費の給付」と「均一額の保険料拠出」の二原則である。所得の多寡を問わず誰でも同額の保険料を納付し、給付を受ける事態に陥った場合には、誰でも同額の（最低限の）給付金を受け取るという原則である。社会保険制度の負担と給付の両面において完全平等を実現しようとしたのである。このいわゆる「フラットレート制」は、わが国では所得の垂直的再分配を考慮しない「高所得者に対する負担軽減・低所得者に対する負担増加」の制度として、長く批判の対象とされてきた。しかし、そこには国民最低限の保障に関する彼の確固たる考え方が反映されていた。

再三の繰り返しになるが、ベヴァリッジにとって国家の役割は、すべての国民にいかなる場合にも「ナショナルミニマム」の所得を保障することであった。保険料を負担する際に高所得者が多く支払い、低所得者が少なく支払うという「所得比例制」を採用してしまうと、より多くの保険料を納めたからという理由にもとづいて高所得者が低所得者よりも高い給付を要求したときに、国はそれを拒否できないことになると考えた。なぜならば、ベヴァリッジにとって、保険料負担は受給権の獲得とリンクしていたからである。高い給付要求に応えることは、「ナショナルミニマム」の保障という国家の守備範囲を逸脱することであると彼は考えていた。もしある人が失業した時に、あるいは退職して老後生活に入った時に、国家が提供する「ナショナルミニマム」以上の生活をおくりたいと思うならば、最低限を超える部分は個人で準備すべき自助努力の範囲に属すると考えた。これは非常に正当な見解ではないか。このような「最低限の所得」の保障に専念する均一額の給付と、それを順守させるために必要となる均一額の保険料拠出から、最大の利益を受けるのは誰であろうか。それは低所得者に他ならない。

それでも「フラットレート制」は、低所得者の負担率を相対的に重くする「逆進性」をもつという欠陥を免れない。保険料は所得比例で、給付は均一額でという方法も考えられなくはない。それならば、ベヴァリッジ案以上に所得再分配機能が発揮されると主張する人は多いであろう。しかし、ベヴ

表Ⅰ—4—② 社会保障収入の見通し

（単位：100万ポンド、％）

		1938年	1945年		1955年	1965年
		（旧制度）	（旧制度）	（新制度）	（新制度）	（新制度）
収入額	被保険者拠出	55	69	194	196	192
	使用者拠出	66	83	137	135	132
	利子収入	9	15	15	15	15
	国庫と地方税	212	265	351	418	519
計		342	432	697	764	858
構成比	被保険者拠出	16.1	16.0	27.8	25.7	22.4
	使用者拠出	19.3	19.2	19.6	17.7	15.4
	利子収入	2.6	3.5	2.2	1.9	1.7
	国庫と地方税	62.0	61.3	50.4	54.7	60.5
	計	100.0	100.0	100.0	100.0	100.0

出所：ウイリアム・ベヴァリジ〔山田雄三監訳〕『ベヴァリジ報告』〈第2刷〉至誠堂、1975年、171頁、307頁より作成。

アリッジの考えによること、拠出の所得比例は給付の所得比例に行き着かざるをえない。民主主義社会においては中間層に属する勤労者が多数派を形成し、低所得者は少数派とならざるをえない。高い拠出は高い給付要求に繋がり、それは民主的な手続きにおいて実現される運命にある。その結果、社会保障は「ナショナルミニマム」の保障から徐々に離反していくことになる。

均一拠出制の逆進性に関して、ベヴァリッジは社会保障財政に占める公費負担（租税負担）の比率を一九六五年段階で約六〇％と高く設定し、残りの約四〇％を労使の保険料負担で賄うことにより逆再分配効果の発現をできるだけ回避できると考えた。被保険者本人の負担率は約二二％である[5]。社会保険財政に占める保険料の割合を抑えることで、均一拠出制の逆再分配効果をできるだけ小さくし、累進課税制によって徴収される租税負担の割合を大きくすることで、所得再分配の効果がなるべく大きく発現できるように制度設計した（表Ⅰ—4—②参照）。保険料負担の面だけをみるならば、『ベヴァリッジ報告』は高所得者に有利な政策のように受け止められるが、社会保険財政に占める公費負担の大きさを視野に入れると、違う評価が下せる。

保険料の占める割合が低く、公費負担の占める割合が高い社会保険制度とは、一歩、公的扶助制度に歩み寄った社会保険制度ではなかろうか。ベヴァリッジの「社会保険中心主義」は、その実質において社会手当制度を内包した性格のものではなかったか。公的扶助制度の所得再分配効果を社会保険制度の内部により多く取り入れることにより、公的扶助に対する当時の国民の強いスティグマを迂回しながら、給付の権利性と普遍性を国民に付与できると考えたのではないだろうか。

戦後のイギリスの社会保険制度は完全平等の「均一額給付」から出発しているので、「所得比例制」に移行したあとも、老齢退職年金（国家年金）の給付額の分布状況をみると、日本のような大きな給付格差はみられない。男性受給者の場合、公的扶助基準を少し上回る年金額を最低水準として、その二倍の金額の範囲内に九五％の受給者が収まる構造となっている。(6) これに対して、日本の公的年金は「所得正比例制」ともいうべき年金額の算定方式を採用しているので、膨大な過少給付（国民年金の満額〈最高額〉は生活保護の生活扶助基準をも下回っている）がある一方で、老後の必要生活費を大きく上回るような高額の公的年金も存在している。元首相の小泉純一郎が国会の場で言ったとおり、「人生いろいろ、年金もいろいろ」が日本の実情である。国家の役割が老後の奢侈を保障することに振り向けられてもよいものであろうか。「所得比例年金だから仕方がない」で済まされてよいか。こうした状況を放置していては、年金財源が足りなくなっていくのは当たり前であるし、無責任な「金持ち高齢者」論、「負担力ある高齢者」論が持ち出され、世代間扶養論が説得力をもつことになると思われる。「国民全員に対する遺漏なき最低生活の保障」という社会保障の大原則に立ち返り、高齢者の貧困をなくすことを社会保障制度の第一目標に設定すべきである。ベヴァリッジの「フラットレート制」は、いまも社会保障の制度設計上の「北極星」なのである。

4 「ナショナルミニマム」保障を成功に導くための前提条件

ベヴァリッジは、最低限所得の保障を成功に導くためには、①一五歳以下の児童に対する児童手当の支給、②包括的な保健サービスおよびリハビリテーション・サービスの提供、③雇用の維持（大量失業の回避）という三つの前提条件が必要であると考えた。その前提条件とは、要約するならば、社会保険財政を逼迫化させないための予防的な手段を計画に盛り込むことであり、それは保険料の安定的確保と給付金支給件数の抑制によって可能となる。

(1) 完全雇用の達成と保険料の安定確保

言うまでもなく、労働者が社会保険料を納付し続けるためには、失業しないことが前提条件である。

ここからベヴァリッジは、国が雇用確保に最大限努力することを求めた。この主張はケインズ経済学のマクロ経済の視点にもとづいており、雇用が社会保障制度を支えるという理解に立脚している。また、雇用の質が劣悪で、働いていても保険料を納められないほどに低い賃金しか得られない仕事の存在も否定している。ただし、失業という状態は転職希望などの個人的動機によっても起こりうる。これを彼は「摩擦的失業」ととらえ、失業率が常時二〜三%の許容範囲に収まるように努力することを国に求めた。また、職業紹介所が失業者に職業を斡旋する際に、個々の雇用の質を吟味し、劣悪な雇用を労働市場から排除していく機能を果たすことを期待した。この二側面を「完全雇用」政策と呼んでいる。こうすれば、社会保険財政が破綻に瀕する事態は回避されるとベヴァリッジは考えた。

今日のわが国では、雇用が社会保障制度を支えているというベヴァリッジ的理解は、残念ながらコンセンサスになっていない。「個別企業の収益性の向上」というミクロ経済の視点から労働政策と社会保障政策が遂行されているので、リストラによって大量の失業者を出して企業の利益を確保した経営者が、良い経営者として称賛されている。これでは公的年金制度や医療保険制度が危機に瀕するのは当然である。保険料の滞納者や免除者、無保険者が増大し、雇用の劣化が荒波と化して社会保障の領土を浸食している。また今日、市町村国保の加入者の相当数が失業者で占められているともいわれている。個別企業にとって効率的な仕組みが、社会全体にとって効率的であるとはかぎらない。その好例が雇用と社会保障の関係である。個別企業の収益性の向上は、やがて景気を回復させて、雇用の拡大に帰結するかもしれない。しかし、回復するまでのタイムラグに閉じ込められた人々の生活困窮は、「自己責任」として放置していてもかまわないものだろうか。

また、言うまでもないが、失業の発生を抑えることは、政府にとって失業手当の支給件数を少なく抑えることでもある。失業保険財政の安定に貢献することになり、国家財政にとって大きなメリットとなる。わが国の政府が失業対策にあまり熱心に取り組まない理由は、失業手当の支給期間を非常に短く制度設計することで、多くの失業者が受給権（エンタイトルメント）を「費消」した状態に陥り、雇用保険財政が逼迫化しない仕組みになっているからである。ＯＥＣＤの発表によれば、二〇〇九年度現在、完全失業者のなかの失業手当の受給者比率は、日本ではなんと二二％にすぎない。そのために雇用保険財政は、リーマンショックによって完全失業率が五％を超えるようになったいまでも安泰である。これに対して欧州の先進工業国では、完全失業者に占める失業手当の受給者比率は八〇〜九〇％台の高率を維持している。日本のように失業しても自己責任が求められる国は、先進工業国では珍しい。無権利の農民工で溢れる中国と変わらない。

(2) 国民保健サービスの創設

ベヴァリッジは、医療サービスとリハビリテーション・サービスを従来の社会保険給付の対象から外し、一〇〇パーセント税によって運営される「国営医療事業」に変更すべきことを「ナショナルミニマム」達成のための第二の前提条件とした。

この国営医療事業とは、病気休業中の生活費の支給だけを社会保険給付に残し、医師の治療行為や看護といった現物の医療サービスの提供を、税財源の国営事業として別枠で給付する仕組みである。『ベヴァリッジ報告』のなかでゴーサインが出されたことを受けて、一九四八年に国民保健サービス法（略称ＮＨＳ）が成立し、同年七月五日から実施された。国民全員が処方箋代を除いて、原則無料で医療サービスを受けられる仕組みの開始である。

なぜ税金による無料の医療サービスの提供が、「ナショナルミニマム」達成のための前提条件になるのか。それは、国民の誰しもが経済的負担なく治療に専念できる結果、早期に健康を回復し、病人の側から社会保険料や税金を国に納入する就労者の側に早く復帰できるからである。それはまた、病気休業中の生活費の支給件数と支給期間を減じることに繋がり、社会保険財政の健全化に貢献するからである。ベヴァリッジがあげた理由は、必ずしも国営の医療事業でなければならないことを裏づけるものではない。国民全員が無料で医療サービスを受けられることにより早期の職場復帰が可能になる点に、彼の主張の力点はおかれている。しかし、「ナショナルミニマム」の所得保障を成功に導くためには、社会保険制度を所得保障（現金給付）の制度に純化する必要があったと思われる。医療サービスという現物給付の領域を貧富の差なく国民全員を対象に無料化するならば、「ナショナルミニマム」の所得保障はそれだけ少ない財源で達成される。貧困者・低所得者が恩恵を受ける最低所得保障が少ない財源で達成されるならば、彼らに対する一般国民の反感も減じられるだろう。

(3) 児童手当制度の創設

ベヴァリッジは、社会保険による最低生活保障を実施する場合、ラウントリーの方法に準拠して、世帯員数に応じて最低生活費を給付することにした。最低生活費の支給である以上、世帯員数を考慮しないわけにはいかないからである。しかし、賃金と社会保障給付（最低生活費）を見比べた場合、低賃金労働者が受け取る賃金は世帯員数を反映するものではないから、多子世帯の世帯主が失業した際に受け取る社会保障給付は、働いていたときの賃金水準を上回る可能性がある。賃金は労働の生産物にもとづいて支給されるものであり、家族の大きさにもとづいて支給されるものではないからである。この結果、世帯員数を考慮して支給される社会保障給付のほうが、働いている時に得ていた賃金よりも高くなる事態が発生し、これが労働者の「労働インセンティブ」の減退に繋がることをベヴァリッジは恐れた。

こうした事態の発生を未然に防止するためには、労働者が働いているときに受け取る賃金に、子どもの数に応じた児童手当（家族手当）を支給すれば、常に「社会保障給付≦賃金」という関係が保たれることになる。こうしてベヴァリッジは、週八シリングの家族手当を支給することを『報告』に盛り込んだ。

以上が『ベヴァリッジ報告』で示された最低生活保障のおおまかな構造である。戦前からの経緯を述べると、これに公営住宅（カウンシルハウス）建設計画、完全無料の義務教育制度、高等教育の無償化、奨学金の充実が、広い意味での生活の「前提条件」に含まれる。戦後に至っては、無料または低額で利用できる公共諸施設、高齢者向け公共交通手段の無料化、低額の社会人教育なども、生活の「前提条件」に含まれる。あの大英博物館はイギリス人、外国人を問わずいまも入場料無料である。知的好奇心を呼び覚まさずにはおかない豊かで壮大な空間は、低所得の年金生活者が時間を費やすのに格好の場所を提供している。高額な入場料、高すぎる食事代、高いアトラクション代（数分で終わる）を取るＴＤＬ（東京ディズニーランド）の娯楽性と比べるまでもない。イギリスでは生活基盤部分の市場化・民営化を制限して、公的に無料または低額で提供する領域を拡大してきた。現金で営まれる消費生活領域がなるべく小さく収まるように設計して、最低所得保障が成功するように構築されたのがベヴァリッジ以来の福祉国家の基本的特徴である。このような生活構造は、公的扶助の受給者や失業者、年金生活者にとって安心・安定を保障するものである。やはり『ベヴァリッジ報告』は、いまでも「社会保障のバイブル」であり続けている。

（1）マンハッタンの摩天楼を代表するエンパイアステート・ビルディングが竣工したのは、一九三一年のことである。二〇〇一年九月、マンハッタンにある世界貿易センター（ＷＴＣ）のツインタワー（一一〇階建て）に二機の飛行機が突入し崩壊するというテロ事件が起きたが、まさにアメリカ資本主義の象徴としてこの地が狙われた事件であった。

（2）山田雄三監訳『ベヴァリジ報告』（至誠堂、一九七五年）二三七頁、パラグラフ四〇九。

（3） ベヴァリッジは「世界史のうえの革命的な瞬間というのは、革命を行うべきときを意味し、つぎはぎ措置を講ずべきときを意味しない」と断言している（『ベヴァリジ報告』邦訳、五頁、パラグラフ七）。

日本政府がこれまでに一度でも「日本社会を社会保障中心に再建する」と表明したことがあっただろうか。一九七三年に当時の首相田中角栄が表明した「福祉元年」を除けば、明治維新以降、「大企業の成長が中心の社会」が追い求められてきたのではないか。二〇〇八年の参議院選で、民主党が「生活が一番」というキャッチフレーズを掲げた。この惹句に風が変わったことを感じ取り、期待を寄せた国民は多かった。しかし、紛争国家でもない世界第二位の経済大国・日本で、これは当たり前のことではないか。この惹句は、それまでの日本でいかに「大企業の成長が一番」の政治しか行なわれてこなかったかを図らずも物語っている。しかも、この惹句は「福祉元年」と同じように、早くも風前の灯の状態にある。

（4） 『ベヴァリジ報告』邦訳、三〇〇頁。

（5） 二〇〇六年度現在、日本の社会保障収入全体に占める国庫負担の比率は二一・〇％で、それ以外の公費負担を含めても二九・八％にすぎない。税による所得再分配が行なわれる範囲は、ベヴァリッジ案の半分以下でしかないことになる。反対に被保険者負担の比率は二八・〇％と高くなっている。

（6） 唐鎌直義「イギリス高齢期生活保障にみる最低限保障の構造」中央大学経済研究所編『社会保障と生活最低限——国際動向を踏まえて』（中央大学出版局、一九九七年所収）。

5 福祉国家の成立と「貧困の再発見」

連合国の一翼として第二次世界大戦に勝利したイギリスは、終戦後ただちに『ベヴァリッジ報告』に依拠して福祉国家の建設に乗り出した。労働党のアトリー内閣のもと、一九四八年七月五日の約束された日（The Appointed Day）に、国民の熱狂的歓迎のなかをイギリス福祉国家は船出した。福祉国家の誕生は世界史上の出来事であったから、イギリス国民が感激したのも無理はない。しかし、新設された諸制度は、ベヴァリッジ案の全体的な枠組みを踏襲していたとはいえ、いくつかの重要な点においてベヴァリッジ案を後退させた内容のものであった。以下で述べるように、スタート時点から実現可能性の範囲内に切り縮められていた。計画案と実現された諸制度のあいだに生じたこの齟齬のなかに、次なる矛盾の芽が胚胎することになる。

五〇年代後半に入ると、イギリス福祉国家はそうした矛盾への対応を次々に迫られることになる。もとより福祉国家は、「建設」されたことをもって完了となるものではなく、社会の変動とともに発展し続けなければならない。戦後資本主義の発展は「成長」の名のもとに産業と社会に大きな変動をもたらし、家族のあり方や人々の働き方をも激変させた。こうした労働と生活の急速な変化に、社会保障制度は対応していかなければならなかった。紆余曲折を経ながらも七〇年代末の「サッチャー革命」に逢着するまで持続的発展を遂げたことが、イギリス福祉国家のもう一つの特筆されるべき側面である。

1　ベヴァリッジ体制のスタートと新たな矛盾

(1)　一九四五年「家族手当法」(Family Allowances Act)

第二次世界大戦が終結した一九四五年、ウィンストン・チャーチル率いる連立内閣のもとで、戦後最初の社会保障立法である「家族手当法」が成立した。家族手当とは、日本の児童手当に相当する制度である。ベヴァリッジ案では、週八シリングを給付するものとされていた。しかし、成立した家族手当法では第二子から週五シリングを支給するものとなり、対象児童の範囲と給付水準の点でかなり後退した内容になった(1)。

チャールズ・ブースのロンドン調査は、労働者の貧困の一因に「大家族」(large family)があることを指摘した。これは「子沢山による貧困」のことである。ベヴァリッジによれば「賃金は労働の生産物に対する対価であって、労働者の家族数に左右されない」ことが、この問題を生じさせている原因であった。同じ労働に従事して、同じ金額の賃金を受け取っている二人の労働者がいるとする。一方の労働者の子どもの数が他方の労働者の子どもの数より多い場合、子ども数が多いほうの労働者世帯の生活水準が低くなるのは当然である。また、ベンジャミン・シーボーム・ラウントリーのヨーク市調査は、一般労働者が一生のあいだに平均三回貧困を経験し（これを「貧困循環」〈poverty cycle〉という）、その一回目が労働者本人の「幼少期の貧困」であり、二回目は労働者本人が結婚して二人以上の子どもをもった場合の「子育て期の貧困」であることを指摘した。

家族手当制度は、こうした児童の貧困（child poverty）への対応策として設けられたものである。子どもの経済面での養育を労働者家族にすべて委ねたままにするのではなく、社会が一定部分を引き受けることにより、親の経済力の低下によって惹き起こされる児童の貧困をなくし、「機会の平等」に近づけようとしたのである。

しかし、子どもを何人以上持つと「多子世帯」に該当するのかは、難しい問題であった。ラウントリーのように、一人目と二人目のあいだに線を引くこともできるであろうし、より厳しい見方に立つならば、二人目と三人目のあいだに線を引くこともできるであろう。その線引きは結局、子どもが一人もいない世帯と一人いる世帯のあいだで賃金の均衡をどう保つか、という問題にまで行き着かざるをえない。ベヴァリッジは委員会での議論の末、一般勤労者世帯の場合には第二子以降を支給対象とすることにしたが、社会保障給付を受けている世帯に関しては、第一子から支給対象とすることにした。もちろん、家族手当の支給対象の決定に際して、所得制限は設けないことになった。

今日では、家族手当の支給対象が親の所得に関係なく全児童であることは、EU加盟諸国では常識の域に達しているといってよい。それはすべての児童の養育に対して社会が経済的責任を負うということの国家的表明である。つまり、子どもに対する直接的な養育の義務は親にあるが、子どもに関する最終的な責任は社会にあり、子どもは全員「社会の子ども」とみなすということの表明である。日本では民主党の「子ども手当」制度に対して野党（自民党）から執拗に所得制限を設けることが要求され、交渉のなかで所得制限が徐々に引き下げられた。このように支給対象を一定の所得水準以下の児童に限定することは、社会手当としての児童手当制度の趣旨をまったく理解していないと言わねばならない。これでは児童の養育に関する経済的責任はあくまでも親にあることになり、一定水準以下の所得しかない世帯に対して、特別に国が社会的に援助するという趣旨になる。所得制限の引き下げ要求は、支給対象をできる限り縮小したいという野党の狙いを表明したものだが、「子ども手当」を支給されている親と支給されていない親の分断を生む。子どもは基本的に、依然として「親の子ども」のままに据え置かれる。これでは行政的介入が後手に回るので、「貧困の再生産」を払拭できず、頻発する児童虐待や一家心中事件から児童を救い出せない。

(2) 一九四六年「国民保険法」(National Insurance Act)

一九四六年に、連立政府に代わって労働党政府が誕生した。この年、社会保障計画の本体部分というべき「国民保険法」が成立した。これはベヴァリッジ案のとおり、失業・疾病・退職・障害・労災などのあらゆる社会的事故によって惹き起こされた所得の中断と喪失に対して、国民保険制度という単一の制度で包括的に対応するものである。この新しい制度の特徴は、わが国の現行公的年金制度や健康保険制度に比べてみると、よく理解できる。

第一に、わが国の現行公的年金制度や健康保険制度は、各々の制度内に複数の制度が分立している（年金保険で五制度、健康保険で八制度）。国民年金制度と国民健康保険制度は、それ以外の制度に加入できない人々が加入する最下の受け皿的制度としての役割を担っている。しかも、保険料負担や給付内容の点で大きな制度間格差があり、国民年金と国民健康保険は半ば「劣位の制度」と化している。これに対して、戦後イギリスの国民保険制度は、国民全員が一つの制度に加入するという意味で、普遍的かつ平等な制度となった。

第二に、イギリスの国民保険制度は、その制度一つであらゆる社会的事故を網羅的に対象とする点に特徴がある。日本の現行制度のように、年金と医療と失業と介護に関してそれぞれ別個に四種類もの保険料を納めるという、単一の社会保険事由に限定された制度ではない。当然に保険料も国民保険料に一元化されている。

以上二つの包括性を備える点で、リスク分散機能の高い、つまり所得の垂直的再分配が働きやすい社会保険制度となった。

国民保険制度の問題は、こうした制度問題とはまったく別のところで生じた。ベヴァリッジ案では社会保険制度が主に最低生活保障（ナショナルミニマム）の役割を担うとされていたが、実際には制度発足の当初からその実現に失敗していたことである。ベヴァリッジは『報告』のなかで、最低生活費を算定する際にラウントリーが一九三六年に実施した第二回ヨーク市調査（『貧困と進歩』"Poverty and Progress" 1941）で採用した最低生活費（夫婦二人世帯で週に三二シリング）を参考にし、それに戦中の物価高騰を考慮して週に四〇シリングと定めた。ベヴァリッジ案から六年後に成立した国民保険制度は、さらに戦後の物価騰貴を考慮して週に四二シリングとした。ちなみに、成人一人世帯に関しては、ベヴァリッジ案では週に二四シリングだったが、国民保険制度では週に二六シリングとなった。また、子ども一人につき、週に七シリング六ペンスを給付することになった。しかし、こうした給付水準の設定は、戦後の物価上昇を正しく反映していなかったのである。

戦後の物価上昇を見ると、一九三六年当時の物価指数を一〇〇とすると、一九四八年の物価指数は一七五・五であった。したがって、一九三六年当時の三二シリングという給付水準を維持するためには、一九四八年段階では、最低生活費は週に五六シリング二ペンスでなければならなかった。また、一九四八年当時の男性肉体労働者の平均賃金は週に一三四シリングであった。週に四二シリングという給付水準では、この平均賃金の三一％にすぎなかった。このように、出発点から最低生活費をかなり下回る水準で社会保険給付が支給されることになった。また、失業手当の支給期間は三〇週に制限された。ベヴァリッジ案では無期限とされていたので、これもまた大幅に後退した内容となった。

(3) 一九四八年「国民扶助法」(National Assistance Act)

イギリス福祉国家がスタートする年に「国民扶助法」が成立した。国民保険制度では対処しきれない「特別なケース」に対応するはずの、もう一方のナショナルミニマム保障を担う公的扶助制度である。国民扶助制度の最低生活費は、国民保険制度の基準額(最低生活費)とまったく同額の、夫婦二人世帯で週に四二シリング、成人一人世帯で二六シリングと設定された。したがって、国民保険制度の基準額に関して指摘した「当初から最低生活保障に失敗していた」という問題点は、国民扶助制度に関してもそのまま当てはまる。

そもそも保険料を納めることで受給の権利が発生する社会保険制度の給付水準と、生活困窮を理由に税金から給付される公的扶助制度の給付水準が同額では、国民に保険料を納めるインセンティブを与え続けることは難しくなる。しかし、ラウントリー以来の「最低生活費」保障（＝貧困の除去）を社会保障の第一義的目的とするならば、保険と扶助の最低生活費が同額に設定されてもおかしくはない。問題は次の二点にあった。

一点目として、国民扶助制度では児童一人当たりの給付額が、その年齢に応じて週に七シリング六ペンスから一〇シリング六ペンスまでとされたことである。国民保険制度では、児童の年齢に関係なく一人当たり七シリング六ペンスに固定されていたので、国民扶助制度の支給額のほうが国民保険制度の支給額を上回るケースが出ることになった。

二点目として、さらに大きな相違点なのだが、国民扶助制度では受給者が受け取る最低生活費に、本人が現に支払っている家賃の実額がプラスされることになった。公的扶助制度における家賃の取り扱いについて、ベヴァリッジ委員会では「全国の家賃の平均額を支給すべきである」という意見が主流であった。しかし、ロンドンのような大都会では家賃の水準が高いので、平均額の支給では最低生活費を割り込む過少給付になってしまう。その一方で、地方の農村部では家賃の水準が低いので、平均額の支給では最低生活費を上回る過剰給付になってしまう。議論の末、ベヴァリッジの判断で公的扶助の家賃は実額支給となった。(2) 最低生活費に家賃の実額がプラスされるならば、家賃支給のない国民保険制度の最低生活費をかなり上回ることになる。受給者が持ち家に住んでいる場合のみ、両制度で同額となる。こうして制度発足の段階から「保険≧扶助」の関係が出来上がってしまった。

のちに（一九六六年）、国民扶助制度の家賃支給は国民扶助制度から外されて、公的扶助受給者以外の低所得層一般をも対象とする「家賃割戻制度」（Rent Rebate）に移管された（一九八八年以後は現行「住宅給付制度」〈Housing Benefit〉に移行）。国民扶助制度は、最低生活費の保障に純化することになった。

わが国の生活保護制度は現在、八種類の扶助から構成されており、いったん生活保護制度の受給者になると、これらの扶助が数種類組み合わされて最低生活が保障される仕組みになっている。この「手厚い」支給状況を「受給者にとって良い制度」と称賛する向きもあるが、生活保護を受給すること自体に高い障壁があるので、受給できずに現に苦しい生活をおくっている人々にとって、それは怨嗟の対象となる。これに対してイギリスでは、公営住宅や民間借家に住む低所得者を対象にした「住宅給付」や、持ち家に住む低所得者を対象にした「地方税給付」（Community Charge Benefit）が、公的扶助の外部に「所得保障制度」として設けられているので、公的扶助の受給者でなくてもこれらの制度を利用できる。数種類の扶助を組み合わせなければ最低生活を保障できない日本の生活保護は、その構造自体が社会保障制度の後進性を物語っている。

国民扶助法の施行をもって、登場以来約三五〇年が経過するあいだに、イギリス国民の桎梏と化していた救貧法が最終的に廃止されることになった。

(4) 一九四八年「国民保健サービス法」(National Health Service Act)

一九四八年にはもう一つ、「二〇世紀の奇跡」（H・エクスタイン）とも呼ばれる社会保障立法が実現された。「無料の国営医療」の実現である。詳細は第Ⅱ部の10（「医療保障」）に譲るが、ここではその性格を簡単に紹介しておきたい。

医療保障のなかの傷病手当金のような現金給付部分を国民保険制度に残し、現物給付である医療サービスの提供を社会保険制度から切り離して、一〇〇パーセント税財源の国営医療事業に改めたのがイギリスの「国民保健サービス」（略称NHS）である。施行当初は初診時に「処方箋代一ポンド」を徴収するだけで、その他の窓口負担なし・眼鏡と義歯は有料という「無料の医療制度」として発足した。七〇年代以降、スウェーデンとデンマークが社会保険医療から離脱してNHS方式に移行している。

イギリスが他国に先がけてNHSを実現できたのには、先に述べたように、かなりイギリス独自の事情があったと考えてよい。修道院における行路病人を対象とした「無料の医療」の長い伝統がある。これは一二世紀にまで遡ることができる。修道院起源のホスピスは、イギリス資本主義が発展するにつれて巨額の寄付・寄贈を受けるようになり、一八世紀に至って「篤志病院」として大きく飛躍した。

それでも「貧民」対象の無料の医療という伝統を守り続けた。資本主義の発展は、同時に海外との交易の活発化を意味した。外国からコレラやチフスなどの伝染病が持ち込まれて、猖獗《しょうけつ》を極めるようになった。当初は「貧民病」と理解されていた伝染病は、徐々に一般労働者へ、中流階級へ、上流階級へと死者の範囲を広げていった。篤志病院は公衆衛生の観点から「非貧民」にも隔離入院を許可しなければならなくなり、有料患者ベッド制度を設けるに至った。このような医療ニーズの高まりに呼応するかたちで、社会保険医療が一九一一年に成立した。しかし、それは激しい給付格差の存在と商業保険による悪用のために、矛盾の巣窟と化すようになった。第二次世界大戦中の医療機関の再配置の必要など、医療の国家統制が進むなかで、労働党の医療政策に関する方針、イギリス医師会の見解、初代社会保障大臣となったアネイリン・ベヴァンの卓越した政治力など複数の力が作用して、国営医療事業が実現されたといわれている。現在でもＮＨＳはイギリス国民の圧倒的な支持を得ており、マーガレット・サッチャーでさえもＮＨＳの民営化には着手できなかったといわれている。

2　貧困解消神話

福祉国家がスタートした後、イギリス国民が社会保障制度の飛躍的発展に大きな期待を寄せていたことは想像に難くない。この時までに「貧困の発見」を通じて貧困研究の権威にのぼりつめていたラウントリーは、一九五〇年に第三回ヨーク市調査を実施し、社会保障の高い貧困除去効果を著書『貧

表Ⅰ—5—① ヨーク市の貧困率と社会保障の貧困削減効果（1950年）

貧困測定基準	実際の貧困率	1936年と福祉水準が同じ場合の貧困率	家族手当がない場合の貧困率
A階層（77シリング未満）	0.23％	6.62％	0.69％
B階層（77-100シリング）	1.43％	8.11％	5.77％
合　　計	1.66％	14.73％	6.46％

出所：B.S.Rowntree & G.R.Lavers “Poverty and the Welfare State” longmans. 1951.p.31,40,44.

困と福祉国家』（“Poverty and the Welfare State”1951）のなかで発表した。おそらく福祉国家の誕生を誰よりも強く願っていた人であろうから、誕生間もない福祉国家を高く評価したいというラウントリーの気持ちは十分に理解できる。そうした強い思いが、貧困研究者としての彼の眼を曇らせてしまったのではないか。ラウントリーの第三回ヨーク市調査は、福祉国家の誕生によって貧困問題が解消されたことを証明する研究となった。これまでの彼の偉大な研究成果が、今回の実証研究の正しさに疑問を投げかけることをためらわせた。少なくとも「貧困の発見」の立役者であった彼が「貧困の解消」を証明しなかったならば、「貧困解消神話」は普及しなかったであろう。これも一つの歴史の皮肉と言わねばならない。

表Ⅰ—5—①は一九五〇年段階（福祉国家成立の二年後）のヨーク市の貧困率である。第一回ヨーク市調査の時に用いられた「第一次貧乏」「第二次貧乏」という貧困基準に代わって、A階層（最低生活費、週に七七シリング未満）、B階層（必要生活費、週に七七シリング以上一〇〇シリング未満）という基準が用いられている。その結果は、第一回ヨーク市調査（一九〇一年）の時の貧困率二八・七四％に比べると大幅に低下し、わずか一・六六％となっている。たしかに、ここまで貧困率が下がったならば、福祉国家の成立によって貧困問題が解消したといってもよいであろう。同時にラウントリーは、第二回ヨーク市調査が行なわれた一九三六年と福祉の水準が同じだったとしたら、貧困率が一四・七三％になっていたはずであるという推計も行なっている。福祉国家の貧困削減効果は、貧困率を九分の一以下に縮小させるほどに高かったことを意味している。さらに、家族手当制度がなかったとしたら、貧困率が六・四六％に上昇していたはずであるという推計も行なっている。家族手当制度ひとつで約五％もの貧困を削減する効果があったことになる。

このラウントリーの研究結果については、発表当初から批判の声が出されていた。何よりも「必要生活費一〇〇シリング」の算定方法に問題があったと指摘されている。ラウントリーはマーケット・バスケット方式で必要生活費を算出したが、当時はまだ食料の配給制が続いていて、蛋白質の一日当たりの摂取量は一九三六年調査よりも一九グラム少なかった。また、被服費については、調査対象となった世帯のうちの最低の三世帯の平均値を採用した。それによれば、下着のシャツは年に一枚、パンツは年に二枚、ズボンは三年に一着、スーツは五年に一着、外套（オーバー）は無しというように、著しく低く設定されていた。これほどまでに低い測定基準で貧困を測定したならば、貧困率が低く表れるのは当然であった。結果的に、必要生活費一〇〇シリングではエンゲル係数は四七％に達し、これではラウントリー自身が主張した「ヒューマン・ニーズ」からも程遠いものであるといわねばならなかった。(3)

それでも貧困研究におけるラウントリーの名声は、絶大なものであった。福祉国家の成立によって貧困問題は無視してもかまわないほどに小さなものとなったという「貧困問題解消の神話」が、それ以降一人歩きをするようになる。その神話が打ち砕かれ、再び貧困問題が社会保障の中心課題に復帰するためには、二人の若い研究者の登場を待たねばならなかった。

3　貧困の再発見

「貧困問題の解消」に対する最初の疑義は、一九五七年に発表されたピーター・タウンゼントの論文において提起された。彼はその論文のなかで、退職者の三分の一が国民扶助水準以下の生活をおくっていること、および国民扶助を受ける資格のある人がその四分の一を占めていることを明らかにした。国民保険制度の公的年金が最低生活保障に失敗していることの紛れもない証拠として、「高齢貧困者」("the aged poor")の存在が浮かび上がったのである[4]。

その後、一九六五年に「貧困問題の解消」を根底から覆すような研究が発表された。ブライアン・エーベルスミスとピーター・タウンゼントによる『貧困者と極貧者』(B.Abel-Smith & Peter Townsend,"The Poor and the Poorest"1965)の刊行である。二人はイギリスの官庁統計である『家計調査』("Family Expenditure Survey")のデータをもとに貧困率の測定を行なった。その結果は**表I―5―②**に示したように、世帯貧困率は一九五三～五四年で一〇・一%、一九六〇年で一七・九%であ

表Ⅰ—5—②　貧困率の測定結果（『貧困者と極貧者』）

国民扶助の倍率	1953-54年（支出）		1960年（収入）	
	世帯	人口	世帯	人口
80%未満	0.5%	0.3%	1.3%	0.9%
80-89%	0.6〃	0.2〃	1.0〃	0.9〃
90-99%	1.0〃	0.7〃	2.4〃	2.0〃
100-109%	1.9〃	1.4〃	4.7〃	2.8〃
110-119%	1.7〃	1.4〃	3.1〃	2.4〃
120-129%	2.0〃	1.8〃	2.7〃	2.5〃
130-139%	2.4〃	2.0〃	2.8〃	2.7〃
140-159%	5.0〃	5.1〃	82.1〃	85.8〃
160%以上	84.9〃	87.1〃	−〃	−〃
計	100.0%	100.0%	100.0%	100.0%
140%未満	10.1%	7.84%	17.9%	14.2%

出所：篭山京・江口英一・田中寿『公的扶助制度比較研究』光生館、1968年、181−183頁参照。

った。ラウントリーの一九五〇年調査における世帯貧困率一・六六%と比較してみると、三年後の一九五三〜五四年で六倍、一〇年後の一九六〇年で一一倍という大きな乖離が認められる。福祉国家の成立によって貧困問題が解消されたというラウントリーの主張は、「神話」にすぎなかったことがこれによって証明された。

彼らの研究は、ブースやラウントリーらの社会調査による貧困測定とは違って、統計データを利用した貧困測定であった。この点に彼らの研究の第一の特徴がある。また、**表Ⅰ—5—②**に示されているように、彼等は国民扶助基準額ではなく、その一・四倍（一四〇%）で貧困を測定した。これが第二の特徴である。一・四倍に定めた理由については、国民扶助は「パスポート・ベネフィット」という性格を有しており、国民扶助を受給すると所得税や地方税、社会保険料等の公租公課が免除され、家賃の実額が支給され、その合計額が国民扶助基準の四〇％にほぼ匹敵するからであると説明されている。つまり、国民扶助を受給していない人の所得が貧困線以下かどうかを判断する場合には、受給している人に対して国が保障している最低生活費の一・四倍を測定尺度としなければ判断できないということである。国民扶助制度が貧困救済に失敗している度合いが高ければ高いほど、なおさらこの基準を用いる必要性が高いことになる。その後、公的扶助基準の一・四倍で貧困を測定する研究が先進工業国で急速に普及していった。二人の研究者はさらに、国民扶助基準の一・四倍未満の所得しかない世帯の世帯主の状況を調べた。その結果は、退職者、つまり公的年金を受給している高齢者が三三・九％、病人つまり傷病手当の受給者が一九・一％、失業者（とくに四人以上の子持ちの失業者）、つまり失業手当の受給者が三一・七％、パートタイマーとして稼働している者が二〇・八％、フルタイマーとして稼働している者が二・七％という状況であった（理由の重複あり）。ここで問題となるのは、第一に、国民保険制度から各種の給付を受けている人々が貧困に陥っている現実である。つまり、これは国民保険制度が貧困の救済に失敗していることを物語っている。また第二に、フルタイマー以外の貧困者がなぜ国民扶助を受ける資格をもちながら受けようとしないのか、という問題である。二人は、救貧法以来培われてきたスティグマ（stigma, 恥辱感）が国民扶助についても残存していることをその理由にあげた。こうして国民保険制度の各種給付の給付水準を引き上げることと、国民扶助からスティグマを除去することを提案した。

この本が刊行された翌年、イギリス政府（労働党政府）は国民扶助制度を廃止して「補足給付制度」（Supplementary Benefit, 略称ＳＢ、1966-1988）に改めた。資力調査（ミーンズテスト）を思い切り簡素化し、スティグマの軽減化を図った。国民が「公的扶助」（Public Assistance）という言葉にスティグマを感じていることから、この言葉を用いるのをやめ、「補足給付」というニュートラルな名称に変更した。政府はＢＢＣ放送を使って新制度の周知に努めた。その結果、新制度の受給者は急速に増加することになった。これ以降、エーベルスミスとタウンゼントの研究は、「貧困の再発見」と高く評価されることになった。やはり社会科学上の「発見」とは、既存の制度の大改善に寄与するほどに世論を動かすことに成功した実証研究に対して贈られるものであろう。

「貧困の再発見」以降、イギリスの補足給付制度の改革に社会保障研究が与えた影響は大きい。たとえば、アンソニー・バーネス・アトキンソンの『イギリスにおける貧困と社会保障改革』（A.B.Atkinson"Povertyin Britain and the Reformof Social Security"）は、漏救問題（受給資格があるのに救済から漏れてしまう人の問題）を指摘するとともに、補足給付の「賃金上限」（ウェイジ・ストップ、wage stop）条項の問題を指摘した研究である。「賃金上限」条項とは、長期失業者などが補足給付を受給する場合、働いていた時の賃金額を超えて補足給付を受け取ることはできないという取り決めである。低賃金のパートタイマーとして働いていた人などは、賃金額よりも補足給付の支給額のほうが高いことがある。その場合は、補足給付の支給額が元の賃金額の水準にまで引き下げられる。これは失業者に「就労インセンティブ」を保持させるために設けられていた措置であるが、これでは低賃金の容認につながりかねない。アトキンソンの指摘から約一〇年経った一九七八年に、補足給付制度の賃金上限条項は撤廃された。

また、一九七〇年一二月には「世帯所得補足制度」（Family Income Supplement, 略称ＦＩＳ）が導入された。これは「補足給付制度」が稼働世帯のなかのパートタイマーの世帯までしか対応しないので、フルタイマー（常勤）世帯の貧困にも対応するべく制定された第二の公的扶助制度である。ＦＩＳの法定基準額から受給対象となる常勤世帯の実際の収入額を差し引き、その差額の五〇％を国が支給する制度である。ただし、週当たりの支給額が四ポンドを超えてはならないと定められた。一九七一年末には、七万世帯が週当たり平均一・七ポンド受給した。微々たる給付額と思うかもしれないが、一年間では八八ポンドになる。常勤世帯でも貧困であるならば公的扶助を受給できるようになった点に、わが国の生活保護制度との大きな違いがある。国が税金で低賃金をカバーすると、低賃金を容認することにつながるという批判も出されたが、イギリスの社会は現にそこにある貧困に対して、徹底的に除去することに腐心してきた。その姿勢は評価されて然るべきである。

4　貧困論の発展

一九七〇年代に入ると、イギリスの貧困研究はさらなる発展を遂げた。それは新しい「貧困」概念の提起であり、「絶対的貧困」論から「相対的貧困」論への発展である。タウンゼントは一九七四年に刊行した『イギリスの貧困』（"Poverty in United Kingdom"1974）において、今日の貧困を「相対的剝奪」(リラティブ・デプリベーション、Relative Deprivation)ととらえるべきことを提唱した。貧困理論の大転換である。この「相対的剝奪」(あるいは単に「剝奪」)とは、貧困をラウントリー流の絶対的水準(最低生活費に具体化された「生存水準」"subsistence level")で把握するのではなく、相対的水準で把握するというものである。相対的とは、当該社会において慣習上あるべき普通の生活様式("style of living")の一部または全部が、他人と比べて剝奪されている状態を貧困ととらえるという意味である。戦後の経済成長を達成した先進工業国では、発展から取り残され、成長の果実に与かれない人々の問題が浮上していた。年金生活をおくる高齢者やひとり親世帯の貧困である。貧困を最低生活費で測定するということは、貧困の物質的側面に焦点を当てることを意味する。それは貧困の核心ではあるが、豊かな社会における貧困の社会的側面を考慮しないことになる。

こうしてタウンゼントは、「剝奪測定指標」として五〇項目を設定した。そこには「朝食を調理して食べているか」「生の肉や魚を買って調理しているか」「子どもの誕生パーティを開いたか」「休日を家族でどのように過ごしたか」といった項目が並べられている。一九八七年に刊行された著書『ロンドンにおける貧困と労働』("Poverty and Labour in London"1987)では、この概念をさらに発展させて「物質的剝奪」と「社会的剝奪」に二分し、項目数を増やしている。参考までに、この新しいほうの貧困測定指標の全体を掲げる(**表I―5―③**)。

グローバリゼーションのもと、急速に社会が変化する現代において、労働者の経済生活・社会生活も大きく様変わりしている。「格差社会」の本質は、結局のところ中間層の全般的落層化と、その結

7. 仕事デプリベーション
①労働環境が悪い（汚染された空気・ホコリ・騒音・振動・高温・低温）
②労働時間の4分の3以上の時間を、立ったり歩いたりしている。
③「非社会的時間」に働いている。
④仕事場の屋外環境が悪い。

Ⅱ 社会的デプリベーション（27項目）

8. 雇用における権利の喪失
①過去1年間に2週間以上失業していたことがある。
②1週間またはそれ以下の短期の雇用契約で雇われている。
③有給休暇がない。
④雇主が支払うか補助している昼食がない。
⑤職域年金の受給資格がない。
⑥前の週に50時間以上働いた。
⑦病気で休業した場合、最初の6ヵ月間、賃金をもらう資格がない。

9. 家族生活デプリベーション
①子どもが室内で遊ぶ場所がない。
②子どもがいる場合、過去1年間に家から離れて休日を過ごしたことがない。
③子どもがいる場合、過去1年間に子どもだけで外出させたことがない。
④過去1年間に、家族または友達と過ごしたことがない。
⑤家族の誰かが健康問題を抱えている。
⑥障害もしくは高齢の親族の介護をしている。

10. 地域社会との接触の欠如
①孤独または孤立している。
②まわりの通りがあまり安全でない。
③人種ハラスメントがある。
④人種・性・年齢・障害・性的指向性にもとづく差別を経験したことがある。
⑤病気のとき近所からの援助を期待できない。
⑥家の内でも外でも、病気以外の人々のための世話や援助がない。
⑦過去5年間に3回以上転居した経験がある。

11. 社会的制度への正式な参加の欠如
①先回の選挙のとき、投票に行かなかった。
②労働組合・職員組合・教育課程・スポーツクラブ・政治団体に参加していない。
③ボランティア・サービス活動に参加していない。

12. 余暇デプリベーション
①過去1年間に家を離れて休暇を取ったことがない。
②特別の余暇活動に、1週間あたり5時間以上費やしていない。

13. 教育デプリベーション
①10年以上の教育を受けていない。
②正式な卒業証明書がない。

以 上

出所：Peter Townsend “Poverty and Labour in London” Low Pay Unit 1987.

表Ⅰ—5—③　複合デプリベーションの指標

Ⅰ　物質的デプリベーション（50項目）

1. 食事デプリベーション
①ここ数日間に最低1日でも十分な食事をしなかったことがある。
②1週間のうちの殆どの日に新鮮な肉または魚を食べていない。
③この数週間、特別ディナーを食べたことがない。
④殆ど毎日、新鮮な果物を食べていない。
⑤過去3ヵ月の間に最低1回でも食料不足を経験したことがある。

2. 衣類デプリベーション
①あらゆる天候に見合った複数の靴を持っていない。
②豪雨に対する雨具が不十分である。
③厳しい寒さに対する防寒具が不十分である。
④ドレスを持っていない。
⑤過去12ヵ月間に古着を買ったことがある。
⑥補修された靴下またはストッキングを3足以下しか持っていない。

3. 住宅デプリベーション
①専用の室内トイレまたは専用の風呂がない。
②家屋の外回りに構造上の欠陥がある。
③室内に構造上の欠陥がある。
④電気がつかない。
⑤冬の夜に暖房のない部屋がある。
⑥住宅が湿気でジメジメしている。
⑦住宅に害虫がいる。
⑧訪問客のための部屋がない。
⑨室内および外装のペンキが剥げている。
⑩住宅へのアクセスが悪い。
⑪住宅が狭い（台所と風呂場を除いて世帯員数に照らして部屋数が少ない）

4. 家庭設備デプリベーション
①自家用車がない。　②テレビがない。
③ラジオがない。　④洗濯機がない。
⑤冷蔵庫がない。　⑥冷凍庫がない。
⑦電気アイロンがない。　⑧ガスまたは電気調理器がない。
⑨電気掃除機がない。　⑩電話がない。
⑪セントラルヒーティングになっていない。　⑫主な部屋にカーペットがない。

5. 環境デプリベーション
①庭がない。
②5歳未満の子どもが家の外で安全に遊べる場所がない。
③5歳以上10歳未満の児童が近くで安全に遊べる場所がない。
④産業による大気汚染被害がある。
⑤それ以外の大気汚染被害がある。
⑥家の周りの道路で交通事故に遭う危険性が高い。
⑦交通・航空機・建築現場からの騒音被害がある。

6. 立地デプリベーション
①歩いて行ける範囲内に、公園のような空き地がない。
②近くに若者や高齢者向けの公共レクリエーション施設がない。
③10分以内で行ける範囲内に、通常の家庭用品を取り扱う店がない。
④地域の生活道路がゴミなどで散らかっている。
⑤10分以内で行ける範囲内に、外科医院または病院の外来部門がない。

果としての社会の二極化にあると思われる。格差の進行は、何が普通で何が標準的な生活様式なのか、一層わかりづらいものにしている。とくに賃金破壊と価格破壊がスパイラル状に進行し続けるデフレ経済のもとでは、「最低生活費」を再構築することのほうに意味があるのではないかと誘《いざな》われそうになる。しかしその誘惑は、最終的に「最低生活費」の切り下げに向かうこと必定である。今だからこそ、タウンゼントが進歩させてきた「相対的貧困」の考え方に固執すべきである。OECD（経済開発協力機構）が主導する「相対的貧困基準」の考え方は、その意味において案外重要と思われる。

サッチャー革命が始まる以前、一九七〇年代のイギリスでは、「相対的剝奪」以外にも「普遍主義」（ユニバーサリズム、“universalism”）や「市民権」（シチズンシップ、“citizenship”）などの社会保障・社会福祉を前進させるための議論が盛んに提起された。「普遍主義」の福祉とは、「選別主義」の福祉、すなわち補足給付や世帯所得補足といった低所得者を対象とするミーンズ・テスト付きの福祉から、国民保健サービスのように、イギリス国民であることを条件に国民全員に支給される給付へと福祉を普遍化していくことを提起した議論である。わが国ではこの「普遍主義」の議論は、要介護高齢者福祉施策に象徴されるように、有料化（自己負担の増大）をともないながらの給付対象の拡大へと福祉施策を誘導するために用いられた面が強い。一九八四年にＩＬＯが出した『二一世紀に向けて——社会保障の発展』には、貧困や剝奪の除去とともに社会保障・社会福祉の一層の普遍化が重要であると述べられていた。それから四半世紀の歳月が流れたが、欧州先進工業諸国の社会保障と日本の社会保障の懸隔は、広がりこそすれ埋まってはいないように思われる。日本の場合、何が社会保障の発展を阻害しているのであろうか。表面的には財源問題が阻害要因であると受け止められているようだが、本当はそういった経済的な要因ではないであろう。

福祉国家が成立して、基本的に何がいちばん変わったのだろうか。それは「民主主義の発展」であろう。イギリス労働党のトニー・ベン氏はマイケル・ムーア監督のドキュメンタリー映画『シッコ』のなかで、イギリスで国民保健サービス（ＮＨＳ）が誕生した経緯を問われて、「権力の所在が財布から投票所に移ったから」と明快に答えている。「ＮＨＳを廃止することはできない。それは婦人参政権と同じで、誰でもあるのが当然と考えている。ＮＨＳがなくなったら、イギリス人は革命に立ち上がる」と。

社会保障は、様々な社会的事故から労働者の生活を保護することを通して、労働者の発言力を強め、「主権在民」の根を強化する。諸事万端、金持ち（大企業）が決めていた政治を、国民（労働者）が政策決定に関与する政治に変えることができる。しかしこれは、わが国の現状をみればわかるとおり、普通選挙制の導入という政策決定プロセスの改善をもって完遂されるものではない。寄る辺なき無党派層の増大と投票率の低迷は、わが国の選挙制度が引きずる長くて黒い影である。三十数％の投票率で知事が選ばれる時代である。何よりも「教育を受け健康で自信をもっている国民」（強い労働者）をつくることが重要である。つまり、社会保障による労働者の生活不安からの解放が、民主主義の発展にとって不可欠の条件となる。今日のように、生活の賃金への依存度が高いまま、多額の借金（住宅ローン）を負っている労働者は決して強くなれない。賃金に依存する生活は、企業に雇用され続けることによって可能になるからである。雇用は景気変動の影響を大きく受ける。景気変動に人生の運・不運を重ねていては、「強い労働者」はいつまで経っても生まれるはずがない。また、雇用関係とは「搾取関係」の別表現でもあることを忘れてはならないだろう。

資本主義は、資本家の利益と労働者の利益が相互に相容れないかたちで対立する社会である。すなわち、「資本による剰余価値の搾取」を本質とする社会である。この資本主義認識の基本をどこかに置き忘れてしまわない限り、労働者の生活を支える社会保障の意義は普遍的である。剛柔様々なやり方で社会保障の後退を狙う勢力は、民主主義に対する攻撃者なのであり、要するに労働者の敵である。国民が本当の意味での福祉国家を手に入れたとき、新自由主義の種子は根を張れないまま立ち枯れるに違いない。イギリス福祉国家は、あの「サッチャー革命」すらも飲み込んでしまったかのように見える。イギリス社会保障の発展史は、そのことを私たちに教えている。

（1） ベヴァリッジ案では、失業手当等の社会保障給付を受けている世帯に関しては第一子から家族手当を支給するものとしていたが、家族手当法ではすべての世帯に関して第二子からの支給となった。この点で後退した内容になった。また、家族手当の支給対象は児童であって、親ではない点に留意されたい。イギリスでは家族手当が父親によって別の用途に使われることがないように、注意が払われている。

（2） José Harris 'William Beveridge A Biography' Oxford University Press 1977.pp.398-399.

（3） B.S.Rowntree "The Human Needs of Labour" Longmans 1937.

（4） "The Family Life of Old People-An Inquiry in East London" 1957.（山室周平訳『居宅老人の生活と親族網』垣内出版、一九七四年刊）。

第Ⅱ部

日本の社会保障

――歴史と現状

6　戦前日本における社会保障の展開

イギリス旧救貧法と同様に、わが国においても明治維新による資本主義の開始とともに、「恤救規則」（明治四〈一八七一〉年制定）という公的な貧困救済策が設けられた。しかし当時は、欧米の列強が植民地支配に邁進する資本主義の帝国主義段階であった。後発の資本主義国という世界史上のハンディに規定されて、明治政府が貧困救済に正面から向き合うことはついになかった。イギリスの社会保障史と比較するならば、救済の対象を極度に制限したうえに厳しい劣等処遇を敷いたという意味で、日本の救貧施策は当初から徹頭徹尾「新救貧法」（一八三四年）の枠を出ることはなかった。稼働能力者の貧困も放置されたままであった。この特徴は、ある意味において日本の精神的風土（常識）と化し、日本国民を拘束し続けてきた。現在を生きる私たちもまた、貧困を考える際に、その軛《くびき》からなかなか脱け出せないことを自覚する必要がある。以下、わが国の社会保障がいかに特異的な発展を遂げてきたか、イギリスとの対比を図る意味で、その歴史をおおまかに振り返ることにする。

1　恤救規則のみの五九年

(1) 恤救規則の特徴①――厳格な「制限扶助主義」

明治維新による旧幕藩体制の崩壊は、農民と没落士族に代表される貧困者を多数生み出した。地方の各県から明治政府に貧困者救済の請願が多数寄せられた結果、制定をみたのが「恤救規則」(明治四年制定、明治七年施行)である。この法律は、急遽制定されねばならなかったために、手っ取り早く徳川幕藩体制期に松平定信(白河翁)が定めた「寛政のお定め書」の「七分金積金」の制度をそのまま活用したものである。すなわち、基本的に「人民の情誼」(相互扶助)を公的救済に優先させ、それが期待できない場合に国家が制限的な救済を行なうというものであった。

この「恤救規則」は、非常に厳しい制限扶助主義に立脚した制度として知られている。「極貧であること」、「鰥寡《かんか》孤独(天涯孤独の単身者)であること」、「労働不能の身体状況にあること」の三要件を給付の絶対的条件としたうえで、以下のような四類型に救済対象者を限定した。[1]

① 廃疾に罹りし者(障がい者のこと)
② 七〇歳以上の重病人または老衰者
③ 疾病に罹りし者(重病人のこと)

④　一三歳以下の者（孤児のこと。戦前は数え年表記なので、現在の小学校六年生以下の児童）

これらの四類型を定めた四つの条文には、それぞれ「一人暮らしでなくても、本人以外の家族が七〇歳以上または一五歳以下で、障がいをもつ窮迫者である場合は、本文に準じて給付すること」という趣旨の但し書きが添えられている。[2] 要するに本人以外の家族がいる場合、その家族もまた障がいを持つ高齢者もしくは児童でなければ救済の対象とはならないということである。当時、日本人の平均寿命はちょうど四〇歳であったが、七〇歳以上の老衰者を救済の対象にしたということは、滅多なことでは救済しないということを明治政府が宣言したのに等しい。平均寿命が八一歳に延びた現在、日本政府は高齢者を六五歳以上と規定しているが、感覚的に恤救規則を今に当てはめると、九五歳以上の高齢者を救済対象に定めるということになるであろう。ただただ、唖然とするほかない法律である。

このように、救済対象と認められるには、単に「極貧状態にある」だけでは不十分であり、さらに「扶養してくれる身寄りの者が一人もいない」「障がいや老衰、病気で就労できない身体状況にある」というもう二つの条件をクリアしなければならなかった。子細に検討すると、本人が一四歳以上七〇歳未満であった場合、どれほど貧困でも障がい者か重病人と認められなければ救済対象に該当しなかったことがわかる。貧困な母子世帯の場合は、母親が「労働不能の身体状況」にないかぎり、救済対象として認定されることはなかった。公的貧困救済策におけるこういう対象の絞り込みを制限扶助主義と呼んでいる。公的な救済対象の定義は、同時に公式な貧困の理解を社会に規範として提示する意味を持つ。つまり、当時の世の中に溢れていた「単なる極貧」は放置しておいて少しもかまわない現象であり、自力で脱却すべき問題であることを明治政府は社会に通達したのであった。こういう貧困の理解は、現在も日本社会の基底に流れ続けているように思われる。

(2) 恤救規則の特徴② ―― 驚くほどの「劣等処遇」

恤救規則の問題点はもう一つある。恤救規則の適用によって保障される生活水準がきわめて低く、劣悪以外の何ものでもなかったことである。具体的には、①の障がい者と②の七〇歳以上の重病人または老衰者の場合は、一年間に一石八斗の下米（下等米のこと）に相当する現金を支給すると記されていた。一石八斗とは一八〇升（一八〇〇合）であるから、一日当たりに換算すると下米約四・九合分の現金支給ということになる。一食当たり下米一・六合分の現金で、成人の必要栄養量の摂取を保障できるはずもない。③の重病人の場合はもっと悲惨で、「一日下米男は三合、女は二合の割を以て給与すべし」という水準設定であった。これではすべての給付金を主食の米の購入に充当せざるをえないが、すべて米代に充当したところで摂取できるカロリーは一日五〇〇キロカロリー程度にしかならず、寝たきりの病人でも徐々に餓死していくのを待つような水準であった。味噌や醤油を購入したならば、もう下米すら買えず、稗や粟を食べるしかなかった。④の一三歳以下の孤児では「一年七斗」、つまり一日当たり下米一・九合分の現金支給であるから、一食当たり下米のご飯を飯茶碗に一杯強食べられるだけであった。(3)

明治政府は、これで児童の心身の発達が可能と考えたのだろうか。貧困救済策の内容があまりに貧困だったのである。被救済者には、働いている最下層の庶民の暮らしよりもさらに一段低い水準の生活を送らせるという意味で、こうした救貧施策のあり方を「劣等処遇」原則と呼んでいる。

恤救規則はその厳しい救済対象の絞り込みが批判されることが多いが、救貧制度としての問題点はむしろその圧倒されるほどに劣悪な救済水準のほうにあったと見るべきであろう。まさに極貧者を「慢性的飢餓状態」で「飼い殺し」にする程度のものであった。これでは国民は、アイガー北壁よりも厳しい受給要件のハードルを乗り超えて、ようやく救済に辿り着けたとしても、恤救規則に「安心や安全」の期待感を抱くことはできず、ただ極寒の荒涼たる風景があるだけであった。つまり、恤救規則は大多数の国民にとって、あってもなくても大して変わらない制度であり、できる限り近づかないほうが賢明な制度と理解された。むしろ国民を国家の救済に近づけないようにすることにこそ、本制度の狙いがあったと考えるのが正しいであろう(4)。

こういう無慈悲な制度が明治期、大正期を通じてわが国唯一の社会保障制度として君臨していたということを指摘するのは、正直言って心が痛い。無慈悲な福祉制度は、それを制定・施行する国家の性格をも規定するからである。日本という近代国家に「国民を保護する」という意識が甚だしく欠落していたことは、恤救規則に投影されている。一般国民は「労働と兵役」の義務を負うばかりで、階級社会がもたらす貧困化すら自己責任とされた。国家は寄生地主や財閥に象徴される一部の富裕層または権力者の権益を保護する機構にすぎなかった。戦後の日本は(そしておそらく現在の日本も)、「兵役」の義務が「納税」の義務に入れ替わっただけで、社会保障の基底は戦前とそう変わらない、

というのが筆者の意見である。(5)

比較のために、ベンジャミン・シーボーム・ラウントリーが『貧困——都市生活の研究』(一九〇一年刊)で採用した最低生活費(貧困線)を思い起こしていただきたい。彼は「成人労働者一人一日当たりの必要栄養摂取量を炭水化物三五〇〇キロカロリー、蛋白質一二五グラム」と定め、これを満たすべき食料費をマーケット・バスケット方式で算出し、そこに家賃と雑費を加えて最低生活費を導いた。現実には家賃以外の「諸雑費」がかなり低く見積もられていたので、この最低生活費では食料費を節約して諸経費を捻出せざるをえなかったが、それにしても日本の恤救規則が提供した慢性的飢餓水準の給付とは比較にならない。(6)

ラウントリーの調査は、日本で恤救規則が施行されてから二四年後に実施された。その水準を比較すると、まるで中世と近代の違いのように見えるが、タイムラグはわずか四半世紀にすぎなかったことを断っておかねばならない。今日に及ぶ近代的貧困概念の未形成が、わが国の社会保障制度の後進性を濃厚に彩っている。

以降、昭和七(一九三二)年施行の救護法まで、五九年間これしか貧困者を救済する制度はなかった。例外的に伝染病対策としての「悪疫流行之節貧民治療規則」があるだけであった。むしろ災害時などに天皇の「御下賜金」(見舞金)が給付されることが多かった。事実、明治期を通じて、御下賜金の総額は恤救規則の給付金の数倍に達している。慈悲深い天皇への庶民の恭順を狙いとするパターナリズム(家父長制的温情主義)であったが、天皇のお恵みに浴することは、戦争時には庶民が兵士として天皇に命を捧げるべきことを意味した。庶民にとってあまりにも高くつく危険な慈恵思想であった。戦後、寺山修二は短歌のなかで「身捨つるほどの祖国はありや」と述懐してみせたが、個人の命を犠牲にするに値するほど尊い国家など、もともとどこにも存在するはずがない。人間の思念のなかにだけ存在するものではないか[7]。

(3) 低福祉の背景

明治政府がこれほどまでに福祉を切り詰めたのには理由がある。何よりも、帝国主義段階で資本主義化することを強要された「後発の資本主義国」という日本の特殊的歴史事情である。幕末から明治期にかけて国家体制を担った人々がどれほど優秀であったかは知らないが、日本は海外の列強によって植民地化される危険性とつねに隣り合わせであった。その危険を回避するためには、「上からの資本蓄積」を急速に促進する必要があった。八幡製鉄所や富岡製糸工場に象徴される「官営工場」を上から創設し、これを財政的にバックアップしなければならなかった（「殖産興業」）。したがって、政府にとって社会保障費用は、資本蓄積を阻害する「冗費」（無駄な費用）としてしか認識されなかった。これが節約の対象となった第一の理由である。

また、上からの強力な資本蓄積は、労働者の賃金・労働条件を著しく低く抑え込み、高利潤体制をつくることで可能になった。当時の日本の労働者の賃金水準は、山田盛太郎によって「印度（インド）以下的低賃金」と表現された。その犠牲者の典型が劣悪な労働環境・長時間労働・低賃金を強いられた「結核工女」である。[8] 当時は未発達の工業よりも、旧来の農業に社会の富の生産が依存していた。明治政府のもとで形成された寄生地主制は、江戸時代よりも農民への収奪を厳しくしたといわれ、「高率小作料」のために不作のときには農家の子女の身売り（人身売買）が横行するまでになった。山田によって「半隷農的・半隷奴的」もしくは「ヤンマーヘーレン」（辛苦の茅屋。「タコ部屋」の意味）と表現された日本的苦汗労働が一般化していた。

労働者と農民の貧困は国内の購買力を低位に押しとどめる結果となり、それは畢竟、国内市場がいつまで経っても未成熟のままに推移することを意味した。いくら殖産興業を推し進めても、大衆が貧困でその購買力が低水準のままでは、生産された商品の価値は国内では実現されない。こうして日本資本主義の発展は、必然的に海外市場に強く依存せざるをえなくなった。[9] しかし帝国主義の時代に、欧米列強に対抗して中国大陸に進出し市場圏を確保するためには、強大な軍事力の背景が必要であり、明治政府は軍国主義の早期成立に急がざるをえなかった（「富国強兵」）。福祉費用よりも軍事費の捻出が優先された。これが低福祉の第二の理由である。

このように見ると、明治期における日本資本主義の急速な発展が、実は庶民の大いなる犠牲の上に成り立っていたことがわかる。本当に偉大だったのは国家体制を担った英雄たちではなく、貧苦に耐え抜いた勤勉なる農民と労働者だったのである。

2　社会保障の特権的性格

職業軍人や高級官僚に対して設けられた恩給制度を社会保障制度の一環とみなしてよいかどうかに関しては議論の余地があると思われるが、日本では恩給制度はかなり早期に成立している。最初に制定されたのは明治八（一八七五）年の「海軍退隠令」であり、翌年には「陸軍恩給令」が制定された。国民一般に対して劣悪きわまりない恤救規則が施行された翌年には、早々と職業軍人に対して恩給制度が設けられていたことになる。国家の中枢を担う高級官僚に対しては、明治一七（一八八四）年に「官吏恩給令」が制定された。庶民には冷遇を、国家の安全と中枢機能を担う軍人・高級官僚には厚遇を。強者ほど篤く処遇される社会。それが日本という国家の本質である。そういう際立ったコントラスト（格差）が、日本の社会保障制度の最大の特徴である。なるべく国に近い所に職を得ることが人生の幸福に直結するとみなされる今に続く傾向は、こうして誕生したと思われる。(10)

国家の恩給制度に倣って、国鉄（現JR各社の前身）・八幡製鉄所（現新日鉄の前身）などの官営工場や民間大企業を中心に「共済組合」が順次設立されるようになった。明治末年までに官業で六、民間企業で二三の共済組合が設立された。(11)これらの大企業で発足した共済組合は、大企業限定で、しかもそのなかの本工層限定という二重の意味で特権的制度であり、一般庶民には無縁であると同時に羨望の的となる制度であった。また、共済組合の運営権はすべて企業側にあり、従業員代表の運営への参加は否定されていた。パターナリズム、すなわち家父長制的温情主義の性格を有していた点で恩恵的制度でもあった。したがって、その本質は労務管理的役割を果たすことにあり、企業に忠誠を誓い、懸命に働いたことの見返りとして労働者に給付されるものであった。要するに、「御恩と奉公」という「封建的」性格をまとった制度といえる。今では崩壊に瀕しているのかどうかわからないが、バブル経済の頃までは確実に存在していた「企業一家主義」（日本的経営）の一環としての日本型企業内福利厚生の確立である。

こうした官民双方における特権的恩給制度と特権的共済組合制度の成立は、日本の社会保障制度が「恵まれた上位の階層」からスタートしたことを意味する。「上位の階層」と「下位の階層」を並べた場合、どちらにとって生活保障の必要性が高いかは、誰にでも容易に判定がつく。「上位の階層」にとっても老後の生活保障はあったほうがいいが、たとえそれがなかったとしても、堅実な生活をおくるならば、自分の稼得力で老後資金を準備できるであろう。社会保障制度が不要不急の「上位の階層」から形成されると、「上位」には「中位以下の階層」を制度から排除しようとする経済的排他誘因が働くようになる。「中位」の加入によって、「上位」が享受していた相対的に高い給付水準が薄められてしまうからである。順次「中位の階層」には「下位の階層」を、「下位の階層」には「最下位の階層」を排除しようとする経済的排他誘因が働く。こうして社会保障制度は「上位の階層」どうし、「中位の階層」どうし、「下位の階層」どうしの水平的所得再分配の制度として定着することになる。

わが国で現在もなお社会保険制度の一元化が進まず、年金で五制度、医療で八制度に分立しているのはそのためである。「貧困救済」という社会保障の本来的役割（垂直的所得再分配機能）はどこかに消えてしまい、公的扶助に「貧困救済」の役割を専門的に担わせることで済ませるという社会保障の換骨奪胎形態が常態化することになる。

イギリスでは七〇歳以上の貧困高齢者だけを救済対象とした「無拠出老齢年金制度」（一九〇八年）からスタートし、一九三〇年代には一般労働者も対象とする拠出制の年金制度へと順次拡張されていった。これが可能になったのは、より負担力のある人々を新たな拠出者として加えていくならば、年金財源が安定化して公的年金の制度運営がより容易になると考えられたからである。しかし、日本の年金制度はイギリスと真逆の方向をたどった。日本の社会保険制度は現在でも、低所得でハイリスクになると段階的に別の制度へと追いやられる仕組みになっている。ひと口に「国保・国年層」と呼ばれる人々がそれに該当する。二〇〇八年には政府は、ただでさえ高齢者を多く擁する市町村国民健康保険から、さらに七五歳以上のハイリスク高齢者を分離して「後期高齢者医療制度」という制度をスタートさせた。そこから窺えるのは、後期高齢者を別枠で囲い込むことにより、後期高齢者の医療費に対する国庫負担率を一定に据え置くという厚生労働省の意思である。社会保障の制度設計の基本は、明治時代と少しも変わっていないのである。

3 健康保険制度の創設

(1) 社会状況

以上のように、明治・大正期を通じて、わが国には一部の上層労働者を対象とした特権的共済制度しか存在しなかった。一般庶民の生活上の様々な事故への対応は、基本的に自己責任と考えられていた。しかし、そうした戦前型「格差社会」も大正デモクラシーの洗礼を受けて、ようやく変化の兆しを見せるようになる。

第一次世界大戦の特需景気に沸いた日本資本主義のもとで、「成金」と呼ばれる富裕な資本家層が誕生した。しかし、戦争終結の一九一八年七月には富山県で「米騒動」が勃発し、瞬く間に全国に波及した。これは好景気を背景とする米価の値上がりに便乗して一儲けしようとした悪徳商人が米の「売り惜しみ」をしたことに対して、漁家等の主婦たちが怒りを爆発させ、米問屋の米蔵を次々に襲って米を持ち出した一種の暴動事件である。

一九一九年には労働組合運動もこれまでになく激化し、官営工場の代表・八幡製鉄所では二万数千人参加の大規模なストライキが発生した。また、神戸の三菱造船所でも一万二〇〇〇人参加のストライキが発生した。一九二〇年には戦後恐慌（反動恐慌）が発生し、各地で失業問題が深刻化していった。[12]一九二一年には労働組合同盟会の失業者大会が大阪で開催され、失業保険制度の創設を要求した。政府はこうした世情不安を放置できなくなり、ようやく重い腰を上げて、高まる労働運動への譲歩策を模索するようになった。

(2) 健康保険法の成立

こうした社会情勢のなかで一九二二（大正一一）年に制定されたのが、わが国最初の社会保険制度となる健康保険法（施行は一九二七〈昭和二〉年）である。イギリス最初の社会保険制度の国民保険法が一九一一年に制定されているから、国際的に見て日本は当初の出遅れをかなり取り戻したかに見える。しかし、この制度には社会保険制度として見た場合、大きな欠陥が存在した。

第一に、その対象は「工場法・鉱業法の適用工場」に限定されており、対象者数わずか二〇〇万人という少なさであった。数多くの零細事業所が適用対象から除外されていた。また、「一二〇日以上雇用される者」という条件により、工場法・鉱業法の適用工場の勤務者でも臨時工は除外された。イギリスの国民保険法第一部・健康保険が全有業者の約八割を網羅したのに比べると、ひどく限定的な社会保険制度であった。やはり特権的制度と言わざるをえない。

第二に、保険料は「労使折半」で徴収されることになった。イギリスの国民保険制度の保険料は労働者九分の四、使用者九分の三、国庫負担九分の二であったから、単純に労使の負担割合だけを比較するならば、日本の健康保険制度のほうが労働者負担は軽い。しかし、算定の基礎となる賃金に皆勤手当・役付き手当・現物給付までもが含まれていた。

第三に、共済制度と同じく、企業が事業主体の保険組合であった。従業員代表がその運営に意見を述べることはできなかった。慈恵的・労務管理的性格が継承された。

健康保険法制定の翌年に関東大震災が発生し、財政難からその実施は昭和二年まで繰り延べられた。結局、明治・大正期を通じて、社会保障と呼べる制度は日本には一つもなかったことになる。劣悪な恤救規則だけが存在していたにすぎない。このように戦前日本の社会保障史を概観すると、国民が「生活の自己責任」をずっと受け入れさせられ続けてきた歴史であったことがわかる。日本人の愛国心が精神主義でしか語られない理由は、「国民を保護しない国家」が存在してきたからである。「国民を必ず保護する国家」であれば、愛国心の涵養に精神主義教育（日の丸・君が代）を持ち出す必要はない。国家に保護される必要性のまったくない裕福な人々か、もしくは国家から何らかの利益を被っている人々が、今も精神主義の愛国心を提唱し続けている。(13)

4 救護法の制定

(1) 社会的背景

一九二九年秋にアメリカで発生した世界大恐慌は、瞬く間に地球を半周して日本を襲った。いわゆる「昭和恐慌」の始まりである。大河内一男氏が「暗い谷間の時代」と表現し、長幸男氏が「恐慌から恐慌へとよろめく日本資本主義」と表現した、第二次世界大戦への参戦に日本を導いた長期不況の始まりである。台湾銀行が倒産し、金融恐慌から農業恐慌へと拡大した。都市部の銀行では取り付け騒ぎが発生した[14]。

農家子女の身売りなど貧困問題が深刻化するなかで、方面委員(現在の民生委員の前身)の帝国議会への切々たる請願(「陛下の赤子一百万人、今まさに餓死線上に彷徨するを見るに忍びず」)によって、一九三二(昭和七)年に「救護法」は施行された。恤救規則では、もはや対応不能となったからである。施行の三年前に制定されていたが、財源難を理由に実施が遅滞し、前年に設けられた公営競馬の収益金を財源に充当することでようやく施行に漕ぎ着けた。いささか脱線になるが、「財源難なので、社会保障は消費税の引上げでまかなうしかない」と宣(のたま)う今の政府とほとんど同じ思考回路である。「貧困者を養う財源は庶民の負担で」が日本政府の方針なのだろう。やはり日本という国は、救護法から八〇年経った今も大きく変わっていない。変わったのは、先進工業国中GDP第二位を誇る経済大国日本という器のほうだけである。

(2) 稼働能力者の排除

救護法は貧困事由別に生活・医療・助産・生業の四扶助を設け、国庫負担を五割に設定するなど、恤救規則より格段に整備された内容をもつ制度であったが、相変わらず救済対象を「労務に故障ある者」（働けない人）と規定したことにより、一四歳以上六五歳未満の稼働能力を持つ貧困者を救済の対象から除外した。恤救規則と同様、母子世帯の貧困は再び放置されたのである。また「欠格条項」と呼ばれるが、「性行著しく不良なるとき又は著しく怠惰なるとき」は「市町村長は救護を為さざることを得」と雑則に付記された。[15] この雑則の付記がのちのち、救護対象の選別化・厳格化にフル活用されることになる。

一般論として「素行不良」「怠惰」が悪徳とみなされることは否定できない。しかし、たとえ「著しく」という形容詞を用意周到に付したとしても、個々の人間を前にして何をもって「著しく素行不良」「著しく怠惰」とみなすかは、価値判断が介在する難しい問題である。企業における成果主義賃金の根拠となる上司の人事考課と同じである。好き嫌いのない人間、不偏不党の人間など存在しないと考えるのが健全な思考方法であるが、日本の法律はどんな公務員でも常に等しく公正な解答を出せると考えているらしい。人間は一般論として正しいと思われる道徳や基準を、不用意に個別事例に当てはめる愚を応々にして犯す傾向にある。儒教の影響といわれるが、「生活に貧窮してなお健気に実直に生きる人間」を日本人は好む。だが、「存在が意識を規定する」という唯物論に立脚するならば、「貧すれば、鈍する」ことを誰も非難できないのではないか。人間を一面的に悪く見すぎることも良く見すぎることも間違いであろうが、悪く見すぎることだけは戒めなければならない。なぜならば、貧困への対処は、ひとえに人命がかかっている問題だからである。

戦争の拡大・深化に従って、救護法は追加的制度を必要とするに至った。一九三六年には「医療保護法」が、一九三七年には「母子保護法」が制定された。この「母子保護法」の成立をもって、わが国における「労働能力ある貧困者の救済」が公式に認められたといわれる。しかし、都市部と農村部では取り扱いに差があり、稼働能力者の救済が十全に行なわれたわけでは決してなかった。

5　戦争と社会保障

第二次大戦後の労働党内閣のもとでイギリス首相になったクレメント・アトリーが残した有名な言葉に、「ガン・オア・バター」（日本語訳は「大砲かバターか」）がある。もしこの言葉が正しいならば、社会保障費（バター）と軍事費（大砲）は二者択一の関係にあることになる。しかし日本の場合、戦時態勢に入って戦費調達が最優先され始めた時期に、以下のように矢継ぎ早に社会保障制度が制定されるという不思議な現象が現れた。いったいこの現象はどう解釈されるべきなのか。社会保障費と軍事費は両立するものとして追究されたのか。具体的に社会保障制度の展開状況を見てみよう。

一九三四年　健康保険法改正
一九三七年　救護法改正・軍人扶助法制定
一九三八年　国民健康保険法制定（国家総動員法）
一九三九年　船員保険法・職員健康保険法制定（徴用令）
一九四〇年　政府職員共済組合令（産業報国会）

◉参考1　戦前日本の貧困・生活研究（調査研究）

①初期（明治20年代）の貧民ルポルタージュ

ア．鈴木梅四郎『大阪名護町貧民窟視察記』1888（明治21）年

イ．桜田文吾『貧天地飢寒窟探検記』1890（明治23）年

ウ．松原岩五郎『最暗黒之東京』1893（明治26）年〔岩波文庫所収〕

……自然主義文学の影響を受けて（二葉亭四迷『浮雲』）、下層庶民の生活をヴィヴィッドに描き出した。

②横山源之助『日本の下層社会』1899（明治32）年〔岩波文庫所収〕

……近代的社会調査の出発点。チャールズ・ブースの社会階層的手法を採用。

③行政による調査（明治末年から大正期まで）

ア．農商務省『職工事情』1903（明治36）年

……「工場法」の成立を目的として労働者の実態を調査した。7749の工場、48万 8000人を対象に調査。

イ．内務省『細民調査』1911（明治44）年に第1回目実施、1912年刊行。

……東京市下谷区、深川区の8つの「細民地区」を調査。第3回調査（1921年）まで行なわれた。

ウ．大阪市社会部『不良住宅地区調査』1925（大正14）年

……以降、東京から地方都市へ調査活動が波及していった。

④高野岩三郎『二十職工家計調査』1916（大正 5）年

『月島調査』1921（大正10）年

……東京市京橋区月島の賃労働者世帯の調査。

細井和喜蔵『女工哀史』1925（大正14）年

……28歳で執筆。「女工は人類の母」と評価。

＊昭和期に入ると言論統制が厳しくなり、庶民生活の実態把握は行政の側からも、研究者の側からも探究されなくなる。

……社会調査は民主主義を前提としている。

◉参考2　戦時下の国民生活の研究

永野順三・安藤政吉・大河内一男らによる国民生活の擁護・抵抗の理論。

①永野順三『国民生活の分析』1939年

……1931年と37年の国民生活を比較し、生活水準が3割低下していることを証明。

川口市の栄養食1日分22銭をもとに、5人世帯を想定してエンゲル係数を43％とし、最低必要な収入を1ヵ月75円と算出した。

豊田正子の生活綴方を用いて、ブリキ職人の生活実態を描いた。

②篭山　京『国民生活の構造』1943年

……生活時間調査による研究。

労働者の1日を労働時間、余暇時間、休養（睡眠）時間に3分し、労働時間が増えると睡眠時間が減少することを証明。

③安藤政吉『国民生活費の研究』1944年

……マーケット・バスケット方式によって理論生計費を算定。

1ヵ月 143円90銭（1936年、5人家族）……エンゲル係数は25.5％

労働分配率の差に着目……イギリス24.1％、日本 4.8％。

一九四一年　労働者年金保険法・教職員共済組合令（太平洋戦争）
一九四二年　国民健康保険法改正
一九四四年　厚生年金保険法制定

ほとんど毎年、社会保障制度が制定もしくは改正されている。これらを一般に「戦時社会政策」と呼んでいる。この一見不思議に見える戦時社会政策の急速な展開の裏側には、日本政府による「社会保障制度の悪用」としか表現できない問題が隠されていた。一例をあげると、労働者年金法の施行により、初年度（一九四一年度）だけで一億四〇〇〇万円、敗戦の年（一九四五年度）には厚生年金制度に移管して一四億六〇〇〇万円もの年金保険料が国庫に集められた。公的年金制度を創設した理由は、労働者の老後生活の保障のためではなく、戦争遂行費用の調達のためであった。なぜならば、年金は一定期間が経過しないと、給付が始まらない。それまでは一方的に政府に保険料が入ってくることになる。膨大な戦争遂行費用を税金で取れなくなった日本政府が、苦肉の策として社会保険料に眼をつけたというわけである。

こうした政府による社会保障制度の故意の悪用は、社会保険制度を税金に付け加えられる追加収奪とみなす意識を国民に植え付けた。社会保障制度に対する国民の信頼を大きく揺るがすと同時に、政府それ自体に対する信頼も大きく損なわれた。こうして醸成された国民の不信感は、戦後「国民皆年金」を標榜して国民年金を創設した際にも強い「非加入運動」を招来した。消費税の導入や消費税率の引き上げをめぐって国民の反発が高まるのも、そもそも日本政府に対する信頼度が低いからである。

日本における政府（中央と地方）と国民の関係は基本的に対立的関係である。地方公務員に対する攻撃で人気を博する政治家が次々に出現するのも、「公」に対する国民の不信感が背景にある。戦後の長い公務労働の歴史のなかで、国民の信頼をついに修復できなかったツケがいま回ってきたということであろう。

（1）恤救規則は孤児の条文を除いて「極貧の者、独身にて○○○、産業を営む能はざる者」という法文の繰り返しでできている。○○○の部分に孤児以外の三類型が入る。

（2）「七〇歳以上一五歳以下の余の家人」として、障がい者には障がいを持つ家族が、重病・老衰の高齢者には重病・老衰の高齢者の家族が、病人には病人の家族が、一三歳以下の孤児には窮迫した家族が、それぞれ受給要件をクリアする「本人以外の家族」として設定されている。

（3）参考までに江戸時代末期の下級武士（下士）の報禄の一例をあげると「一九石三人扶持」であった。一九石（一万九〇〇〇合）を三人で割り、さらに三六五日で割って、一人一日当たりの米の量を算出すると約一七・三五合となる。一食当たりでは約五・八合となり、米の質の高低を不問に付すならば、恤救規則で障がい者と高齢者に給付された米の量の三・五倍になる。ここからも恤救規則の給付水準の劣弱性がわかる。

（4）恤救規則の受給率は〇・〇〇三％（人口一〇万人当たり三人）で、受給者は全国で二〇〇〇人程度しかいなかった。小倉襄二『公的扶助』（ミネルヴァ書房、一九六八年）一〇九頁参照。

（5）敗戦後に制定された現行生活保護制度においても、国家の無慈悲さ（劣等処遇）は少しも変わらなかった。それは生活保護基準の低位性をめぐって一九五七年に始まった朝日訴訟が雄弁に物語っている。朝日茂氏の文字通りの命がけの提訴によって生活保護制度の実態が暴露され、裁判闘争の過程で国は徐々に保護基準を引き上げるようになった。

（6）具体的には民間埋葬保険・医療保険の保険料、労働組合費、煙草代、ビール代、交通費等が除外されていた。ラウントリーは貧困線をあえて誰がみても厳しいと感じる水準に設定することで、貧困者の量的把握を試みた。

（7）「マッチ擦るつかのま海に霧深し　身捨つるほどの祖国はありや」が寺山の短歌の全体である。寺山は戦前の世界観に一抹の郷愁を感じているように思える。

（8）細井和喜蔵『女工哀史』（一九二五年刊）や山本茂実『あゝ野麦峠』（一九六八年刊）を参照。

（9）これを山田盛太郎は「狭隘なる再生産軌道」または「日本資本主義の顚倒性」と表現した（『日本資本主義分析』岩波書店、一九三四年）。先進工業国中世界第二位の経済大国になっても、外需依存から脱却できない日本の現状は、本質的に当時と変わらない。

（10）今日、「中産階級有利・貧困階級排除」を福祉国家それ自体の本質的限界ととらえる見解が流布されているが、それは日本の社会保障制度の特質を諸外国の社会保障制度に敷衍化（一般化）した謬説である。

（11）民間企業では「鐘ヶ淵紡績」が日本で最初に共済組合を発足させたと伝えられている。数年前に粉飾決算で上場廃止に追い込まれた「カネボウ」（鐘ヶ淵紡績の略称）の前身である。優良企業の凋落と騒がれたが、今日では少しも珍しいことではなくなった。

（12）詳しくは加瀬和俊氏の著書『失業と救済の近代史』（吉川弘文館、二〇一一年）参照。

（13）風樹茂氏は著書のなかで、日本の官僚の本質を「植民地の執行官」と評している。

（14）管理通貨制のもとでは、取り付け騒ぎなどというものはもう起こりえない過去の現象だろうと考えてきた。しかし、一九九一年に起きたバブル経済の崩壊によって大小の銀行や信用金庫が経営破綻し、木津信用組合では空前の取り付け騒ぎが発生した。急遽、大阪造幣局で紙幣を印刷して木津信用組合に運び込み顧客の解約要求に対応したが、運送の途中で一億円が行方不明になるという事件が起きた。また、朝鮮銀行の破綻の際には、日銀幹部を騙る詐欺師によって五億円が詐取される事件も起きた。一年余り後に犯人は逮捕されたが、五〇〇万円足らずが残っていただけであった。

（15）救護法第六章雑則第二九条参照。

7 戦後日本における社会保障の展開

第二次世界大戦に敗北した日本は、天皇制国家という旧体制の崩壊と混乱の時期を経て、一九五〇年代初頭からようやく立ち直りをみせる。戦時中をも超えるといわれたほどの窮乏の淵に追い込まれた国民を、どん底生活のなかから奮い立たせたのは、アメリカ占領軍によって導入された「戦後民主主義」という一筋の光であった。平和憲法の制定、財閥解体、農地改革、労働改革と、日本の民主化は急速に進んだ。「戦後民主主義」は、「神なき後」の日本国民を統合する一つの重要な支柱となった。

とくに農地改革の意義は高く評価されるべきであると思われる。発達した資本主義国で、「本源的所有」(Propriété Foncier) といわれる私的土地所有（日本の場合は寄生地主制）に修正が加えられた国は、社会主義革命による土地国有化を除くと、日本以外には世界史に例を見ないのではないか[1]。のちに「零細私的土地所有」の創出と否定的に理解されることになる農地解放ではあるが、すべての農民が独立自営農民（自作農）になれたことの意味は非常に大きい。農民に大きな希望を与えたのである。まさに革命的な出来事であった。民主化を経済学的に定義するならば、それは「格差の解消＝平等化」であり、「国民の購買力の全体的引上げ」に他ならない。三軍の放棄を謳った憲法九条がもてはやされる時代だが、格差の拡大に警鐘が鳴らされている今だからこそ、一連の戦後改革の意義をトータルに再評価する必要があると思われる。

以下、敗戦後から高度経済成長期にかけての日本における社会保障の発展過程を概括的にたどることにする。

1　終戦から高度成長開始期まで

⑴　生活保護中心時代

終戦から丸一年が経過した一九四六年九月に、生活保護法（旧法）が成立した。戦争で夫を亡くした女性や親を亡くした孤児、中国大陸からの復員軍人や引揚者、工場離職者等の困窮者で街はあふれていた。ＧＨＱ（占領軍総司令部）が出した「生活保護三原則」に従って、これらの困窮者を救済するための法律を速やかに制定・施行することになった。戦中に設けられた各種社会保険制度は機能麻痺の状態にあったので、社会保障史上、一九四六年以降の六〜七年間を「生活保護中心時代」と呼んでいる。

旧生活保護法は「無差別平等保護」の原則を謳い、保護費の八割を国庫負担とし、「内外人平等原則」（対象を国籍主義にもとづいた国民に限定しない）など、戦前の救護法に比べれば格段に進歩した内容のものであった。しかし、「能力があるにもかかわらず勤労の意思のない者」、「勤労を怠る者」、「その他生計の維持に努めない者」を救済の対象から除外するという「欠格条項」が残されていた。

また、国家の責任を明確にしてはいるものの、保護請求権にはふれていなかったので、生活保護の受給を国民の権利として認めていたわけではなかった。さらに、保護の実施機関は市町村だが、民生委員を補助機関として実質的な実施者とした点や、保護基準の上限を示すにとどまり、保護の方法などを勅令に委ねた点などが問題点として残された。また、物価騰貴により、当時の保護基準は一般国民の生活水準の二〇％にすぎなかった。

こうして一九四九年九月に「生活保護制度の改善強化に関する件」という社会保障制度審議会の答申が出され、「国家責任による健康で文化的な最低限度の生活保障」「保護請求権と不服申立の権利保障」「無差別平等保護の原則」「有資格職員の配置」「監査体制の確立」「教育扶助・住宅扶助の新設」などが提起された。これを受けて一九五一年に、新生活保護法（現行生活保護法）が制定・施行された。

(2) 失業対策事業の発足

一九四九年には国の「緊急失業対策事業」（略称「失対事業」）がスタートした。全国各地の職業安定所（一九四七年設置）の前には毎朝、仕事を求めて失業者の大群が押し寄せ、「人間広場」といわれる状況を生み出していた。旧労働省は治安に対する危機感から、失対事業を緊急避難的に設けることになった。この事業は、各自治体が窓口となって公園の清掃や道路の補修などの肉体労働に失業者を直接雇用し、日当を支払うという日雇形式の公的就労事業である。(2) 日当が二四〇円の時代が長かったことから、失対事業に従事する労働者たちは「ニコヨン」と呼ばれた。五〇年代の最盛期には全国で二七万人が就労し、彼らの家族生活を支えた。

この失対事業就労者を中核として、一人で加入できる一般労働組合（全日本自由労働組合、略称「全日自労」）が結成され、賃金や労働条件の改善を求めて全国各地で闘い始めた。その結果、失対労働者の処遇は徐々に引き上げられるようになり、わが国における「ナショナルミニマム」の一翼を担うまでになった。「ニコヨンにでもなるか」という当時の言葉は、この仕事が最低生活を維持できるものであったことを物語っている。高度成長の時代が幕を開けると、旧労働省は失対事業の終息を急ぐようになったが、全日自労とそこに結集した組合員の闘いによって、この事業は最終的には一九九七年まで五〇年近くにわたって存在し続けることになる[3]。

(3) 社会保障を守る運動

一九五〇年には民生委員の運動によって「世帯更生資金貸付制度」（現在の「生活福祉資金貸付制度」の前身）が制定された。当時、生活保護基準ギリギリの生活をおくる、いわゆる「ボーダーライン層」が大量に存在していた。生活保護を受給するに至る前に、生業資金を貸し付けることにより自力更生の道を歩むようにと考え出された防貧の制度が、世更制度である。

この時期は戦後日本にとって大きな転換点であった。一九四九年には中国共産党が率いる中華人民共和国が成立し、朝鮮半島では大韓民国と朝鮮民主主義人民共和国が相対立する朝鮮戦争が勃発した。

冷戦体制が強まるなかで、アメリカは東アジアにおけるこの動向に機敏に反応するようになり、対日政策は「民主化」路線から「反共の砦」路線へと大きく転換した。一九五一年の日米安全保障条約の締結にともない、五四年にはMSA（相互安全保障法）協定が結ばれた。いまで言う在日米軍に対する「思いやり予算」の始まりである。同年、日本政府は防衛費の伸びをカバーするために、社会保障関連予算の大幅削減案を国会に上程した。当時の社会保障の中心はまだ生活保護制度にあったから、生活保護が主たる削減の対象となり、国庫負担率を八〇％から五〇％へ引き下げる案が出された。これに対抗して、全国各地で「社会保障を守る運動」が勃興した。全国知事会の反対声明の影響もあり国庫負担率の引き下げは撤回されたが、国民の大反対に押し戻された格好の政府は、生活保護受給世帯数の削減へ向かうようになった。こうして「第一次適正化政策」（一九五四～五七年）と呼ばれる結核患者と在日韓国人・朝鮮人の保護からの追い出し策が展開された。結核患者の入退院基準を見直して、安静度五以下の患者を退院させ、重症患者は親族を探し出して扶養を強制した。また、在日韓国人・朝鮮人の保護率が二四％にも達していたので、突然「外国人」として保護請求権を奪うとともに、収入の推定認定を行なった。これは予告なしに突然にケースワーカーが受給者宅を訪問して、世帯主が不在の場合はどこかで就労しているとみなして、収入認定するというものである。

(4) 朝日訴訟

こうした「適正化政策」の推進を背景に、のちに「人間裁判」と称される「朝日訴訟」が起こった。

朝日訴訟は一九五七年に、国立岡山療養所に入院中の重症結核患者の朝日茂氏が、月額六〇〇円の生活保護の日用品費があまりに低すぎるとして、東京地裁に提訴したことに始まる保護基準の低位性を争う一連の裁判である。あるとき兄から一五〇〇円の送金があり、それがもとで日用品費の支給が停止されたことに朝日氏が強い憤りを感じたことに端を発する。一九六〇年一〇月に東京地裁判決（浅沼判決）が出され、朝日氏側の勝訴となった。判決の趣旨は「健康で文化的な最低限度の生活とは『人間に値する生存』を意味する。現行の生活保護基準は憲法第二五条の理念に反する」というものであった。国（旧厚生省）は控訴し、一九六三年一一月に東京高裁判決が出されたが、「低額だが違法とはいえない」という理不尽としか言いようのない判決で、朝日氏側の敗訴となった。裁判は最高裁に移ることになったが、一九六四年二月一四日に朝日氏が五一歳で逝去した。重症結核の身体で裁判闘争に邁進したことが、結果的に朝日氏の寿命を縮めたと思われる。養子縁組により朝日氏の養子となった健二氏が裁判を受け継いだものの、一九六七年五月に最高裁は本人の死亡を理由に裁判の終了を宣告した。その際、最高裁は憲法二五条に関して、いわゆる「プログラム規定」説という解釈を示し、生存権はあくまでも「宣言規定」であり、個々人に具体的な権利として賦与されたものではないという見解を示した。裁判には負けたものの、朝日訴訟支援をめぐって国民的な大運動が展開したことと、裁判の過程で旧厚生省が保護基準の引き上げを図ったことは、運動の大きな成果であった。(4)

日本経済は、朝鮮戦争が巻き起こした特需ブームによって復興の足がかりをつかみ、その後「奇跡」といわれた高度経済成長へと飛躍を遂げていくことになる。

2　高度経済成長と「国民皆保険・皆年金」

朝鮮戦争による特需ブームの恩恵を受けて、各種職域型社会保険制度は一九五〇年代半ばには財政状況が好転し、次々に再出発の体制を整え始めた。社会保険制度の網の目から取り残されていたのは農林漁業や自営業に従事する人々（被雇用者以外の人々）であった。経済成長を推し進めるにあたって、医療面からもこれらの人々に対する社会保険制度を整備する必要があった。当時の国民健康保険制度は財政状況が悪く、未適用者が一五〇〇万人に達していた。こうして一九五九年に、国民健康保険法の全面改訂と国民年金法の制定が同時に行なわれた。これを「国民皆保険・皆年金計画」（一九六〇年目標）と呼んでいる。

戦中に創設された国民健康保険は、その設置は市町村の任意に委ねられていたが、改訂された国民健康保険法は設置を市町村に義務づけた。こうしてすべての国民が健康保険制度の適用を受けるという「皆保険」が達成された。ただし、被保険者が自営業者とその家族であることを理由に、保険料は本人負担のみであったから財政的に脆弱であり、国庫負担の投入を必要とした。しかし実際には、国保加入者は自営業者だけではなく、従業員数五人未満の零細事業所の被雇用者や臨時工・出稼ぎ工として季節的に雇用される労働者も、その大部分が国保加入のままで雇われた。これは国民年金に関しても同様で、要するに企業にとって社会保険料の労使折半負担のない「安価な労働力」として、高度経済成長を系列・支配構造の最底辺から支える役目を担うことになった。「国保・国年層」という一つの階層となったのである[5]（「社会保障の二重構造」）。

国民年金は一九六一年に拠出制・完全積立方式でスタートした。そのために保険料が割高に設定され、保険料免除者は一九六五年度で二一一万人に達した。国民の反応も冷ややかで、全国的に非加入運動（反対運動）が広がり、故意の非加入者（無年金者）を多数生んだ。その理由は、戦時中に政府が年金保険料を戦費調達に利用した経緯にあり、「国家による追加収奪の制度」という理解が国民に広がっていたためである。国民年金はスタート当初から、いまに続く「信頼されない制度」という宿命を負った。年齢的な理由で保険料を納められない人々を対象に老齢・障害・母子の三種類の福祉年金（無拠出年金）が設けられた。しかし、老齢福祉年金の月額はスタート時点で一〇〇〇円と低く、「飴玉年金」と揶揄された。孫に飴玉を買って与えていると、それだけでなくなる程度の金額という意味である。また、国民年金の本格（満額）給付は、一九六一年に三五歳だった人が二五年間保険料を納めて、六五歳になった時（一九九一年）に始まるというものであった。この経過措置は二〇〇〇年で終了しており、現在では四〇年間保険料を納めないと満額（月額六万五〇〇〇円）は受給できない。年金積立金は、旧大蔵省資金運用部に積み立てられて、財政投融資の原資となり、高速道路網や新幹線の建設等に使われた。

結局、日本における「皆保険・皆年金」計画は被用者保険の整備・統合でなかった点に大きな特徴がある。自営業者を基礎に置くという考え方に立脚していた。しかし、計画の実施後、高度経済成長が進むにつれて、農民の労働者化が急速に進行した。一九六〇年に一三四九万人いた農林漁業従事者は、五年後には一一一〇万人に減少し、一〇年後には九五〇万人に減少した。国民健康保険と国民年金は自営業者中心の制度から、零細事業所で働く労働者や正規労働者になれなかった不安定労働者が加入する制度へと、少しずつ性格が変わっていった。劣位の制度として、最終的には退職高齢者を含む「受け皿制度」の役割をも果たすことになった。しかし、そういう問題点を抱えながらも、「皆保険、皆年金」が実現された意義は大きい。右肩上がりの経済成長が続き、人口の高齢化率が低かった時代には、大きな矛盾は顕在化しなかった。問題が露呈するのは、この二条件が崩れた後のことである。

3 公害問題の深刻化と革新自治体・「福祉元年」

高度経済成長の始まりとともに、水質汚染、大気汚染などの環境破壊が工業地帯の都市部を中心に急速に進行した。水俣・四日市・富山・新潟の「四大公害裁判」も起こり、まさに日本は「公害列島」と化した。企業がまき散らす公害は「外部不経済」といわれるが、汚染物質の除去費用が製品価格に反映されない「市場の失敗」("market failure")によるものである。汚染の影響は住民の健康被害として現われ、健康被害者が個々に支払う治療費に負担転嫁され、最終的には「社会的費用」("social cost")となった。市場経済は決して万全のものではなく、常に最適解をもたらすものではないことが明らかとなった。一九六七年には「公害対策基本法」が制定された。

また、工場における急速な技術革新は労働災害を多発させるようになった。全国で一日約二〇人の死亡者と年間一五〇万人の負傷者を発生させていた。その結果、一九六四年には「労働災害防止団体等に関する法律」が制定され、それは一九七二年の「労働安全衛生法」の成立に繋がった。

ともすれば、高度経済成長のプラスの側面ばかりが強調されがちであるが、その裏側ではマイナスの側面が広がっていた。原発のような強者（企業）の繁栄が常に弱者（住民）の犠牲の上に成り立つ構造は、こうして誕生したのかもしれない。マイナスの側面を正確に費用計算するならば、具体的には胎児性水俣病患者としてその一生を過ごさなければならなかった人や、大気汚染公害で肺気腫となり早期に亡くなった人の逸失利益をすべて計算して積み上げるならば、日本の経済成長による高度大衆消費社会の出現ははたしてプラスだったのかマイナスだったのか。地価の高騰は庶民の住宅取得を困難にし、ミニ開発と呼ばれる狭小住宅の乱開発に拍車をかけた。マイカー時代の到来は狭い国土に車を溢れさせ、交通事故を激増させた。大衆消費は東京に「夢の島」という廃棄物埋め立て処理場（ゴミの山）を作った。少なくとも、成熟した社会においては「経済の成長率は人口の増加率と同じでよい」というジョン・スチュワート・ミルの提起に、いま一度耳を傾ける必要があるのではないか。[6]

公害反対の住民運動を背景として、全国各地に革新自治体（旧社会党と共産党の革新統一）が誕生した。革新自治体は福祉政策に重点を置き、一九六九年には美濃部都政下の東京都で七〇歳以上高齢者に対する医療費の無料化が始まった。[7] これを受けて、一九七三年には、当時の自民党政権のもとで

「老人医療無料制度」ができ、全国の七〇歳以上の高齢者に適用された。同年四月の国会で所信表明演説をした田中角栄首相は、「福祉元年」を宣言した。多くの国民は、これから日本でもヨーロッパ諸国のような福祉国家が建設されると期待を寄せるようになった。

しかし、それにさかのぼる一九七一年にはアメリカのニクソン大統領が「金＝ドル交換停止」を宣言し、ドルは兌換紙幣の座から滑り落ちることになった。ドルの切り下げ（つまり円の切り上げ）が起こり、対米輸出に依存する日本の大企業にとっては「ドル・ショック」と受け止められた。日本の高度経済成長に対する一番目のブレーキとなった。一九七三年秋には第四次中東戦争が起こり、OAPEC（アラブ石油輸出国機構）が減産を決定した。その背後には、一獲千金を目論むアメリカの国際石油資本（メジャーズ）の動向が影響していたといわれる。対日原油割当削減を契機として原油価格が暴騰し、エネルギーの大半を中近東原油に依存していた日本は、旧西ドイツとともに強い打撃を被ることになった。これが「オイル・ショック」であり、こうして戦後の西側世界における高度経済成長は幕を閉じることになった。国内では年率四八％を記録する猛烈なインフレ（消費者物価の高騰）が起こり、大混乱となった。

こうして「福祉元年」はわずか六ヵ月で終わった。その後は「高齢化社会危機論」と「福祉国家亡国論」が抬頭し、社会保障に対する逆風（圧縮要求）が強まっていった。

4　「所得追求型生活構造」の成立

「東洋の奇跡」といわれた戦後日本の高度経済成長の過程で、徐々に輪郭を明確化したものは「特殊日本的生活構造」である。現在の日本が「福祉国家」であるかどうかに関しては議論の余地が多分にあると思われるが、ＥＵ加盟の諸福祉国家と比較した場合の日本の社会保障制度の際立った特徴は、住宅保障と高等教育に対する保障の絶対的な希薄さにある。戦後日本の住宅政策は「持ち家政策」しかなく、住宅に関する何らかの公的支援があるとすれば、それは「持ち家政策」を後押しするための住宅ローン減税しかない。高等教育に関しては、高等教育に対する政府支出をＧＤＰの一％にまで高めるように国連から勧告されているが、日本政府はいまだに〇・五％の水準にとどめたままである。単年度であと〇・五％（二・五兆円）増えるならば、日本の高等教育は格段に改善されるであろう。いわゆる家族手当（児童手当）の未成熟にも現れていることだが、「住宅と教育と子育ては自助努力で」が日本政府の一貫したスタンスであり、この点は「日本の常識、世界の非常識」の典型と言ってよい。家族主義の遺物と言うべきかもしれない。

ＥＵ加盟の諸福祉国家の場合、**13**（「社会保障財政と財源問題」）でみるように、これらの三分野に対する公的保障はかなり充実している。低所得層の「機会の平等」を担保するためには、これら三分野の公的保障は非常に重要な意味を持つからである。しばらく前から福祉国家の類型論がエスピン・

アンデルセンなどによって行なわれるようになり、今やかなりの学問的活況を呈しているが、どれもこれも類型化が先行するあまり、大事な相違点を見落としたまま無理に線引きされている傾向が強い。そうしてつくられた類型論が独り歩きして、今度は類型そのものが説明変数と化すので、まさに観念論的転倒と言わざるをえない状況にある。[8] 長く住んでみたこともない国の社会保障制度を、表面的な法制度の紹介のみに頼って理解することは不可能と言うべきで、プラスの意味とマイナスの意味との両面あるが、「制度と現実の懸隔」に注目する客観的姿勢を持たなければ、本当のことはわからない。[9] それはよくわかっているはずの日本の社会保障についてもまったく同様である。

日本における住宅保障と高等教育に対する公的保障の希薄性は、両分野における市場経済の成立と急発展によってカバーされた。しかし、商品化された住宅と教育を国民の大部分が購入できる経済力を持たなければ、市場は成り立たない。この購買力を可能にしたのが、一八年間に及んだわが国の高度経済成長であった。住宅ローンの返済と高等教育費の負担は、現役世代に対する賃金水準を相当に高く設定しなければならない。日本の賃金水準が先進工業諸国のそれに比べてかなり高いといわれてきたのは、そのせいである。今にして思えば、この相対的短期間に「特殊日本的生活構造」がつくられ、その基盤が失われ形骸化した今も、国民生活を「自己責任」に縛り続けているのである。

(1) 社会保障成立の一般的根拠——生活の長期性と賃金の短期性の矛盾

第I部で述べたように、資本主義ではブルジョアジー（資本家階級）の生活原則である「自助」が、プロレタリアート（無産の労働者階級）に対して押し付けられるようになった。その「自助」原則の限界が露呈するのは資本主義の独占段階のことであり、「労働者生活の長期性」と「賃金の短期性」の矛盾の激化として現われた。

独占（実質は「寡占」）の成立は諸科学の発展を背景に、生産力を飛躍的に発展させた。コレラやチフス等の伝染病の克服は、一九世紀第Ⅳ四半期以降の医学の飛躍的発展に負っている。それは医療の発展につながり、医療に対する人々のニーズを高めた。しかし、医療は高価な希少財であり、それを利用するには個人の所有する現金の範囲内では無理であった。この難問を解決したのが保険数理であり、それを応用した医療保険制度である。また、医療の発展による人々の長寿化は、労働者にも広く「老後」という新しい人生の一時期をもたらした。年金という高齢期における所得を保障する方途が考え出されなければならなかった。さらに生産力の高度化は、より高い技術を使いこなせるより高い教育を受けた労働者を必要とした。高度な職業教育を受けることは、労働者がみずからの人生を切り拓くための新たな要求になった。このように、生産力の発展は「賃金制度の限界（短期性）」をその外部から補うかたちにおいて社会保障制度の創設を必要とした。社会がより豊かになり、国民の側に新たなニードが次々に生まれた。それは社会保障制度を生む原動力になったが、別の角度から見れば、働く人々は新しい財貨・サービスの需要者としてその価値を実現していく主体でもあった。その連鎖のなかで資本主義は大きく発展してきたのである。

ここでいう「賃金の短期性」とは、たとえ賃金が一時的に充分に支払われたとしても、相対的に短期間にすぎなければ、労働者の生活は安定しないということを意味する。それに対して人間の生活は本来、長期のものである。

賃金は労働力の対価として支払われるもので、雇用機会の確保と不可分の関係にある。雇用が失われれば、賃金も失われる。しかし、雇用機会のほうは、資本主義経済のもとでは景気循環の影響を受けざるをえない。それぞれの企業が自社のすべての労働者に、雇用機会を長期にわたって計画的に保障することは不可能である。昨年ソニーで、技術者を中心に一万人を超える大規模な人員整理が行なわれた。ＪＡＬの大規模かつ波状的な人員整理も記憶に新しい。資本主義のもとでは、失業という事態が不可避的に発生することを前提に考えなければならない。一方、人間の生活は、生まれてから死ぬまで、相当に長期のものである。その長期の間に失業を経験し、所得を失う事態がかなりの頻度で発生する。

(2) 賃金の矛盾への特殊日本的対応

賃金という生活費が安定的に支給されるためには、雇用が安定していなければならない。これは大前提である。しかし、これを一〇〇パーセント実現することは、景気変動のある資本主義社会では無理である。この問題についての対処方法は、ヨーロッパと日本とで、際立って対照的な政策がとられてきたと思われる。

ヨーロッパでは、景気循環による失業の発生を資本主義社会の不可避的現象と認識したうえで、これを社会的に受け止める方策を編み出した。つまり、失業保険という社会保障制度を確立して失業者の所得を社会的に保障するとともに、労働市場を組織化して失業者への雇用機会の提供を促進するようにした。失業保険はあくまでも所得保障制度だが、失業者の生活を支えるのはそればかりではない。子どもを養育中の若い労働者には児童手当や住宅保障を、高齢期の労働者には公的年金や医療保障をそれぞれ完備することで、失業して食べていかれない人々の生活を多面的、総合的に支えるようにしたのである。これが戦後に建設された福祉国家に他ならない。

他方、日本では、一部の労働者を対象に、雇用機会そのものを長期に保障する方策を採用した。いわゆる「終身雇用制」（実質は長期雇用制度）がこれである。この制度（雇用慣行）は大正期に労務管理の一環として大企業を中心に導入されたが、戦後の高度経済成長期の景気の拡大と労働力不足を背景に、中小企業にも浸透していった。こうして日本では、賃金支払いの基礎である雇用を長期に安定させる仕組みをつくることで、賃金という労働者の所得が安定的に確保されるようにしたのである。しかも、年齢が上がるにつれて、ライフ・ステージが変わるごとに、賃金が上がっていく仕組みをつくり上げた。いわゆる「年功賃金制」にもとづく生活賃金の支給である。結婚して子どもが生まれる。住宅を購入するためにローンを組む。子どもが高校や大学に進学する。そういう労働者のライフ・ステージによって高まる必要生活費を、つまり長期的な生活課題を賃金でどうにかまかなえる仕組みをつくり上げたのである。(10)

こうした日本特有の制度（雇用慣行）の確立は、別の視点からとらえるならば、労働者の利害を個別企業内に封じ込める結果をもたらした。賃金と雇用で長期的な生活の安定が図られるならば、労働者は企業と運命共同体にならざるをえない。景気がよくて企業に潤沢な支払い能力があるときは、春闘という賃上げ闘争を組んで、団体交渉によって、少しでもその生活を引き上げる努力をすればよかったわけである。そうなると、労働者にとって、会社が潰れては元も子もないことになる。「労働組合の企業からの独立」「企業別脱皮」などという当然のスローガンが、今なお実現されていないのはそのせいである。これは、終身雇用と年功賃金に頼るあまりに、国の社会保障制度の拡充に労働組合があまり真剣に取り組まないという結果をも生み出した。こうして戦後の日本は、ヨーロッパの先進工業国に比べると、労働者生活の「賃金依存度」が非常に高い社会として形成されてきたのである。

人間は長期にわたって生きて食べていかなければならない。しかも、明日は今日よりも良い生活をおくりたいと願う存在である。それが景気の影響を受ける個人の賃金だけでなく、国の社会保障を拡充していくという二重の構造で実現されるのか、それとも社会保障をできるだけ小さくして、企業から支払われる賃金に大部分を頼るという単一の構造で実現されるのか、両者には大きな違いがある。何よりも、個々の労働者の勤める企業との距離のとり方に決定的な違いが出てくる。日本で「会社人間」が多くなるのは、昇進や昇給という形態で、個人の利益と会社の利益が表面的に一致するかのように見えるシステムが形成されているからである。本当は、それは幻想にすぎないのだが。また、欧米で労働移動が激しく、一つの企業での勤続年数が短いのは、労働市場が社会的に組織化されていて、会社を変えることで経済的な不利益を招かないシステムが形成されているためと、失業保険の給付が、水準と期間の両面で充実しているからである。日本では以前から、三五歳を過ぎて会社を変えると、確実に「下降移動」（＝「落層」）することになっていた。

政府寄りの学者は「失業を恐れない社会の構築を」などと言っているが、社会保障が貧弱な日本では、どだいそれは無理な話である。結局、そうした研究者たちの主張は、失業しても困らないように、個々の労働者にＩＴ技術の修得などの「自己啓発」を求めるというお粗末な結末に行き着く。時代状況も考えずに「自己啓発」をしない労働者が悪い、だから失業するのだ、という個人に失業の責任を求める発想である。いずれにせよ、賃金の短期性の問題をどのようにカバーするかをめぐって、戦後、ヨーロッパ諸国と日本ではこのように大きな差が生じたと私は見ている。

社会保障制度がヨーロッパで歴史の舞台に登場してきたのは、以上で述べたように、賃金では新しく生まれた生活課題を実現することはできないということと、短期性を特徴とする賃金では人生の長期にわたる生活課題を実現できないという、二重の意味での「賃金の限界」を労働者が認識するに至ったからである。

(3) 不安定就業層と社会保障

ここでもう一点、言及しておきたいことは、日本では結局、社会保障の拡充を求める運動は、「終身雇用・年功賃金・企業別組合」という三位一体の制度の外側におかれていたために、長期的な生活課題の実現に非常な苦労をしてきた人々（いわゆる「低所得・不安定階層」）によって展開されざるをえなかった、ということである。一九五七年に始まった生活保護をめぐる裁判闘争である「朝日訴訟」は、今まで述べてきた戦後日本の社会の有様を如実に反映していた。また、一九四七年に結成された「全日本自由労働者組合」（現「建交労」）は、国の失業対策事業に従事する底辺労働者たちが集まってつくった日本には珍しい個人加盟の一般労働組合だが、日本で唯一、社会保障の拡充を組合の方針として幅広く一貫して追求してきた組合である。

「低所得・不安定層」にとっては、賃金や所得の確保だけでなく、社会保障の拡充こそがその生活を守っていくための礎石であった。「貧困」に喘ぎ所得を渇望する人々が、目の前の金銭（賃金）だけでなく、社会保障の拡充こそが基本であると気づいた。何というパラドクスであろうか。大企業労働者には見えないものが、社会の真の姿と向き合わざるをえない不安定就業階層には見えた、ということである。しかし、学問的にも政治的にも、大企業労働者の役割を高く評価する潮流が、長く戦後の主流であり続けた。

こうした流れに抗して、「低所得・不安定階層」の状態把握を社会調査によって推し進め、その客観的な分析から社会保障の必要性を早くから説いてきたのが江口英一氏である。氏の眼からは、賃上げ闘争一本槍の大企業労働者の春闘など、外見的に華々しく格好いいだけで、運動として本当に地に足が着いていない（底が割れている）ように見えたのではないか。氏の杞憂は現実のものとなり、今では終身雇用も年功賃金も財界からの鋭い攻撃に晒され、大きく傾いている。その攻撃は、一九八五年の労働者派遣法の施行以来、大企業労働者の周囲に夥しい数の無権利の不安定労働者がパートタイマー、アルバイター、派遣労働者、嘱託、フリーターなどの様々な形態の非正規労働者として拡大させられてきたことによって増幅されている。かつて「縁辺労働者」とみなしていた労働者が、今や「縁辺」ではなく、労働者の枢軸を占めるまでに逆転してきているのである。江口氏が九〇年代に予測したとおり、「社会保障の圧縮は『山谷的状況』の普遍化をもたらす」ことになったのである。[11]

(4) 多就業化と非婚化——国民の哀しい選択

こうして今では、「賃金の短期性と生活の長期性の矛盾」は、以前よりも非常に大きくなっている。終身雇用と年功賃金、企業別組合が戦後日本におけるこの矛盾への特殊日本的対応方法であったのならば、これらの形骸化は当然に、別のもう一方の手立て、つまり社会保障の拡充という方法を準備しなければならない。しかし、現実にはそういう方向には進展しておらず、生活の長期的な課題を実現するために、少なくなった所得を補うべく、家族総出で多就業化へ進むという、第三の方向が採られている。かつて農家に関して指摘された「兼業化」とか「労働力の切り売り」という事態が、サラリーマンの家庭にも押し寄せてきている。アメリカではレーガノミクス以来、貧富の差が拡大してホームレスが増えただけでなく、中間層の落ち込みが激しくなったと指摘されてきた。中間層の人々は、「ダブル就業」(一人の人間が二つの職業をかけ持ちすること)をすることで、どうにか中間層としての体面を保とうとした。家族が多就業化するだけでなく、個人が多就業化したわけである。昼間はサラリーマンやOLとして事務の仕事をこなした後、アフター・ファイブには二四時間営業のコンビニエンス・ストアで深夜までレジ打ちのバイトをする。そんな情景はいまや想像の世界ではなくなり、日本の現実となっている。

もしくは、結婚して家族を持つことを諦めて、生活課題そのものを少なくして一生を過ごす、という第四の方向が選択され始めている。非婚化、晩婚化が少子化の原因だと言われて久しいが、非婚や晩婚の背景には、結婚して家族を持つことの経済的な責任の重さ、生きづらさがあるように見える。ごく普通に働いて、ごく普通に幸せな暮らしをおくれる。そういう姿を大人が若者に見せられない現実が、一番の原因ではないか。

こうした日本社会の現実から垣間見えるのは、大企業の営利活動に翻弄される労働者の姿であり、生活の主体としてみずからの市民的権利を主張することさえかなわない日本国民の哀しい姿である。社会保障が削減されていく先には、こういう歪んだ社会の常態化が待ち受けている。社会保障は高齢者や障害者など、いわゆる社会的弱者と呼ばれる人々の生活にだけ大きな影響を及ぼすものではない。まさに現在は「一九世紀末的問題状況の復活」であり、「ワーキングプア再創出の時代」である。すべての原因を「グローバル化と脱工業化」に求めて、先進工業国に共通する運命のように描くのは、GDPの二分の一に達するほどの巨額を蓄積した日本の大企業の内部留保のことを聖域扱いしている研究者に共通する問題点である。[12]

（1）中近東のアラブ諸国で長く民主化が進まなかった理由の一つに、「鉱山地代」の問題がある。社会の富の大半を地下資源の石油に依存する国では、土地所有権の変更が民主化（貧富の格差の解消）の決定的な要因となる。王侯貴族や独裁者が石油利権（鉱山地代）を独占したままでは民主化が進まないことは自明の理であるが、アメリカ石油メジャーズの利害も絡んでその解決は容易ではなく、国際的な紛争の火種であり続けている。

（2）終戦を挟んで生活が一変した様を、ある戦争未亡人はこう詠んでいた。

「世はさかさま　むかし夫人で　いま人夫」（江口英一編『にこよん詩集の人々』から）。

（3）故江口英一氏（中央大学教授）を中心に中堅・若手研究者が集まり、旧労働省が五年ごとに実施する「失業対策事業検討委員会」の報告に対抗する調査報告書を作成した。全日自労の歴史については、『建設一般全日自労の五〇年』（建設一般全日自労、一九九八年）を参照。

（4）朝日訴訟が起きた当時、生活保護基準は「マーケット・バスケット方式」（略称「マバ方式」）で算定されていた。一九四八年の第八次改定時における保護基準のエンゲル係数は八九・三であり、第一三次改定でも七六・八であった。ラウントリーの最低生活費でさえエンゲル係数は五八・八であるから、いかに劣悪な水準であったかがわかる。これほどまでに低く算定されていた理由は、「高齢者を含む無職の寡婦世帯」で算定していたためと、住宅費を考慮していなかったためと言われている。この低位性が朝日訴訟の背景にある。

一九六一年の第一七次改定から、国は保護基準の算定方式を「エンゲル方式」に改めた。飲食物費だけをマバ方式で算出し、これにエンゲル係数（五八）の逆数を乗じて消費支出額を導く方式である。

（5）当時の底辺労働者の生活状況は、奥田英朗『オリンピックの身代金』（角川書店、二〇〇八年）から窺うことができる。「社会保障の二重構造」という言葉は、橘木俊詔氏が著書『日本の経済格差』（岩波新書、一九九八年）で用いたものである。

（6）杉原四郎『J・S・ミルと現代』（岩波新書、一九八〇年）参照。

（7）東京都に先立って、岩手県沢内村では老人医療費の無料化が一九六一年からスタートし、先駆けとなった。

（8）　その典型が宮本太郎氏の『生活保障――排除しない社会へ』（岩波新書、二〇〇九年）である。氏の福祉国家類型論では、アメリカとイギリスとカナダが「アングロサクソン諸国」として「自由主義レジーム」＝「小さな福祉国家」に分類されている（同書、七三〜七五頁参照）。大学のゼミでマイケル・ムーア監督の映画「シッコ」のDVDを上映して、アメリカ医療とカナダ医療・イギリス医療がどれほど違っているかを見てもらったところ、「これらの国々が同一類型に分類されるのはおかしい」「宮本氏は医療保障を社会保障から外しているのではないか」といった意見が噴出した。アメリカとイギリスの社会保障の差は医療だけに限られない。失業給付も公的扶助も家賃補助も完全に異質である。大学生にもわかることが、専門家には理解されない現状を何というべきか。何事も事実から出発すれば容易なことなのに、観念の先行というか、説明のために行なわれる現実の曲解は、話すそばから綻びを生じる。

（9）　イギリスの労働党左派系の研究者は、口を揃えて社会保障がひどく悪くなったと、サッチャー革命とその後のブレア政治を批判してきた。従来の福祉国家の枠組みを守りたいと思う研究者ほど、そういう評価にならざるをえないのは自明の理である。これを日本の研究者が鵜呑みにして、イギリスも日本と同じ状況に陥っていると考えることから混乱が生じる。イギリス福祉国家は「腐っても鯛」だが、日本の社会保障の現状は「鯖の生き腐れ」である。

（10）　日本における大企業の支払い能力の高まりは、社会保障制度とは別に、いわゆる「企業内福利厚生」といわれるものを多数生み出した。厚生年金基金に代表される企業年金、大企業組合健保における労働者の保険料率の引き下げ、健康保険組合所有の各種保養所の設置などである。こうした企業内福利厚生は、アメリカでは「憲法違反」（企業による労働者の買収）に当たるとして、一度は否定された経緯がある。終身雇用、年功賃金、企業別組合はバブル経済期に世界的にもてはやされた「日本的経営」の中核をなしていた。宮本氏のように『二〇世紀型福祉国家』に共通しているが、特に日本で色濃く現われた制度」という評価は、これまでの議論の経緯を無視したものと言わざるをえない。特殊日本的な制度ととらえるべきであろう。

(11) ちなみに、ここで取り上げた「賃金の短期性と生活の長期性の矛盾」という把握は、江口氏の山谷日雇労働者の研究からヒントを得たものである。氏は著書『現代の低所得層――貧困研究の方法』(中巻)のなかで、「最低限以下生活の構造」という表題のもとに山谷日雇労働者の生活を詳細に分析している。日雇労働者の賃金は日当として見ると決して低くはないのだが、日雇いであるために仕事にありつけない日があったり、また、屋外労働の宿命として雨の日が続くと仕事がなくなってしまうために、結局、彼等は年間を通じて一ヵ月平均一七日しか働けないことを、氏は実証している。一日当たりの賃金がサラリーマンの賃金よりも多少高かろうとも、一ヵ月に一七日しか働けないので、日雇労働者は家族を養うどころか、自分一人の肉体を維持することすら叶わず、その生活は最低限以下に落ち込まざるをえないのだと氏は結論づけている。日雇労働者と常勤労働者のあいだには条件に大きな開きがあるのだが、これを労働者の一生という、より長いタームに引き延ばしたとき、そこには共通する問題が横たわっていると私には思える。

(12) 宮本太郎『生活保障――排除しない社会へ』(岩波新書、二〇〇九年)四五、四八、五三、八八、一一五頁参照。

8 雇用保険制度と労働者災害補償制度

1 日本の雇用保険制度の現状と課題

(1) 資本主義社会と失業

雇用保険制度とは、いわゆる失業保険制度のことである。わが国でも、この制度が創設された一九四七年から現行の雇用保険制度に改変される一九七四年までは「失業保険」と称されていた。

資本主義社会は、計画経済の社会と違って、自由競争を経済の基本原理としているので、景気循環という景気の好不況の波を交互に経験せざるをえない宿命をもっている。企業は景気の良いときには労働者を多数雇用し、不況のときには解雇して、従業員数を生産の規模に応じて調整している。こうして、景気変動の局面において、失業者が不可避的に発生することになる。また、資本主義では平均利潤の原理が支配するので、平均以下の利潤しか得られない産業部門は徐々に淘汰されて縮小され、平均以上の利潤が得られる産業部門が新たに拡大・発展していく。こうした資本移動をともなう産業構造の変動に際しても、失業者が発生する。しかし失業者は、過剰資本や過剰生産設備と違って生身の人間であるから、失業中の生活が社会的に保障されなければならない。こうして登場したのが社会保険というシステムを応用した失業時の所得保障制度、つまり失業保険制度である。

資本主義社会において失業の発生をゼロにすることは不可能に近い。一九三〇年代の深刻な長期不況の発生に際して、公共投資の拡大による失業者救済を提唱したイギリスのジョン・メイナード・ケインズは、二〜三％の失業率を「摩擦的失業」とみなし、これを「完全雇用」状態ととらえた。

失業保険制度は、一九一一年にイギリスで国民保険法の第Ⅱ部として創設されたのが世界最初である。当初は、わずか数業種のブルーカラー労働者に限定適用されただけの狭い範囲のものであった。立案者は歳若いウィリアム・ヘンリー・ベヴァリッジである。この制度は簡単に出来上がったものではなく、一九世紀末に実施されたチャールズ・ブースの「ロンドン調査」、シーボーム・ラウントリーの「ヨーク調査」に代表される数多くの「貧困」研究の蓄積のうえに創設されたものである。それ以前のイギリス社会においては、失業による貧困は労働者本人の「個人的な資質」のせいであると考えられており、資本主義の経済活動にともなう必然的な事象とは考えられてはいなかった。そうした考え方を事実に即して覆したのがブースらの社会調査であり、またウェッブ夫妻に代表される「フェビアン協会」の活動であった。また、失業労働者の生活研究を通じて「最低生活費」(Subsistance Level) とか「ナショナル・ミニマム」(National Minimum) という概念が構築されるようになった。

イギリスの失業保険制度は一九二〇年代初頭までは順調に推移し、公務員や農業労働者を除くすべての労働者に拡張適用されるようになった。しかし、その時期以降、深刻な不況に陥り、失業者数が増大した結果、給付件数が飛躍的に増加し、失業保険財政が赤字に転落する結果となった。この制度を創設したベヴァリッジは、失業率が最大八％に達するまでは財政のバランス・シートが崩れないように考案していたが、このときの失業率は二〇％を優に超えたのである。イギリス政府はこの事態に対して、国庫負担の増額によって失業者の救済に乗り出し、半年以内の失業者については失業保険の給付で、半年以上の失業者については「無契約給付」(Uncovenanted Benefit) という一種の社会手当制度で対応することとした。失業者を対象としたこの「無契約給付」の登場をもって、イギリスにおける本格的な公的扶助制度の始まりといわれている。このようにして国家が積極的に労働者の困窮化を防止したことが、イギリスでファシズムの抬頭を招かなかった要因の一つといわれている。現在でもイギリスでは、半年未満の短期失業者は社会保険の失業給付で、半年以上の長期失業者は公的扶助の失業手当で対応されている（一九九六年一〇月から求職者手当制度"Jobseeker's Allowance"の所得ベース給付"Income-base Benefit"に移行された)。高い労働能力を保有する若い失業者が公的扶助の全受給者数の約三分の一を占めていることが、イギリス公的扶助制度の特徴となっている。

(2) わが国の雇用保険制度の沿革

戦前の状況

わが国で失業保険制度が創設されたのは、ヨーロッパの資本主義国に比べるとかなり遅く、第二次世界大戦後の一九四七（昭和二二）年一二月のことである。

もとより日本でも、失業保険制度を要求する声はそれ以前から労働者団体によって表明されてきた。たとえば、友愛会や交通労働組合などからなる「労働組合同盟会」は、第一次大戦後の戦後恐慌下の一九二〇（大正九）年に、失業者のための労働保険法の制定を要求した。翌年、大阪で開かれた失業者大会では、「失業保険制度の確立」を求める大会宣言が決議されている。一九二二（大正一一）年に政府がＩＬＯ（国際労働機関）の「失業に関する条約」を批准した関係から、失業保険法案が帝国議会に提出されたが、第二次大戦後まで創設に結実することはついになかった。「失業者に対し金品を施与するが如きは、徒に懶惰の風を助長するの弊に陥り易い」という認識から、戦前の日本においては、主として「帰農政策」（失業者を郷里の農村に帰す取り組み）が行なわれたにすぎなかった。

戦後創設された失業保険制度

戦後の民主化過程で創設された失業保険制度のもとでは、保険料は一般失業保険の場合で賃金の一〇〇〇分の一三と定められた（これを労使折半で負担した。日雇失業保険の場合は、これとは別に日額として設定された）。給付額は、失業前六ヵ月の賃金を一八〇日で除して算出した賃金日額のおおむね六〇％とされた。この給付額が六ヵ月以上保険料を納めた者に対して一律に一八〇日分支給されるものであった。保険給付費の四分の一と事務費を、国庫が負担することになった。しかし、一九五五年の改正で支給日数に段階制が導入され、同一事業で二〇年以上被保険者であった者には三〇〇日分、二〇年未満一〇年以上の被保険者には二七〇日分、一〇年未満五年以上の被保険者には二一〇日分、五年未満一年以上の被保険者には一八〇日分、六ヵ月以上一年未満の被保険者には九〇日分が支給されることになった。この被保険者期間による支給日数の段階制は、現行の雇用保険制度においても踏襲されている。

この失業保険制度は、従業員五人未満の零細事業所の大部分に適用されておらず、最も失業しやすい不安定雇用労働者が対象から漏れていることとともに、結果的に全労働者の約半分しか対象にしていないことが問題にされた。また、給付に際して、職業安定所の窓口における「求職の意思」の確認が非常に厳しく、全支給日数分をもらえず、一時金（就職支度金）を支給されて給付が打ち切られるケースが少なくなかった。一九六七年に出された「失業保険給付適正化について」という労働省通達は、失業保険の給付額（失業する前の賃金の約六割にすぎない金額）と同等の賃金が支払われる就職先を職安から紹介された場合に、賃金が安いという理由でこれを断ると、就労の意思がないものとみなされて、失業保険の給付が停止されるという趣旨のものであった。結局、当時の失業保険制度は、国の「労働力流動化政策」に沿うかたちで運用されていた(1)。

雇用保険制度への転換

失業保険制度は、第一次石油ショック後の一九七四年に現行の雇用保険制度に改められた。この転換の一番の特徴は、それまでの失業保険制度のもとで失業給付としてもっぱら失業者に給付されてきた保険財源を、企業の「雇用調整」にも充当できる道を開いたことにある。日本経済の高度成長は七三年の石油ショックを契機として終息し、この時期、鉄鋼や造船などの基幹産業を中心に工場閉鎖や操業短縮、一時帰休などが頻発していた。いわゆる「終身雇用制」と呼ばれる長期雇用システムが慣行となってきたわが国の職場で、一時に大量の解雇者を出すことには相当強い抵抗が予想された。こうして従業員を解雇せずに、配転や出向というかたちで雇用を維持した企業に対して、「雇用調整給付金」と呼ばれる賃金補助が新しい雇用保険制度のもとで開始されることになった。失業保険から雇用保険に名称が変わったのは、そういう事情からである。こうした変更に対して、長期的に見れば結局は、企業が労働者を解雇しやすくするための条件を整備したのではないか、という強い批判も表明された(2)。また、この雇用保険制度では当初、失業給付日数の決定を、従来の被保険者期間の長短によらずに、年齢および就職の困難性を尺度とすることに変更された。その後、一九七七年には「雇用安定事業」が創設され、八四年には六五歳以上の高年齢者を原則として雇用保険の適用から除外する措置が導入されるとともに、再び失業給付日数の決定に関して、年齢尺度だけでなく被保険者期間の長短を加味することに改訂された。

「平成不況」とか「空白の一〇年」と呼ばれた一九九〇年代の長期不況は、四・八％という戦後経験しなかった高失業状態をもたらし、雇用保険財政の逼迫を招いた。二〇〇〇年に政府は雇用保険法を一部改正して、失業給付の支給日数を全体的に削減するとともに、その決定に「離職理由による格差」を設けた。「倒産・解雇による離職者」は若干、給付日数が上乗せされたが、それ以外の「一般離職者」は最大一八〇日分も給付日数が削減された。この改正は、二〇〇一年四月一日から適用されることになった。

(3) わが国の雇用保険制度の現状

その目的と給付種類

雇用保険制度の目的は、以下の四点にまとめることができる。

第一に、労働者が会社（事業主）都合または自己都合によって失職した場合に、失業中の生活費を支給することによって、その生活の安定と維持を図ることである。これが雇用保険制度の最大の目的である。「求職者給付」のなかの「基本手当」と呼ばれるものがこれに該当する（表Ⅱ—8—①）。生活費の支給は、直接的には、失業者が困窮状態に転落することを防止する点にあるが、間接的には、失業者が困窮の結果、みずからの労働力を「窮迫販売」（安売り）することによって、現役労働者の賃金水準を波及的に引き下げることがないように防止する効果を持つものである。マクロな労働市場政策としては、こちらの付帯的な効果のほうが重要である。

表Ⅱ－８－① 雇用保険制度の諸給付・諸手当

Ⅰ．失業等給付
　1．求職者給付
　　①基本手当（一般雇用者・短期雇用者・高年齢雇用者・日雇労働者）
　　②技能習得手当（受講手当、通所手当）（一般雇用者・短期雇用者）
　　③寄宿手当（一般雇用者・短期雇用者）
　　④傷病手当（一般雇用者）
　2．就職促進給付（一般雇用者。短期雇用者と日雇労働者は再就職手当と常用就職支度手当はなし）
　　①就職促進手当（就業手当、再就職手当、常用就職支度手当）
　　②移転費
　　③広域求職活動費
　3．教育訓練給付（一般労働者）
　4．雇用継続給付（一般労働者）
　　①高年齢者雇用継続給付
　　②育児休業給付
　　③介護休業給付
Ⅱ．二事業
　1．雇用安定事業
　2．能力開発事業

出所：国立社会保障・人口問題研究所『社会保障統計年報』（平成24年版）292頁。

表Ⅱ－８－② 雇用保険適用状況の推移

	2000年	2002年	2004年	2006年	2008年	2010年
適用事業所数	202.7	201.9	200.1	201.2	202.1	203.4
指　数	100.0	99.6	98.7	99.3	99.7	100.3
被保険者数	3,352.4	3,362.4	3,460.3	3,615.1	3,730.4	3,823.9
指　数	100.0	100.3	103.2	107.8	111.3	114.1

出所：国立社会保障・人口問題研究所『社会保障統計年報』（平成20年版）395頁、同平成24年版、289頁より作成。

第二に、「就職促進給付」によって失業者の求職活動をバック・アップすることである。「再就職手当」「移転費」などが用意されている。

第三に、「雇用継続給付」によって、高年齢者や育児休業中の女性の雇用の継続を図ることである。これは一九九五年から実施された給付制度である。

第四に、前記の一から三の目的が円滑に推進されるように、雇用そのものの安定を図るための方策として、失業の予防・雇用機会の増進・労働者の能力の開発と向上を図る施策が実施されている。いわゆる「雇用安定二事業」と呼ばれる「雇用安定事業」「能力開発事業」がこれに該当する。

現在の失業給付の種類を示すならば、**表Ⅱ—8—①**のとおりである。

失業給付の仕組み

(被保険者の分類)

労働者を雇っている企業は、その業種や規模にかかわりなく雇用保険に加入しており、雇用保険の適用事業と呼ばれている。ただし、農林水産業で労働者が五人未満の個人企業は任意加入となっており、任意適用事業と呼ばれている。加入事業所数は**表Ⅱ—8—②**に示したように、この一〇年間でほとんど変化していない。

被保険者は、この適用事業に雇用される労働者であるが、一般被保険者と短期雇用特例被保険者、高年齢継続被保険者、日雇労働被保険者に四分類されている。

短期雇用特例被保険者とは、出稼ぎのような形態で季節的に雇用される労働者、または同一の事業主に継続して雇用される期間が一年未満の短期雇用の労働者のことである。

高年齢継続被保険者とは、同一の事業主の適用事業に六五歳になった日の前日から継続して、それ以降も雇用されている労働者のことである。

日雇労働被保険者とは、日々雇用される労働者または三〇日以内の期間を定めて雇用されている労働者のことである。

前記以外の被保険者が、一般被保険者に該当することになる。ただし、以下の労働者は雇用保険の適用除外とされている。すなわち、

ア　四ヵ月以内の期限を切って行なわれている季節的な事業に雇用される労働者。

イ　日雇労働被保険者とならない日雇労働者。

ウ　国や都道府県、区市町村その他これに準ずるものが行なう事業に雇用され、離職した場合に、他の法律・条例・規則にもとづいて支給される給付が、雇用保険の失業給付を超える人。

エ　六五歳以降に新たに雇用された人（ただし六五歳以上でも、短期雇用特例被保険者と日雇労働被保険者は適用除外とはならない）。

パートタイマーは、以下の三つの条件を満たしている場合に雇用保険が適用される。

i　一週間の労働時間が常勤労働者の四分の三以上で、週に二〇時間以上。

ii　労働日や時間、賃金以外の労働条件が常勤労働者と同じ。

iii　その事業所に継続して雇用されている。

一九八九年の法改正によって、一週間の労働時間が常勤労働者の四分の三未満のパートタイマーであっても、週の労働時間が二〇時間以上三〇時間未満、年収が九二万円以上見込まれる、雇用期間が一年以上見込まれる、という条件をすべて満たしていれば、「短時間労働被保険者」として加入できるようになった。

(保険料負担)

雇用保険の保険料は、賃金総額に一〇〇〇分の一二・〇の保険料率を乗じて算出されている。こうして計算された保険料が、労使折半で負担されている。したがって、被保険者本人（労働者）の保険料負担率は賃金の〇・六〇％ということになる。事業主は、この負担のほかに、雇用安定三事業のための負担が別途課されており、その保険料率が一〇〇〇分の三・五とされているので、合計〇・九五％の負担率となっている。

なお、農林水産業・清酒製造業については、被保険者の負担率が〇・七〇％、事業主の負担率が一・〇五％と、おのおの〇・一〇％ずつ高く設定されている。また、建設業の場合は、被保険者の負担率は〇・七〇％と同じであるが、事業主の負担率が一・一五％とさらに〇・一〇％高く設定されている。日雇労働被保険者の保険料は、その雇用形態の特性から、事業主が賃金を支払うたびに被保険者の所持する「日雇労働被保険者手帳」に印紙を貼付する方式が採用されている。一級印紙保険料が一日あたり一七六円、二級印紙保険料が一四六円、三級印紙保険料が九六円となっている（この金額を労使折半で負担する）。

〈給付内容〉

失業時の所得保障の中心となっているのが、「求職者給付」のなかの「基本手当」である。これは離職した日以前の二年間に被保険者期間が通算一二ヵ月以上あるという要件をクリアしたうえで、かつ離職により被保険者でなくなったことの確認を職業安定所（ハローワーク）から受けたことと、働く意思と能力がありながら職業に就くことができない状態にあること、という条件を満たした場合に支給される。

基本手当の給付額は、離職前六ヵ月間に支払われた賃金総額を一八〇日で除して平均賃金日額を計算し、通常、これに〇・八または〇・五という乗率をかけて算出されている。平均賃金日額が低い人の場合に〇・八という高い乗率が、高い人の場合に〇・五という低い乗率が適用されている。これはつまり、離職前の賃金の五割から八割の給付額水準であるということである。

基本手当は、失業してから一年以内に、**表Ⅱ—8—③**のような年齢別、被保険者期間別、離職理由別の規定日数を上限として支給される。受給期間中に妊娠や出産、育児、疾病、負傷、親族の看護などで三〇日以上仕事に就くことができない期間が生じた場合には、その期間分を最高三年まで有効期間に加算することができる。定年などの理由で離職した六〇歳以上の人が、一定期間求職活動をしな

表Ⅱ－８－③　基本手当の給付日数

	職日の年齢	被保険者であった期間				
		1年未満	1-5年	5-10年	10-20年	20年以上
一般離職者	全年齢	—	90日	90日	120日	150日
解雇・倒産離職者	30歳未満	90日	90日	120日	180日	—日
	30-35歳未満	90日	90日	180日	210日	240日
	35-45歳未満	90日	90日	180日	240日	270日
	45-60歳未満	90日	180日	240日	270日	330日
	60-65歳未満	90日	150日	180日	210日	240日
就職困難者	45歳未満	150日	300日	300日	300日	300日
	45-65歳未満	150日	360日	360日	360日	360日

注：職日前の２年間に被保険者期間12ヵ月以上。会社都合による離職の場合は離職日前１年間に被保険者期間６ヵ月以上が受給要件。

出所：厚生労働統計協会『厚生の指標・保険と年金の動向2011/2012』2011年11月刊、200頁参照。

いことを希望する場合には、一年を限度として、希望する期間を規定の一年に加えた期間が受給期間となる。

基本手当の受給資格は、居住地を管轄する公共職業安定所（ハローワーク）に求職の申し込みをし、事業主から離職時に交付された「離職票」を窓口に提出することから始まる。職業安定所は「受給資格証」を交付し、失業の認定を受ける日を指定する。指定された日に受給資格証と「失業認定申請書」を提出して、失業の認定を受けることになる。

解雇や倒産、定年などの「会社都合」で離職したときは、求職申し込みをした日から七日間の「待機期間」を経過した後、基本手当が支給される。四週間ごとに失業の認定が行なわれ、二八日分の基本手当が支給される。「自己都合」で離職した場合には、最初の「待機期間」に加えて最長三ヵ月の給付制限期間が設けられている。

求職者給付には、これ以外に「技能習得手当」（「受講手当」「特定職種受講手当」「通所手当」の三種類）と「寄宿手当」「傷病手当」が設けられている（図Ⅱ—8—①）。なお、「高年齢継続雇用給付制度」は、高齢者の定年後の賃金水準の低下を防止して、その継続雇用を確保するために設けられた制度であるが、被保険者期間が五年以上ある六〇歳以上六五歳未満の高年齢者を対象に、最長六五歳に達するまでの期間、賃金額の一五％を給付する制度である。また、「育児休業給付」は、女性の継続雇用を確保するために設けられた制度であるが、一歳未満の子どもを養育するために育児休業をとった被保険者を対象に、休業開始前の賃金日額の四〇％相当を育児休業給付金として支給するものである。

雇用保障のための二事業

雇用保険制度は、失業給付以外に、被保険者または被保険者であった者を対象に、「雇用安定事業」「能力開発事業」という二つの事業を行なっている。

雇用安定事業は、景気の変動や産業構造の変化等に対処して、失業の予防・雇用機会の増大など、雇用の安定を図るために実施されている事業である。所定の条件を満たした事業主に対して、「雇用調整助成金」「産業雇用安定助成金」が支給されている。また、「高齢者雇用関係助成金」「地域雇用開発助成金」「特定求職者雇用開発助成金」なども支給されている。

能力開発事業は、被保険者に対して、職業生活の全期間を通じて能力を開発・向上させることを促進するための事業である。「中小企業団体能力開発推進事業助成金」「生涯能力開発給付金」「高年齢労働者等受講奨励金」などの交付・支給が行なわれている。

2 日本の労働者災害補償制度

(1) 労災補償制度の一般的特徴

職場での労働災害による傷病の発生は、資本主義の登場以来、常に古くて新しい問題である。労働災害の発生は、使用者（事業主）の側における「不変資本充用上の節約」が原因とされ、事故発生を未然に防ぐための対策が、利潤獲得のために節約されてしまったことが原因と考えられてきた。鉱山における粉塵爆発や落盤事故など数多くの悲惨な労働災害の歴史は、そうした因果関係の理解の正しさを証明するものであった。こうして労働災害は、事業主の側に事故の発生についての「故意」や「過失」が認められなくも、その責任を問えるものとみなされた。つまり、民法上の「無過失責任」原則の確立である。労働災害の被災者は民法上の「被害者」と位置づけられ、事業主による被害者の救済は「損害賠償」として行なわれるべきものと理解されるようになった。このゆえに、労働者災害補償制度の「補償」（損害賠償原理）は「社会保障」の「保障」（生活保障原理）とは区別されている。

戦後の一九四七（昭和二二）年に制定されたわが国の「労働者災害補償保険法」も、保険数理を応用した危険分散の方式を採用しているが、こうした補償という考え方に則っており、その財源はもっぱら事業主の一〇〇％負担である「使用者掛金」からまかなわれている。ちなみにイギリスでは、労働災害への対応は古くからこの「損害賠償」原理で運営されてきたが、戦後のベヴァリッジ体制のもとで社会保険制度のなかに統合されており、給付水準において他の社会保険給付より高く設定されているものの、使用者の全面的な責任を問うという性格は薄まっている。これは、労災の認定や傷害の認定をめぐって訴訟が発生しやすいこと（つまり、使用者側がなかなか労災であることを認めたがらないこと。これは、一度労災の給付が行なわれると、ペナルティとして当該企業の労災掛金が次年度から引き上げられてしまうことに原因がある）、長い訴訟の過程で経済的に弱い立場にある労働者（原告側）が不利益を被りやすいこと、裁判闘争の精神的な負担も決して少なくないことなどを考慮したためである。また、イギリス社会が伝統的にアメリカのような「訴訟国家」を嫌うことにもよっている。使用者を免責し、責任の所在を曖昧にするような制度に換骨奪胎されてはならないが、長く救済されずに苦しむ被災者の物心両面の負担を考慮すると、「闘う強い個人」を前提にした「労働災害補償制度」は、将来的には「社会保険化」の方向も慎重に検討され始めてよいのではないだろうか。その際、個別企業における労働災害の発生という問題に対して、監督・指導という意味での国家の責任をどう考えるかが重要なポイントとなるであろう。

(2) わが国の労働者災害補償制度

一九四七年に制定された労働基準法は、労働者が業務上（つまり、就業中または通勤途中に）負傷したり病気になったり、死亡したりした場合、事業主が療養の給付・休業補償・障害補償・遺族補償を行なわなければならないという労働者災害補償の制度を定めた。これを具体的に担保するものとして、同年、労働者災害補償制度が制定された。

その給付内容は、以下の六つの給付から構成されている。すなわち、

① 労働者が受けた傷病の治療のための「療養補償給付」

これには労災病院または労働基準局長が指定した病院において提供される無料の「療養の給付」と、相当の理由によって「療養の給付」を受けず自己負担した労働者に支給される「療養費の給付」とがある。

② 労働者が療養のために休業して賃金の支払いを受けられないあいだ、賃金（法令で二〇ランクにまとめられた給付基礎日額）の六〇％が休業四日目から一年六ヵ月まで支給される「休業補償給付」（これに社会復帰促進等事業から二〇％の休業特別支給金が付加されるので、合計すると賃金の八〇％になる）

③ 傷病が固定したあと、残った身体障害の程度に応じて支払われる「障害補償給付」

これには一級から七級までの障害等級に従って支給される「障害補償年金」（最高の一級で賃

金の三一三日分）と、八級から一四級までの障害等級に従って支給される「障害補償一時金」（最高の八級で賃金の五〇三日分）とがある。

④ 労働災害によって労働者が死亡した場合、その労働者の遺族に支給される「遺族補償給付」これには「遺族補償年金」（最高で賃金の二四五日分）と「前払い一時金」「遺族補償一時金」（どちらも賃金の一〇〇〇日分）がある。受給権者は、妻または夫、子、両親、孫、祖父母、兄弟姉妹の順序で決定される。

⑤ 業務上の怪我や病気によって労働者が死亡した場合に、葬祭を行なった者に対して支給される「葬祭料」（賃金の六〇日分）

⑥ 療養開始後三年を経過しても治らない場合の「打ち切り補償」（賃金の一二〇〇日分）

これら以外に、被災労働者やその家族の福祉の増進を目的とした「社会復帰促進等事業」が設けられている。それは、①被災労働者のための社会復帰促進事業、②被災労働者の家族の機能を維持・回復することを目的とした「就学援護費」「介護料」「生業援護金」「特別支給金」の支給、③労災を防止するための「安全衛生事業」、④倒産企業の未払い賃金立て替え事業に代表される「適正な労働条件を確保する事業」、の四事業から構成されている。これらの事業は、社会保障給付的な性格を持つものといえる。

労災保険の給付を受けるには、発生した事故や疾病が厚生労働省によって「業務上」または「通勤途上」のものと認定されることが要件である。

労災保険の手続きは、被災労働者が所属する事業所を管轄する労働基準監督署長に対して、本人またはその家族が直接申請しなければならない。

時効は、療養給付の場合、療養の必要が生じた日の翌日から二年、休業給付の場合、休業した日の翌日から二年、障害給付と遺族給付は、それぞれ治癒した日と死亡した日から五年となっている。

（1） 労働力流動化政策とは、一九六〇年代に旧産炭地の炭鉱離職者等を対象に実施された労働政策で、長期失業者として旧産炭地に滞留しないように、阪神工業地帯や京阪工業地帯等の労働力需要が逼迫した地域に、失業者が移動するように誘導した政策のことである。

（2） 雇用調整給付金は、子会社等に配転・出稿させられた労働者について、その賃金の二分の一を、一年間を上限に給付するもので、企業（子会社）から見れば賃金負担が軽くなるので、出向社員の受け入れが可能となった。しかし、給付金が終了したあとは賃金負担が重くなり、新しい仕事で成績を上げられない出向社員にとっては、みずから退職しなければならない状況に追い込まれた。巧妙な馘首方法といわねばならない。

9　公的年金制度

わが国の公的年金制度は、他の先進工業国の年金制度と比較した場合、制度そのものが分立しているために複雑で、給付においてかなり大きな制度間格差のあることが特徴である。給付格差は単なる不平等という意味において問題視されるだけでなく、何よりも現実に高齢期の貧困を多数生み出す原因となっている点で問題である。高齢者の貧困を解消できていない点において、わが国の公的年金制度は先進工業国のなかでも特異な位置にある。本稿では、年金格差の現状とその原因について分析するとともに、容認できないほどの貧困生活をおくっている高齢者の存在について分析する。現状分析に先立ち、年金格差を生むに至ったわが国の公的年金制度の成り立ちから、筆を起こすことにしたい。

1　年金格差の背景――日本における年金制度の成立と展開

(1)　上位の階層から形成された年金制度

6（「戦前日本における社会保障の展開」）で述べたように、国民一般を対象としたわが国の公的年金制度は、一九四〇年前後の戦時体制下で相次いで制定された。「船員保険法」は一九三九（昭和一四）年に、一般被用者を対象とした「労働者年金保険法」は一九四一（昭和一六）年に、それぞれ制定されている。しかし、こうした年金制度とは別種の特権的な制度は、「恩給」や「共済組合の年金給付」などのかたちで、それ以前から存在していた。たとえば、職業軍人に関しては、「海軍退隠令」と「陸軍恩給令」が明治初期（一八七五〈明治八〉年と七六年）に公布されている。[1] また、国家官僚に関しては、「官吏恩給令」が一八八四（明治一七）年に公布されている。国家の権力機構を担うこれらの軍人・高級官僚に限定された特権的な恩給制度が最優先で設けられた点に、わが国の公的年金制度の特徴がある。また、「国有鉄道共済組合」のような官営企業共済組合においても、一九二〇（大正九）年から年金給付が実施されるようになった。

このように、雇用と所得が安定した国家公務員から相対的に安定した民間の被雇用者へ、さらに不安定な自営業者へと、下位の社会階層に向かって段階的に公的年金制度が整備されてきたのが、わが国の歴史的特徴である。これは健康保険制度にも共通している。イギリスにおける最初の公的年金制度であった「無拠出老齢年金法」（一九〇八年）は、七〇歳以上の貧困な高齢者を救済するために創設され、一九三〇年代以降、一般労働者を対象とする拠出制年金制度に拡充されていった。イギリスでは、最下層の高齢者から出発して、より負担力のある上位の社会階層を取り込むかたちで制度が拡充されていったために、制度の一元化が達成できた。公的年金の整備・拡充の点で、日本はイギリスと正反対のコースをたどったといえる。

(2) 戦争と年金制度の創設

一九四一（昭和一六）年、戦時体制下で、男子工場労働者を対象とした「労働者年金保険法」が制定され、三年後の一九四四（昭和一九）年に「旧厚生年金保険法」に整備・拡充された。戦時下の社会保険立法は年金に限られたことではなく、健康保険制度もこの時期に集中的に制定されている。太平洋戦争のさなかの財政的に困難な時期に社会保険制度が相次いで制定された理由は、労働者の退職後の所得を保障するとか疾病による貧困をなくすという社会保障本来の目的に則して制定されたのではなく、戦争が拡大するなかで労働力を保全し生産力を高めると同時に、戦争遂行費用を捻出するための窮余の一策として社会保険制度が創設されたという、当時の政府の財政事情によるものである。年金を給付することよりも保険料を徴収することのほうを優先したわけだが、この体質は旧社会保険庁の体質と少しも変わらない。とくに年金は長期間経過しなければ給付が始まらないので、それまでは保険料が国庫に積み立てられる一方となる。労働者年金保険法が施行された初年度（昭和一七年）には一億四〇〇〇万円が徴収され、敗戦時の一九四五年には一四億六〇〇〇万円が保険料として国庫に集められた。今日の年金不信の根をたどると、創設時の国による制度の悪用に行き着く(2)。

(3) 国民皆年金計画——不安定就業者を対象とした国民年金の創設

一九五四（昭和二九）年に、旧厚生年金保険法は現行「厚生年金保険法」として再出発することになった。公的年金制度確立の最後の締めくくりとして、新規に農漁民や自営業者・日雇労働者等を対象とする「国民年金法」が、八番目の年金制度として一九五九（昭和三四）年に制定された。これによって、日本においても「国民皆年金」（一人一年金）がようやく実現される運びとなった。[3]

新たに創設された国民年金は、二〇歳から五九歳までの日本国民で、「厚生年金や共済年金の加入対象とならない人」を被保険者とする完全積立方式の拠出制の年金制度であった。原則として、保険料を納入した期間（最長四〇年間）に応じて年金が支給される仕組みのもので、国庫負担を三分の一とすることが決められた。

こうして「国民皆年金」がスタートしたのだが、この機会に公的年金制度のあり方そのものが抜本的に見直されることはなかった。戦前あるいは戦中からの諸制度が整備・統合されるにとどまった。日本の公的年金制度は、雇用と所得の両面において安定した上位の階層から順次形成されてきたために、これらの人々の相対的に有利な既得権を侵害しないで「国民皆年金」を達成するには、最後に残された自営業層だけを対象に制度をつくらなければならなかった。こうして戦後の公的年金制度は、それぞれの制度がつねに下層の勤労者に対して閉鎖性を持ち、所得の垂直的な再分配機能が発揮されにくい構造を持つことになった。

自営業者や農漁民・専業主婦を対象とした国民年金は、加入者が雇用関係にないという理由で厚生年金から区別され、雇い主の保険料負担がないことから、かなり低い給付額の制度として位置づけられた。しかし実際には、その後、製造業を中心とした高度経済成長政策が遂行されるなかで、農民や女性は大量に出稼ぎ労働者や臨時工、パートタイマーなどとして不安定な雇用に従事するようになった。それにもかかわらず、こうした不安定雇用労働者が加入する年金は、当該企業にとって保険料負担を負わなくて済む国民年金のままに据え置かれた。結局、のちに「日本的経営」として理解されることになる、大企業を頂点とする「下請・系列構造」が形づくられていくなかで、最末端の零細企業は、社会保険料などの労働費用を節約することで、かろうじて企業として存立することができたのである。国民年金は、そうした「安価な労働力」のための年金制度として、社会構造の矛盾をシワ寄せされるかたちで創設された。この基本的性格は、偽装派遣が問題化した今日においてもまったく変わっていない。

こうして戦後の日本では、長期に雇用を保障され、相対的に給付水準の高い健康保険制度に守られ、種々の企業内福利厚生を利用でき、老後生活も厚生年金によって一定保障された大企業サラリーマンに代表される「一般階層」と、給付水準が低いばかりか、月々の保険料負担も相対的に割高な国民健康保険と老後の生活保障水準が低位な国民年金に加入するしかない「不安定就業階層」とに、勤労者が二分されることになった。後者はひと口に「国保・国年層」と称されており、こうした格差構造を「社会保障の二重構造」と呼ぶ人もいる。

(4) 基礎年金制度への移行——不十分な一元化

一九七〇年代半ばに至って、公的年金制度の「一元化」と「食べていける年金」の保障を目標に、当時の社会保障制度審議会（大河内一男会長）によって「基本年金」構想（一人当たり月に五万円、夫婦で一〇万円の基本年金の支給）が提案された。当時、日本の公的年金制度は厚生年金、国民年金、共済年金という三種類八制度に分立し、給付面において大きな制度間格差が認められると同時に、重複給付（通算老齢年金）など年金受給者にとって不利に作用する問題を抱えていた。また、制度が分立しているために、産業構造の変化にともなって特定の制度の財政基盤が不安定になる可能性を持っていた。「一元化」に向けての取り組みは、早晩追求されなければならない課題であった。しかし、制度審の「基本年金」構想には、その財源を保険料でなく付加価値税（消費税）によって調達するという提言が含まれていたために、付加価値税そのものに対する国民の強い反発もあり、採用されないままに見送られた。

一九八五（昭和六〇）年に、従来の国民年金を国民全員共通加入の「基礎年金」とする「基礎年金制度」が導入され、翌年から実施された。従来の厚生年金や各種共済年金は、基礎年金（国民年金）を一階部分として、その上に報酬比例部分として上乗せされる二階部分と位置づけられることになった。しかし、こうした措置によって、本来の意味での「一元化」が実現されたわけではない。「統合」されたのは基礎年金部分のみであって、依然として勤労者は、失業や職業異動にともなって、加入する年金制度を移動しなければならない。八五年の大改正で特筆すべき点は、「一人一年金」の立場から、従来任意加入であったサラリーマンの妻（専業主婦）の年金権を保障したことである。専業主婦として国民年金に任意加入しなかったサラリーマンの妻は自身の年金権を持たず、その夫が受給する厚生年金などの被用者年金において「配偶者加給年金」というかたちで年金額が付け加えられる方式であった。しかし、任意加入していない妻が高齢期になって離婚したり、障害を負ったりした場合には、無年金になるという問題があった。こうした問題を解決するために、八五年の改正では、専業主婦も個人として国民年金に加入することが義務づけられ、制度上「第三号被保険者」と位置づけられることになった。

この基礎年金制度への移行は、日本の年金制度の全体的な見直しのなかで行なわれた。その見直しの主な内容は、第一に、老齢厚生年金の支給開始年齢の六〇歳から六五歳への段階的な繰り延べ案の提起である(これは一九八〇年の改正時に政府案によって提起された)。第二に、年金財源の安定的確保のために、厚生年金の保険料率と国民年金の定額保険料が段階的に引き上げられるようになった。この引き上げは、年金財源への国庫負担の軽減化を図るために採用された方策である。第三に、将来の老齢年金の給付額を現行水準の三分の二程度の水準にまで順次抑制していく方向が採られた。昭和四〇年以降に生まれた人にとっては、受け取る年金の総額よりも払った保険料の総額のほうが高くなる問題として認識されている。運営責任を負う政府の側から、そうした危険性が喧伝されたことは、国民のあいだにいたずらに年金不安を呼び起こし、年金制度からの脱落を促す原因をみずからつくるものとなった。

この時以降、五年ごとに行なわれる年金財政再計算にもとづき、「負担引上げ、給付引下げ」の改定案が手を変え品を変え、繰り返されることになる。それは公的年金制度に対する国民の不安を強めることになり、月々の保険料を給与から源泉徴収できない国民年金の場合、滞納者、未納者、非加入者を大量に生み出す原因となった（二二三頁の年金改定一覧を参照）。

2 年金格差の現状

(1) 被保険者数から判明する国民年金の受け皿的役割

1で言及したように、一九八六年の基礎年金制度への移行以来、わが国の公的年金制度は**図Ⅱ—9**—①のように体系化されている。基礎年金は満二〇歳以上六〇歳未満の日本国内に住所をもつ国民全員が共通加入する一階部分の公的年金であり、その加入者数（つまり被保険者数）は二〇一〇年三月現在で約六八七四万人となっている。日本の総人口一億二七五一万人（二〇〇九年一〇月現在）中の五三・九％が公的年金制度の被保険者である。

その内訳をみると、基礎年金制度上「第一号被保険者」と呼ばれる、民間事業所等に雇用されていない自営業者・農業者・学生等の加入者の数は一九八五万人となっており、全被保険者数の二八・九％を占めている。

民間事業所に雇用されている一般被雇用者と公務員等は「第二号被保険者」と呼ばれるが、二〇一〇年三月現在三八六八万人となっており、全体の五六・三％と最大のグループを形成している。この

図Ⅱ－9－① 年金制度の体系（2010年現在）

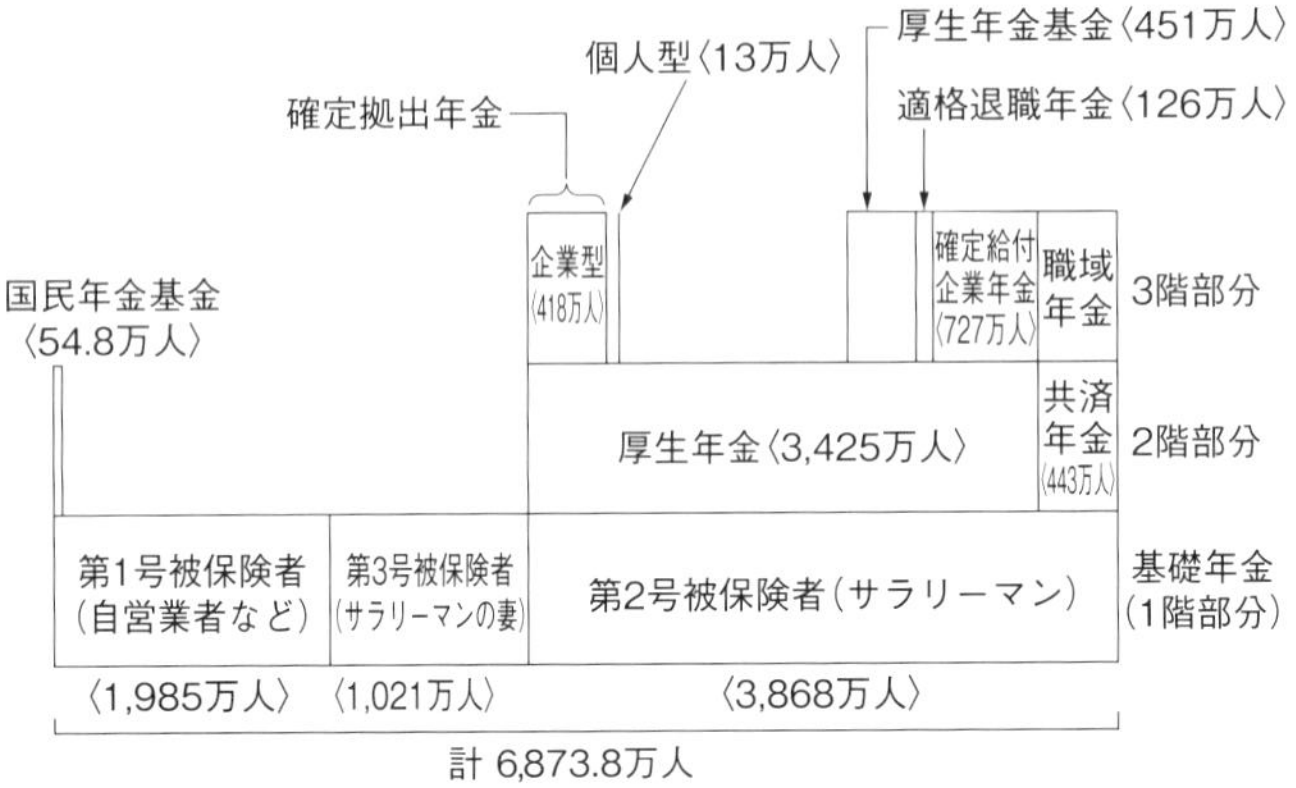

出所：国立社会保障・人口問題研究所『社会保障統計年報』（平成24年版）94-100頁、厚生労働統計協会『厚生の指標 保険と年金の動向 2011/2012』147-150頁、より作成。

うち厚生年金に加入している一般被雇用者は三四二五万人であり、全体の四九・八％を占めている。各種共済組合に加入している公務員等の被雇用者は残りの四四三万人であり、被保険者全体に占める割合は六・四％と一割に満たない。その内訳をみると、国家公務員等共済組合の加入者が一〇四万人（一・五％）、地方公務員共済組合の加入者が二九一万人（四・二％）、私立学校教職員共済組合の加入者が四八万人（〇・七％）となっている。「第二号被保険者」の被扶養配偶者（妻）で、家庭外で就労していない女性、いわゆる「専業主婦」（「第三号被保険者」）は、二〇一〇年現在で一〇二一万人となっており、被保険者全体の一四・九％を占めている。

　ここで、近年の被保険者数の推移を国民年金と厚生年金とについてみることにする。二

表Ⅱ－９－①国民年金と厚生年金の被保険者数の推移

（単位：万人）

	1970年	1980年	1990年	2000年	2006年	2009年
厚生年金	2,226.0	2,523.9	3,099.7	3,219.2	3,379.4	3,424.8
国民年金	2,433.7	2,759.6	2,953.5	3,306.8	3,201.9	3,006.1
国共済	114.9	117.9	112.6	111.9	107.6	104.4
国共済（適用法人）	78.9	78.8	49.6	－	－	－
地共済	253.6	322.5	328.6	323.9	303.5	290.8
私学共済	19.4	31.9	37.3	40.6	45.8	47.8
農林漁業共済	40.7	48.1	49.8	46.7	－	－
計	5,193.4	5,903.2	6,631.1	7,049.1	7,038.3	6,873.8

注：国家公務員等共済（適用法人組合）は1997年に厚生年金に統合された。
農林漁業団体職員共済組合は2002年に厚生年金に統合された。
出所：国立社会保障・人口問題研究所『社会保障統計年報』（平成24年版）163頁より作成。

〇〇九年現在、両者で被保険者全体の九三・五％を占めている（**表Ⅱ―９―①**）。長期的には国民年金においても厚生年金においても被保険者数が増加する傾向にあるが、国民年金と厚生年金との関係をみると、両制度のあいだで景気変動の波によって加入者が出入りしていることがわかる。男女ともに変動を規定しているのは厚生年金のほうであり、国民年金は常にクッションまたは受け皿としての役割を果たしている。ここから、日本の公的年金制度の問題を年金受給者の視点から考える場合、国民年金（基礎年金）の存在と役割をより重要視しなければならないことがわかる。

普通、資本主義が発展すると、一般被雇用者を対象とした年金制度の加入者が漸次増加し、自営業者を対象とした年金制度の加入者

表Ⅱ－９－②公的年金受給権者数（2010年3月現在）

（単位：人、％）

	旧制度	新制度	計	構成比
国民年金	209万5,899人	744万2,556人	953万8,455人	24.9
通算老齢・退職年金	103万6,740人	1,018万2,305人	1,121万9,045人	29.3
老齢福祉年金	1万2,037人	－	1万2,037人	0.0
厚生年金	145万1,348人	1,240万2,785人	1,385万4,133人	36.2
国家公務員共済	15万2,786人	67万8,896人	83万1,682人	2.2
地方公務員共済	33万4,134人	165万4,478人	198万8,612人	5.2
私学共済	6,835人	27万4,162人	28万0,997人	0.7
農林漁業団体共済	4万0,273人	31万5,794人	35万6,067人	0.9
恩給	－	15万0,309人	15万0,309人	0.4
計	513万0,052人	3,310万1,285人	3,823万1,337人	100.0

注1：旧制度中の通算老齢・退職年金の受給者数は、すべて国民年金と他の制度（1種類）間の通算と想定して、103万6,740人と計上した。

注2：新制度中の通算老齢・退職年金の受給者数は、厚生年金の通老相当の受給者数を計上した。

出所：国立社会保障・人口問題研究所『社会保障統計年報』（平成24年版）166-167頁より。

が減少していく傾向をたどるものである。日本はいまや言うまでもなく、国際的にみてトップ・クラスの資本主義国であるが、そうした資本主義の高度な発達のわりには、依然として自営業者型の国民年金の加入者が多く、絶対数としてなかなか減少しない点が特徴である。これは日本社会における雇用構造の問題（雇用の階層構造）を反映しているといえる。

(2) 依然として多い国民年金の受給者

表Ⅱ—９—②は、一九八六年にスタートした基礎年金制度を境に、それ以前からの受給権者数を旧制度分として、それ以降の受給者権数を新制度分として、各々年金種類別に二〇一〇年度現在の状況を表示したものである（老齢・退職年金の受給権者。ただし恩給を含む)。老齢年金の受給権者は通算老齢・退職年金の受給権者を含めて、旧制度分が総受給権者の一三・四%、約五一三万人、新制度分が総受給権者の八六・六%、約三三一〇万人、合計で約三八二三万人となる。参考までに、厚生労働省『厚生年金・国民年金事業年報』(平成二二年度版)が公表している一〇年度末現在の老齢・退職年金の受給権者数を示すと、三七九六万人となっている。上記の約三八二三万人は筆者の推計によるものであるが、社会保険庁の公表データとそう大きくかけ離れていないことを断っておく。

国民年金と厚生年金の受給者権数の推移をみると、人口の高齢化が進み始めた一九七〇年以降、公的年金の受給権者数は一〇年間で倍増する勢いを示してきた。高度成長が終息するまでの日本社会は、年金という社会的な費用をほとんど負担しないで済ませることができた稀な社会であった。一九七〇年半ば以降に表面化した人口の高齢化というインパクトが、国にとっていかに大きなものであったかが想像できる。

制度別に受給権者数の分布状況をみてみると、厚生年金の受給権者が最も多く、全体の約三六%を占めている。国民年金の受給権者は二五%余であり、国民年金はいまなおかなりの受給権者を擁している。通算老齢・退職年金の受給権者は、女性の高齢者に多くみられるように、厚生年金の平均給付額よりも国民年金の平均給付額に近い年金を受け取っているので、その比率約二九%を国民年金の受給権者に加えると五四%に達する。のちに分析するが、年金受給者の約半数が低額年金の受給者であることが、この段階でも推測できる。各種共済の退職年金受給権者は九%となっている。

(3) 業績主義の年金額算定方式

老齢年金の受給要件は、受給者が公的年金制度に原則として二五年以上加入していること、ならびに厚生年金の場合で六〇歳、国民年金の場合で原則として六五歳の年齢に達していることの二つである。

国民年金の計算式

老齢基礎年金は、満二〇歳で加入した人が満六〇歳になるまで四〇年（四八〇ヵ月）加入した場合を満額支給の対象として位置づけ、二五年（三〇〇ヵ月）加入を受給資格要件として、その範囲内で加入月数に正比例するように給付額が算定される。その計算式は以下のとおりである。

年金額＝65,741円×（{保険料を納めた月数＋保険料全額免除月数の1/2＋保険料3/4免除月数の5/8＋保険料1/2免除月数の3/4＋保険料1/4免除月数の7/8}÷加入可能月数{480ヵ月}）

この計算式に示した月額六万五七四一円が、二〇一一年現在で満額受給できた場合の給付額であり、付加保険料を納めた人以外、この金額を上回ることはできない。加入月数が二五年に達しない場合には無年金（保険料の全額掛け捨て）となる。このハードルが高いために、現在でも無年金者が約一〇〇万人存在するといわれている。二五年という受給資格要件は、国際的にも異例である。イギリスの老齢退職年金の受給資格は加入可能期間の四分の一となっており、仕事に就いていた期間の最大限を四〇年と仮定すると一〇年になる。ドイツでは五年。フランスの老齢最低保障年金（ＭＶ）の受給資格期間は一トリメストル（三ヵ月）となっていたが、二年前から資格期間がゼロでも受給できるようになった。この受給資格期間は、国民の国家に対する信頼度に反比例するようである。フランスでは保険料納入期間の平均値は四〇年となっている。三ヵ月で最低年金がもらえたのだから、それ以上は保険料を納めなかったという状況は出現していない。イギリスもドイツも大同小異である。これが日本だったらどうであろうか。多くの滞納者が出ることが確実視されるので、日本政府は資格期間を短縮できないのではないか。

厚生年金の計算式

老齢厚生年金は、加入期間中の賃金（標準報酬月額）の総平均と加入期間に正比例するように計算される仕組みになっている。その計算式は以下のとおりである（ただし、報酬比例部分に関して）。

年金額＝（平均標準報酬月額×｛7.5/1000｝×2003年3月までの被保険者月数）

＋（平均標準報酬月額×｛5.481/1000｝×2003年4月以降の被保険者月数）

（現在は物価スライド制のみとなっているので、この計算式によって算出された金額に「物価スライド率」（年率）を掛けて算出される）

全受給権者の平均年金月額は、二〇一〇年現在一六万一四九五円となっている。

(4) 年金保険料の引き上げと低い国家負担

保険料の水準の引き上げ

〈国民年金〉

国民年金の保険料は全額本人負担であり、定額制となっている。二〇一一年現在の保険料は一万五〇二〇円であり、二〇一七年度まで毎年自動的に二八〇円ずつ引き上げられることが決定されている。

国民年金には、国民年金法第八九条、第九〇条にもとづいて、保険料の免除制度が設けられている。被保険者本人が、旧制度の障害年金または新制度の障害基礎年金の受給者であるか、もしくは障害厚生年金の受給者である場合、ならびに生活保護の生活扶助の受給者である場合には、届出をするだけで保険料が免除される（法定免除）。

また、地方税法に定める障害者か寡婦であって、年間所得が一二五万円以下の所得しかない人は、申請することによって保険料が免除される（申請免除）。二〇〇二年度からは保険料の半額免除制度が導入され、〇六年七月からは四分の一免除と四分の三免除を加えた多段階免除制度が導入された。

また、満二〇歳以上の学生（大学・短期大学・大学院・高等専門学校・専修学校・美容師法や栄養士法にもとづく専門学校の学生）についても、本人所得が一定以下の場合には、保険料の納付を要しない制度が導入された。この場合は一〇年間分まで保険料を追納できることになっている（学生納付特例者）[5]。

ちなみに、二〇一〇年三月末現在、国民年金の保険料免除者は、学生納付特例者を含めると五三四万九六二一人であり、国民年金加入者総数の一七・八％にのぼっている。この数値は近年増加しており、とくに学生納付特例者の増加が顕著である。その結果、保険料の納付率は一〇年現在五九・三％と低下しており、五年前に比べて五％近く、一〇年前に比べると一〇％近くも低下している。

〈厚生年金〉

厚生年金の保険料は、実際の賃金ではなく、九万八〇〇〇円から六二万円までの三〇等級に区分された「標準報酬月額」を基礎に計算されている。加入者ごとに、原則として毎年五月から七月のあいだに、実際に支払われた平均賃金を標準報酬月額のいずれかに当てはめ、その標準報酬月額をその年の一〇月からの保険料の算定基準としている。保険料は、この標準報酬月額に保険料率（二〇一一年現在一六・四一二％）を乗じて算出される。こうして得られた保険料を、加入者本人と事業主が折半して負担することになっている。

厚生年金の保険料の納付義務は、事業主にある。近年、被雇用者の賃金水準が低下していることにより、保険料収入が低迷する結果となっている。

国庫負担

一九八六年にスタートした基礎年金では、公的年金各制度から国民年金特別会計へ基礎年金拠出金が拠出されることになっている。その金額は、基礎年金の給付費として支払われるべき総額を、各制度に加入している被保険者数に応じて按分したものとして計算されている。この基礎年金拠出金のうちの二分の一が国庫から負担されている（二〇〇九年度より）。

基礎年金制度に先立って提出された社会保障制度審議会の「基本年金構想」では、基本年金部分は全額国庫負担でまかなうべきだという提言がなされていた。二〇〇四年改定において、〇九年度までに国庫負担の割合を現行の三分の一から二分の一へ引き上げることが決められた。財政投融資特別会計からの特例的な繰り入れにより、その実現が果たされた。

国民年金の未加入・未納の状況

被用者年金の場合は、職場単位で強制加入となり、保険料も加入者の給与から源泉徴収されるので、保険料収納率は二〇〇九年現在で九八・〇％となっている。しかるに、国民年金（基礎年金）の第一号被保険者に関しては、失業による保険料納付の困難化等により、未納者・滞納者が発生している。全国的に約二割の国民が基礎年金に未加入・未納入の状況にあるといわれており、これらの人々は将来的な「無年金者」の予備軍である。

こうした問題の発生の背後には、自営業者等にとって毎月一人一万五〇二〇円（成人三人世帯ならば年に五四万〇七二〇円）という低額とは言えない保険料を延々と四〇年間納め続けても、生活保護制度の生活扶助基準額を相当下回るような金額の年金しか受けられないという、国民年金の保険料負担と給付額水準とのアンバランスの問題がある。個々人の受け取る年金額の個別的問題としてではなく、国民年金に加入するすべての人に共通する問題として、税金から支給される生活保護費のほうがずっと高いという状況が続いているのでは、年金のモラル・ハザードが発生してもやむをえない。また一般に、低所得者ほど稼得力の喪失や所得の中断に対する予防力が弱いことから、保障額の高い生命保険に加入して、いざというときのために生活を守ろうとする傾向が強い。給付水準の高くない公的年金の保険料よりも、民間生命保険の保険料を支払うことを優先させてしまいがちとなる。さらに、将来的な年金不安が国民のなかに醸成されていることも、こうした問題を発生させる遠因となっている。国民年金の給付水準の引き上げと年金不安の解消に向けて国が努力することこそが、未加入・未納問題の最大の防止策といえる。そのためには、国民年金への全額国庫負担の実現とそのための財源確保が必要とならざるをえない。

(5) 年金の給付格差

日本の公的年金の特徴は、加入する制度によって給付額に大きな格差が存在していることである。

表Ⅱ－９－③老齢（退職）年金の平均受給月額（2010年3月）

（単位：円）

旧制度分	＜老齢（退職年金）＞	＜通算老齢（退職）年金＞
国民年金	39,952円	18,317円
老齢福祉年金	33,817円	－
厚生年金	161,495円	32,995円
国家公務員共済	200,025円	67,554円
地方公務員共済	231,229円	67,889円
私学共済	174,262円	50,366円
農林漁業団体共済	14,394円	3,815円
総平均	104,590円	25,476円
新制度分		
国民（基礎）年金	55,566円	
厚生年金（老齢相当）	152,469円	
〃（通老相当）	57,731円	
国家公務員共済	121,919円	
地方公務員共済	146,928円	
私学共済	76,057円	
農林漁業団体共済	9,044円	
恩給	56,481円	
総平均	60,038円	

出所：国立社会保障・人口問題研究所『社会保障統計年報』（平成24年版）170-171頁より。

表Ⅱ―９―③は、年金制度種類別に老齢退職年金の平均給付額を月額で表示したものである（二〇一〇年三月現在）。厚生年金の平均給付月額は、旧制度分で一六万一四九五円、新制度分で一五万二四六九円となっている。しかるに国民年金の平均給付月額は、旧制度分で三万九九五二円、新制度分で五万五五六六円にすぎない。厚生年金の給付額を一〇〇とすると、国民年金の給付額は、わずかに二五ないし三六にしかならない。つまり、厚生年金のほぼ四分の一から三分の一程度の給付水準でしかないのである。

月に四〜五万円の国民年金では、高齢者はいったいどうやって生活していけばよいのだろうか。二〇〇九年度現在の一人暮らし高齢者の生活保護の基準額が、生活扶助基準に住宅扶助を含めて一〜三級地の平均で、一ヵ月に八万円であるから、国民年金は保護基準の五割または七割弱にしかならない。しかも、こうした低額の国民年金を受給している高齢者がごく少数であるならば、まだ問題はそう深刻ではないのだが、**表Ⅱ—9—②**に示したように、国民年金の受給者は二〇一〇年現在で九五五万人に達している（老齢福祉年金の受給者を含む）。各種共済年金の受給者を除いた国民年金と厚生年金の受給者総数に占める割合は、六一％という比率に達している。**図Ⅱ—9—②**に示されているように、男女ともに月額七万円以上の国民年金を受給している高齢者は二・四％しか存在していない。女性では月額三〜四万円の国民年金の受給者が、女性の年金受給者の一七％を占めている。

しかし、問題はそれだけにとどまらない。厚生年金の低額受給者の問題も存在している。国民年金と厚生年金の受給月額分布の状況を男女別に示した**図Ⅱ—9—②**をみると、男性で月額八万円以上の厚生年金の受給層は、月額二五万円を超える階層まで、各々三〜五％の比率でフラットに分布していることがわかる。このことは要するに、厚生年金は非常にバラバラな、多様な給付額のものとして存在しているということである。厚生年金の平均給付額である一六〜一七万円の階層に集中的に分布しているのではない。したがって、厚生年金の平均額がある程度高い水準にあるから厚生年金には問題がない、ということにはならないのである。厚生年金の低額受給層の問題も、国民年金層の問題と同

図Ⅱ－9－② 老齢年金受給月額の分布状況（2010年3月末現在）

〈男性〉

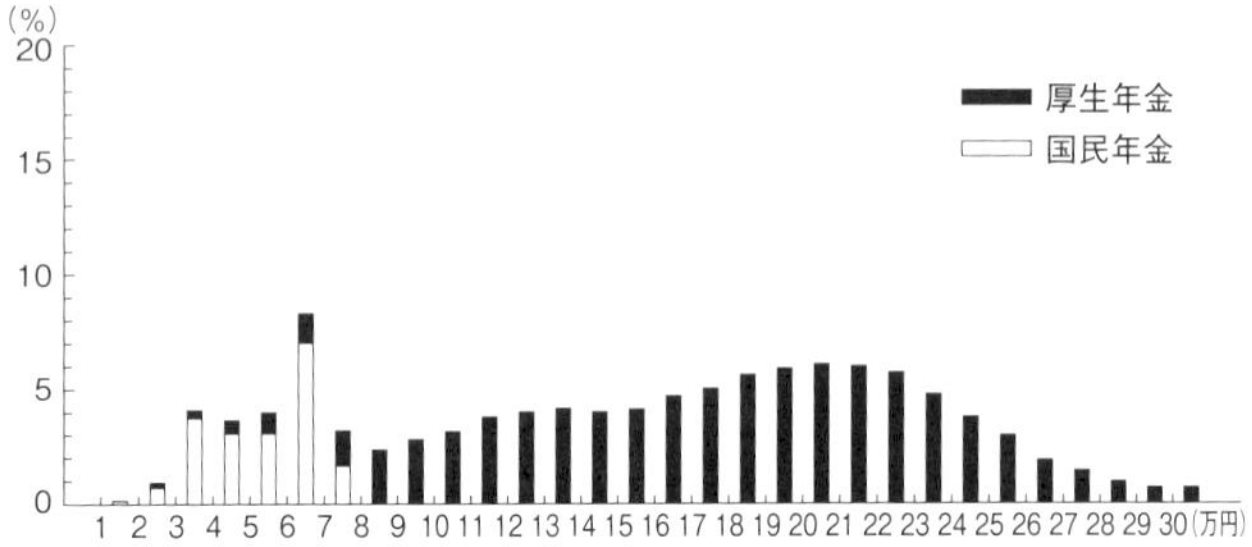

〈女性〉

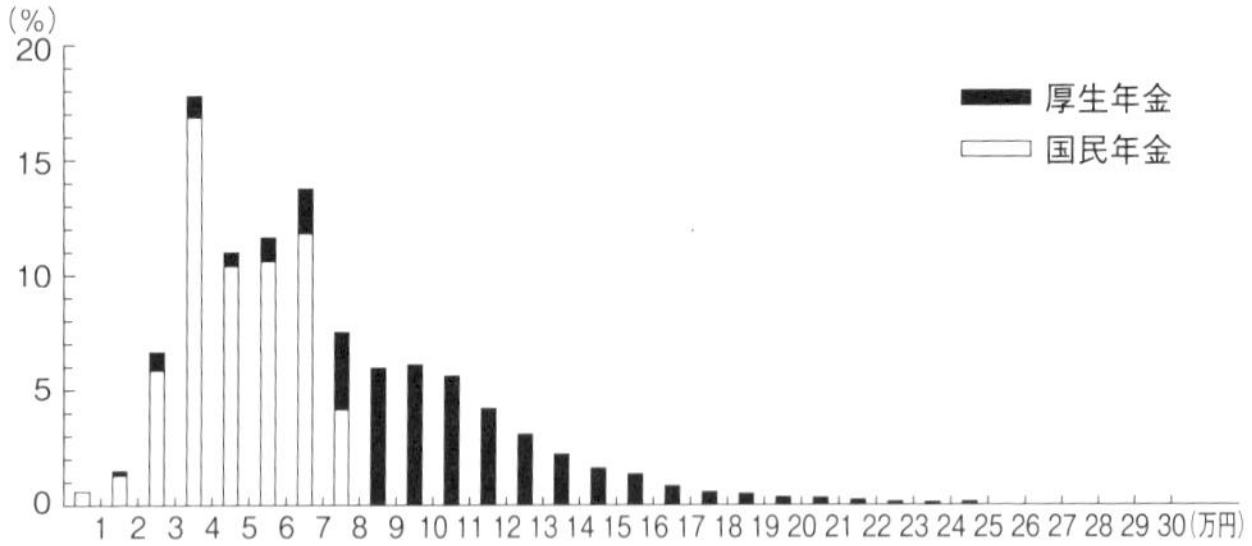

〈男女計〉

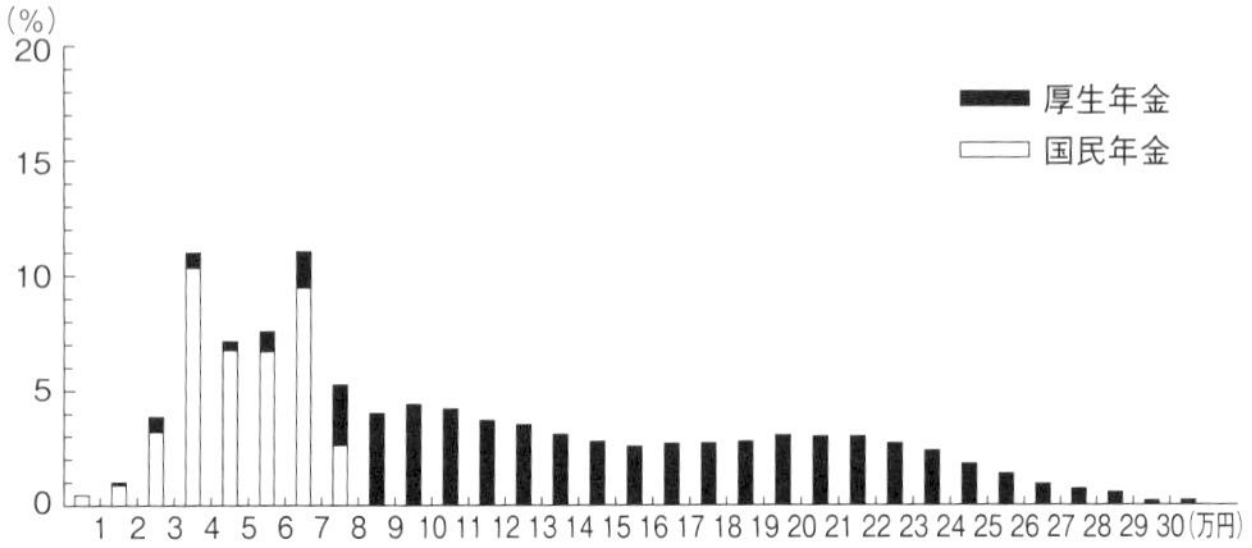

注：国民年金は基礎年金のみの受給者と旧国年の受給者。厚生年金は、基礎年金を含む老齢年金の受給者。

出所 :http：//www.mhlw.go.jp/topics/bukyoku/nenkin/nenkin/toukei/nenpou/2008/

様に重視されなければならない。

厚生年金の受給額は、先にみたように、賃金の水準と保険料の納入期間に比例して決定されるようになっている。しかし、保険料の納入の基礎となる雇用は、民間事業所の場合、長期にわたって保障されるものではない。資本主義社会では必然的に景気変動があり、そのために解雇されたり、企業そのものが倒産したりする事態も発生する。被保険者はその変動のなかで雇用されたり失業したりしながら、労働生涯をおくらなければならない。とくに日本のような企業系列社会では、規模の小さい中小零細企業ほどそうした変動の波に翻弄されやすい。したがって、保険料の納入期間に比例して年金額が決定される算定方式そのものを見直すことが必要である。これまでのように、いわゆる「終身雇用」が多くの勤労者に雇用慣行として保障されていた時代は過ぎ去り、現在は契約社員や派遣社員が急増している。そうした雇用の弾力化という事態の広がりをふまえると、いっそう「保険料納入期間比例」制の算定方式は見直されなければならない。そして、年金額の最低保障機能を高めていかなければならない。

女性についても基本的には同様のことが指摘できるが、**図Ⅱ―9―②**をみれば明らかなごとく、女性の年金受給額分布は男性よりもさらにいっそう低額階層に偏っており、男性以上に制度上の不利益を被っている。結婚や出産により、雇用の不安定性の影響を男性以上に被ってきたからである。厚生年金ですら月額一〇万円に達しない受給者が圧倒的多数なのである。

以上で述べたように、日本の年金受給額は、その水準を軽々に論じられないほどにバラバラなところに特徴がある。高齢期の所得を保障する年金がこれほどまでにバラバラな水準でよいものだろうか。言うなれば、右肩上がりの経済成長のもとで、「業績主義の年金」政策が採られてきたことの弊害が露呈しているといえよう。そのなかで大きな問題は、やはり公的年金だけではどうしても生活していけない低額年金受給高齢者の問題である。

3 高齢者の生活格差と貯蓄格差

近年の日本では、さすがにひと昔前の無責任な「金持ち高齢者」論は影を潜めたが、それに代わって「負担力ある高齢者」論が、いまも政策側から喧伝されている。「勤労者世帯の一人当たり平均所得」と「高齢者世帯の一人当たり平均所得」を比較して、両者がほぼ同じレベルにあることから、高齢者はもはや「社会的弱者」として「優遇」されるべき対象ではなく、一般勤労者並みの負担に耐えられる存在だと主張されている。この認識のもとに〇六年以来、介護保険料の引き上げ、高齢者医療における窓口負担の強化、税制における老年者控除の撤廃と年金者控除の縮小など、高齢者の負担増が矢継ぎ早に断行されてきた。

二〇〇八年度からは「後期高齢者医療制度」が導入された。七五歳以上の高齢者は一人ひとりがこの制度に強制加入させられ、介護保険制度に倣って保険料を年金から天引き徴収される。これまでのように、配偶者（夫）や子どもの医療保険制度に被扶養者として加入することはできなくなった。後期高齢者が国民医療費の最大の使い手であるための措置らしいが、この制度の導入によって後期高齢者にコスト意識を持たせて利用抑制を図ろうとしても、必要な医療が提供されなければ高齢者の健康は保たれない。こうした高齢者の諸負担を強める施策のバックボーンに「負担力ある高齢者」論が用いられてきた。本節では、高齢者の収入と貯蓄を分析することを通じて、等身大の高齢者像を追究してみる。

(1) 「負担力ある高齢者」論——その根拠について

平均値に隠された現実

「負担力ある高齢者」という判断の根拠にされているのは、「世帯員一人当たりの平均所得」が勤労者世帯と高齢者世帯とでほぼ同水準であるという事実である。この点を官庁統計によってたしかめると、「標準四人世帯」の世帯員一人当たりの平均年間所得は、二〇一〇年現在で一六五・二万円であるのに対して、「高齢者世帯（平均世帯員数一・五三人）」のそれは一四一・一万円となっている。年間二四・一万円も高齢者世帯のほうが低い。しかも、総世帯所得の平均をみると、「標準四人世帯」が年に六六一・〇万円であるのに対して、「高齢者世帯」は二一五・九万円となっている。前者の年収は後者の三・一倍であり、両者間には四四五・一万円もの所得差がある。

従来、高齢者世帯の「世帯員一人当たり所得」が高く表れていた理由は、平均世帯員数が一・五三人程度と少ないためである。しかし、世帯員数一・五三人という世帯は現実には存在しない。高齢者の単独世帯と夫婦世帯とが混在している結果、一・五三人という平均値が統計上算出されるにすぎない。したがって、単独世帯の年間所得と夫婦世帯の世帯員一人当たり年間所得とのあいだに差がないかどうか検討してからでないと、「負担力ある高齢者」を主張することはできなかったはずである。単独世帯の年間所得がかなり低かったかもしれないからである。また、単独世帯に限定して、男性の単独世帯と女性の単独世帯のあいだに年間所得の差があるかどうかも検討されなければならなかった。平均値での把握は、女性高齢者の相対的に低い年収が男性高齢者の相対的に高い年収によって相殺されてしまうことを意味するから、そのままでは結果的に女性の単独世帯の「負担力」を過大に評価することになった。以上のように、「世帯員一人当たり所得」はもともと高齢者の生活実態からかけ離れたフィクションとしての数値の可能性を秘めていた。以下、この視点から高齢者の所得と貯蓄を分析することにしたい。

等価尺度と保護基準

分析に先立って、指摘しておかなければならないいくつかの問題点がある。一つは、消費単位の問題である。家賃等の住居費や光熱・水道費、世帯交際費は、食料費や被服・履物費等と違って、世帯員数が減っても消費額はパラレルには逓減しない。平均世帯員数が半分以下の高齢者世帯だから、家賃や光熱・水道費が勤労者世帯の半分以下で済むということにはならない。高齢期になっても多くの人は同じ家に住み続け、家賃や固定資産税の低い小規模住宅に住み替えたりはしない。また、照明の数を半分にすることもないし、入浴回数を半分に減らすこともない。「一人当たり平均所得」で比較するということは、世帯員数が減れば、すべての費目の消費量がパラレルに減るという乱暴で非現実的な前提に立脚している。「一人当たり平均所得」が生活のリアリティを欠いたフィクションとしての数値であるということは、この点からも指摘できる。生活保護制度の生活扶助にⅠ類（世帯員一人当たりの生活費）とⅡ類（一世帯当たりの生活費）が別立てで設けられているのは、消費単位の問題に配慮しているからである。この配慮が、どうして高齢者の所得水準に関する議論では消えてしまうのだろうか。

ちなみにＯＥＣＤでは、「エキヴァレント・スケール」（equivalent scale, 等価尺度）として、「世帯所得を世帯員数の平方根で除した数値」で相互に比較することを推奨している。しかし、この方法を採用すると、「一人世帯の世帯所得」に対して「四人世帯の世帯所得」はその二倍で等価ということになる。家賃補助制度などの住宅保障制度、高等教育費に対する高い国庫支出などの教育保障制度、政府による交通費等の公共料金を低位に保つ政策、こうした生活基盤部分に対する社会保障施策が充実している国では、ＯＥＣＤの等価尺度は有効かもしれない。しかし、伝統的にこれらの領域が大幅に市場化されている日本では、現金所得の持つ意味がヨーロッパの福祉国家に比べて相対的に高くなるから、ＯＥＣＤの等価尺度をそのまま用いると、世帯員数の多い世帯ほど不利に作用することになる。

こういう理由からここでは、現行生活保護制度の世帯員数ごとの保護基準額の全国平均を用いることとにする。しかし、保護基準に関しては、実証されているわけではないが、ＯＥＣＤの等価尺度とは反対に、世帯員数の多い世帯ほど有利に、少ない世帯ほど不利に作用する傾向があることが指摘されている。その理由は、日本以外の先進工業国の公的扶助制度が、日本で言う「生活扶助」部分にほぼ特化する傾向を持つのに対して、日本の生活保護制度は、生活扶助に住宅扶助が付加されることに加えて、児童がいれば教育扶助が、病人がいれば医療扶助が付加され、給付額が膨らんでいく傾向にあるからである。困窮者が生活保護を受給すると「生活が楽になる」というのは、そういう理由によるものである。裏面から見ると、低所得層を対象とした住宅保障、教育保障、医療保障等の一般施策が貧弱なために、公認の生活困窮者に陥って初めて生活が浮上する仕組みが出来上がっている。したがって、保護基準額の全国平均を用いることが科学的に客観性を持つとは断言できないが、日本の生活構造を反映してつくられているという意味で、ＯＥＣＤの等価尺度よりも現実に即していると考えられる。

考慮すべき高齢期生活の特質

分析に先立って指摘しておくべきもう一つの論点は、「一人当たり平均所得」を根拠とする主張は、高齢期に増える支出があることを見落としていることである。保健医療費や介護費用は、高齢者にとって大きな負担となる。しかも食糧費と同様に毎日必要とされるので、他の消費費目に比べて、累積支出額が高くなる傾向にある。他方、高齢期に減少する支出もある。それは交通・通信費（定期代）、被服・履物費等であるが、入院時の医療費の負担や要介護時の介護費を、これらの消費費目の支出抑制によって捻出することには限界がある。抑制できるのは教養娯楽費くらいのものであろう。二〇〇六年度まで生活保護制度には「老齢加算」が存在していたが、それは高齢期に特別に必要な出費があることを国が公式に認めていたからである。

以上でみてきたように、「一人当たり平均所得」の比較をもって「負担力ある高齢者」を主張する議論には、重大な問題があるといえる。

(2) 高齢者における貧困の広がり

「高齢者世帯」の所得階層分布

日本の高齢者の所得は、現在どのような水準にあるだろうか。高齢者の所得は、年金給付額の分布状況を見ることにより個人収入として把握できるが、一般に生活は世帯単位で営まれているので、ここでは「高齢者世帯」の所得状況を見ることにする。「高齢者世帯」とは、基本的に「六五歳以上の高齢者のみから成る世帯」のことを意味するが、それに「高齢者と一八歳未満の未婚子から成る世帯」も若干数含まれている。

表Ⅱ―9―④は、二〇〇九年度現在の高齢者世帯の所得分布を、年収において五〇万円刻みに表示したものである。ただし、世帯分布の関係から四〇〇万円以上七〇〇万円未満の高齢者世帯については一〇〇万円刻みで表示してある。データは厚生労働省『国民生活基礎調査』（平成二一年度版）によっている。世帯類型別に分布状況を把握するために、「男の単独世帯」「女の単独世帯」「夫婦世帯」「その他の世帯」の四類型に区分した。資料の制約から、その他の世帯のなかに「高齢者と一八歳未満の未婚子から成る世帯」は含まれていない。つまり、「その他の世帯」とは、兄弟関係にある高齢者の世帯とか親子ともに高齢者である世帯等のことを意味している。

〇九年度末現在、日本の高齢者世帯は九六二万三〇〇〇世帯に達した。全世帯に占める割合は二〇・〇%であり、五軒に一軒が高齢者世帯という状況にある。人口の高齢化の進展を如実に反映している。

高齢者世帯全体でみると、年収二五〇万円未満の低所得層が全体の五〇・八%を占めている。なかでも、一人あたりの平均生活保護支給額の全国平均である年収一七〇万円未満の貧困層は三二・五%に達している。年収一七〇万円未満ということは、月収一四万二〇〇〇円以下ということであり、実感をもって理解することは容易ではないが、この収入で営まれる生活がひどく厳しい暮らしであることは推測できる。そうした低消費水準生活をおくっている世帯が、およそ高齢者世帯の五軒に一軒の頻度で現れるのが日本の現状である。どこをどう解釈してみても、「負担力ある高齢者」を主張することは難しい。

年収二五〇万円以上四〇〇万円未満の中所得階層に属する高齢者世帯の比率は、二九・八%となっている。年収四〇〇万円以上を高所得階層とみなすならば、それは一九・四%しか存在していない。わけても七〇〇万円以上の高所得層は四・四%と少数派である。この八年間の変化をみると、高齢者

表Ⅱ－９－④　高齢者世帯の所得階層分布（2009年）

（単位：％）

所得階層	計	男単独	女単独	夫婦	その他
50万円未満	3.3	2.7	8.1	0.5	0.6
50-100万円未満	11.0	10.9	22.8	3.0	4.2
100-150万円〃	13.5	17.4	21.5	5.8	6.6
150-200万円〃	11.7	12.0	18.4	6.7	4.8
200-250万円〃	11.3	19.5	12.8	9.6	7.2
250-300万円〃	11.3	14.1	7.6	12.6	7.8
300-350万円〃	10.7	10.9	3.4	15.7	7.8
350-400万円〃	7.8	4.9	0.7	13.2	7.8
400-500万円〃	8.0	3.3	2.0	12.8	13.9
500-700万円〃	7.0	3.8	1.5	11.5	15.1
700万円以上	4.4	0.5	1.1	8.5	24.1
計	100.0	100.0	100.0	100.0	100.0
世帯数(万世帯)	962.3	128.5	334.6	467.8	31.4
構成比	100.0	13.3	34.8	48.6	3.3

注：高齢者世帯のなかの「夫婦世帯」と「その他の世帯」の所得分布は平成19年度版から掲載されなくなった。表中の構成比は、世帯主が65歳以上の「夫婦世帯」と「その他の世帯」の所得分布である。

出所：厚生労働省『国民生活基礎調査』(平成21年版)222頁、237-240頁より作成。

表Ⅱ－９－⑤　公的年金の有無別・高齢者世帯の所得階層分布（2009年）

（単位：％）

所得階層	年金のみ	年金+年金以外の収入	無年金	計
50万円未満	5.0	0.6	1.6	3.3
50-100万円未満	12.9	5.9	25.8	11.0
100-150万円〃	16.3	8.0	17.7	13.5
150-200万円〃	14.3	7.1	11.3	11.7
200-250万円〃	13.0	8.4	11.3	11.3
250-300万円〃	12.0	11.0	4.8	11.3
300-350万円〃	12.1	9.1	3.2	10.7
350-400万円〃	8.1	7.6	4.8	7.8
400-500万円〃	4.4	14.7	4.8	8.0
500-700万円〃	1.7	16.4	6.5	7.0
700万円以上	0.1	11.3	8.1	4.4
計	100.0	100.0	100.0	100.0
世帯数（万世帯）	586.0	336.8	38.5	962.3
構成比	60.9	35.0	4.0	100.0

出所：厚生労働省『国民生活基礎調査』（平成 21 年版）42 頁、322 頁より作成。

世帯の所得分布はごく一部の高所得層の微増を除いて、全体的に落層化している。中間層の二極分化ではなく、全般的な落層化傾向が特徴である。その第一の理由は、とりわけ「一九九九年改正」以来顕著になった年金給付水準の段階的引き下げにあり、第二の理由は、従来、低年金をカバーする効果を果たしてきた高齢者の就労機会の激減にある。

表Ⅱ—9—⑤は、高齢者世帯の所得源泉を公的年金収入と年金以外の収入（その圧倒的大部分は稼働収入）とに二分して、その組み合わせから高齢者世帯を三つの類型に分類し、それぞれに所得の分布状況を見たものである。「年金のみ」の世帯においては、年収四〇〇万円を超える高所得世帯はきわめて少数（六・二%）であることがわかる。「年金+年金以外の収入」の世帯では、所得水準がかなり上昇し、年収四〇〇万円以上の世帯は四二・四%に増加する。このように、高齢期生活の「豊かさ」の規定要因は、公的年金ではなく稼働収入である。六五歳を過ぎて月に一〇万円程度の稼働収入を得られる高齢者は、幸運な高齢者の部類に属する。問題は「年金+年金以外の収入」の高齢者世帯が、この一〇年間に四六・二%から三五・〇%に大きく減少したことであり、高齢者の就労機会がかつてなく減少したことを示している。

「貧困高齢者」とは誰か

「高齢者世帯」が高齢期の世帯形態の基本になりつつあるとはいえ、高齢者の世帯形態は様々である。そこで、「六五歳以上の高齢者のいる世帯」を取り上げ、どんな世帯に低所得高齢者が多く分布

表Ⅱ-9-⑥　65歳以上の高齢者のいる世帯の所得階層分布（2009年）

（単位：%）

所得階層	三世代	夫婦と未婚子	単親と未婚子	夫婦のみ	男の単独	女の単独	その他	計
50万円未満	−	0.3	1.5	0.5	2.7	8.1	0.3	2.0
50-100万円未満	0.4	1.6	6.6	3.0	10.9	22.8	2.1	6.6
100-150万円〃	1.7	2.5	5.6	5.7	17.4	21.5	4.6	8.1
150-200万円〃	0.8	2.8	7.6	6.6	12.0	18.4	6.1	7.7
200-250万円〃	1.5	5.4	11.6	9.4	19.5	12.8	6.1	8.7
250-300万円〃	2.5	7.3	8.1	12.7	14.1	7.6	7.3	8.7
300-350万円〃	3.2	6.0	7.1	15.7	10.9	3.4	7.3	8.6
350-400万円〃	3.4	6.3	9.1	13.0	4.9	0.7	7.0	7.0
400-500万円〃	9.4	13.8	8.1	12.8	3.3	2.0	12.5	9.4
500-700万円〃	17.4	22.4	13.6	11.7	3.8	1.5	15.5	12.0
700万円以上	59.7	31.5	21.2	8.9	0.5	1.1	31.3	21.3
計	100.0	100.0	100.0	100.0	100.0	100.0	100.0	100.0
世帯数（万世帯）	351.8	233.8	139.2	599.2	128.5	334.6	225.4	2,012.5
構　成　比	17.5	11.6	6.9	29.8	6.4	16.6	11.2	100.0

出所：厚生労働省『国民生活基礎調査』（平成21年版）177頁、301頁より作成。

しているかを見ることにする。

表Ⅱ―9―⑥は、「六五歳以上の高齢者のいる世帯」の所得分布状況を、**表Ⅱ―9―④**と同様の所得階層区分で示したものである。年収一七〇万円未満の一人当たり平均生活保護基準以下の貧困層は、「女の単独世帯」にとりわけ集中している。その五九・八％、一九九万九〇〇〇世帯が年収一七〇万円未満の階層に分布している。「男の単独世帯」の場合も出現率が高いが（三五・八％）、もともと「男の単独世帯」の数は少ないので、その存在は四六万世帯にとどまっている。女の単独世帯の四分の一程度にすぎない。男女計の単独世帯では、二四五万九〇〇〇世帯（二四五万九〇〇〇人）が保護基準以下の貧困状態にある。

高齢者の「夫婦のみ世帯」ではどうであろうか。先に示した生活保護支給額の一人当たり全国平均を用いると、夫婦二人世帯の貧困基準は二四〇万円になる。五〇万円刻みの階層として表示してあるので、中間で区切ることは難しいが、各階層内の分布が均等であると仮定すると、年収二四〇万円未満の夫婦世帯の出現率は二三・三％となる。高齢夫婦世帯における保護基準以下貧困層は、一三九万七〇〇〇世帯となる。人員数では二七九万四〇〇〇人となる。夫婦世帯が六五歳以上の高齢者のいる世帯の多数派を構成しているので、かなりの量になる。

以下、「高齢単親と未婚子の世帯」の平均世帯員数を二人と想定し、「高齢夫婦と未婚子」の平均世帯員数を三人と想定すると、それぞれの貧困基準は、前者が年収二四〇万円、後者が年収二九四万円となる。この基準以下の世帯所得しか得られていない世帯の出現率と世帯数、高齢者数を推計すると、前者が三〇・六％、四二万五〇〇〇世帯（四二万五〇〇〇人）となる。後者は一九・〇％、四四万五〇〇〇世帯（八八万九〇〇〇人）となる。これら二タイプの「二世代世帯」の高齢者における貧困層の数は、八七万世帯（一三一万四〇〇〇人）となる。実際の平均世帯員数は想定よりも必然的に多くなるので、この推計は最小限の数値といえる。

問題は「三世代世帯」だが、その平均世帯員数を四人と想定すると、貧困基準は三四〇万円となる。これ以下の世帯所得しかない世帯の出現率は一二・八％、世帯数は四五万一〇〇〇世帯となる。三世代世帯に含まれる高齢者の一世帯あたり平均数を一・五人と想定すると、貧困基準以下で生活する高齢者の数は六七万六〇〇〇人となる。「その他の世帯」の平均世帯員数を二人と想定し、平均高齢者数を一・五人と想定して同様の計算を繰り返すと、保護基準以下の世帯の出現率は一八・〇％、世帯数は四〇万五〇〇〇世帯、高齢者は六〇万九〇〇〇人となる。**表II—9—⑦**のとおり、「六五歳以上の高齢者のいる世帯」のなかで、保護基準以下の生活をおくっている高齢者は日本全体で、世帯数にして五五八万世帯、人員数にして七八五万人と推計される。出現率は二七・七％となる。高齢者のいる世帯の四軒に一軒が保護基準と同等もしくはそれ以下の貧困生活をおくっている。

狭義の「高齢者世帯」（六五歳以上の高齢者のみから成る世帯）に関して、同様の計算を行なってみると、**表II—9—⑧**のとおり、日本全体で三六三万四〇〇〇世帯、四七七万七〇〇〇人が保護基準に満たない生活をおくっている。高齢者世帯に占める割合は三七・七％となる。

以上のように、わが国の高齢者が総体として「豊かな生活をおくっている」ように考えるのは幻想なのである。

高齢者世帯の「一人当たり平均所得」を高める方向に作用しているのは、最大多数派を構成する夫婦世帯において年収二五〇万円から四〇〇万円の中所得層が、その四一・五％を占めているためである。四〇〇万円以上の高所得層の比率も三二・八％と高い。高齢期の生活は様々な面において、夫婦世帯と単独世帯では劇的に変化することを認識しておかなければならない。「負担力ある高齢者」論の主張は、高齢者世帯の約半数を占める単独世帯、とくに「女の単独世帯」と「単親＋未婚子世帯」の高い貧困発生率を見落とすことになる。「平均値」の背後に隠された現実の高齢者の姿を把握しなければ、いつまで経っても「フィクションの高齢者」像を根拠に、現実との不適合度を深めるばかり

表Ⅱ-9-⑦　65歳以上の高齢者のいる世帯の貧困率（2009年、推計）

	貧困率	世帯数	高齢者数
男の単独世帯	35.8％	46.0万世帯	46.0万人
女の単独世帯	59.8 〃	199.9 〃	199.9 〃
夫婦のみ世帯	23.3 〃	139.7 〃	279.4 〃
単親＋未婚子の世帯	30.6 〃	42.5 〃	42.5 〃
夫婦＋未婚子の世帯	19.0 〃	44.5 〃	88.9 〃
三世代世帯	12.8 〃	45.1 〃	67.6 〃
その他の世帯	18.0 〃	40.5 〃	60.9 〃
高齢者のいる世帯計	27.7％	558.2万世帯	785.2万人

注：表Ⅱ-9-⑩と同じ算出方法で貧困基準を定めた。3人世帯で年収294万円、4人世帯では年収340万円が貧困基準となる。単親＋未婚子世帯の平均世帯員数は2人、夫婦＋未婚子世帯とその他の世帯の平均世帯員数は3人、三世代世帯の平均世帯員数は4人と想定した。三世代世帯とその他の世帯の平均高齢者数は平均1.5人とした。
出所：表Ⅱ-9-⑥より作成。

表Ⅱ-9-⑧　高齢者世帯の貧困率（2009年、推計）

	貧困率	世帯数	高齢者数
男の単独世帯	35.8％	46.0万世帯	46.0万人
女の単独世帯	59.8 〃	199.9 〃	199.9 〃
夫婦のみ世帯	23.6 〃	100.7 〃	221.5 〃
その他の世帯	21.9 〃	6.8 〃	10.3 〃
高齢者世帯計	37.7％	363.4万世帯	477.7万人

注：2009年度の生活保護支給額の1人当たり平均月額14万2097円をもとに、単独世帯で年収170万円、2人世帯で年収240万円を貧困基準とした。その他の世帯の平均世帯員数は2人と想定した。
出所：表Ⅱ-9-④より作成。

の高齢者福祉政策が繰り出し続けられることになる。

(3) 年収と貯蓄額との相関関係から推測される高齢者世帯の最低生活費

表Ⅱ—9—⑨は、高齢者世帯の貯蓄額分布を示している。厚生労働省『国民生活基礎調査』における「貯蓄」の定義は、「①金融機関の預貯金、②生命保険・損害保険等の保険料、③株式・投資信託・債券等、④財形貯蓄・社内預金等」となっている。

貯蓄額の分布状況をみると、ほとんどの世帯類型に共通して、ある間隔をおいて構成比が一斉に低下する貯蓄額が三箇所認められる。それは第一に五〇〇万円であり、第二は四〇〇〇万円であり、第三は一〇〇〇万円である。これらの数値は、貯蓄を形成していくに際して、なかなか超えることの難しい一種の「貯蓄ハードル」と考えられる。または段階的に到達する「貯蓄目標額」とも考えられる。

何よりも注目されるのは、高齢者世帯の一三・四％が貯蓄ゼロの世帯だということである。世帯類型別にみると、単独世帯において貯蓄ゼロの世帯の出現率が高く、男性の単独世帯では二一・七％、二五万五〇〇〇世帯、女性の単独世帯では一八・一％、五七万一〇〇〇世帯となっている。男女計では貯蓄ゼロの一人暮らし高齢者世帯が八二万六〇〇〇世帯となる。夫婦世帯ではさすがに出現率が低下するが、それでも八・三％の世帯が貯蓄ゼロである。該当世帯数は三六万四〇〇〇世帯（七二万八〇〇〇人）となる。高齢者世帯全体での貯蓄ゼロ世帯の数は一二二万三〇〇〇世帯（一六〇万三〇〇〇人）に達する（**表Ⅱ—9—⑩**）。

表Ⅱ-9-⑨　高齢者世帯の貯蓄額分布（2007年）

（単位：%）

貯　蓄　額	男単独	女単独	夫　婦	その他	計
ゼ　　ロ	21.7	18.1	8.3	11.2	13.4
1円-50万円未満	8.1	8.4	4.4	5.6	6.1
50-100万円未満	4.5	4.6	2.4	2.0	3.4
100-200万円未満	8.4	9.6	5.9	5.6	7.7
200-300万円　〃	6.5	6.1	4.6	5.3	5.3
300-400万円　〃	4.5	5.0	5.9	5.6	5.6
400-500万円　〃	3.6	2.4	3.2	4.0	3.0
500-1000万円〃	11.3	12.7	16.0	15.5	14.4
1000-2000万円〃	9.7	8.9	16.1	16.4	12.6
2000-3000万円〃	2.0	4.5	8.9	8.9	6.5
3000万円以上	6.8	7.6	13.6	10.9	10.5
額　不　詳	7.2	7.6	7.1	6.9	7.5
無　回　答	5.6	4.5	3.2	2.0	4.0
計	100.0	100.0	100.0	100.0	100.0
世帯数（万世帯）	117.4	315.3	439.0	29.2	900.9

注：高齢者世帯のなかの「夫婦世帯」と「その他の世帯」の所得分布は、平成19年度版から掲載されなくなった。表中の数値は世帯主が65歳以上の「夫婦世帯」と「その他の世帯」の貯蓄分布である。

出所：厚生労働省『国民生活基礎調査』（平成19年版、第1巻全国編）534頁、540-543頁より作成。

表Ⅱ-9-⑩　貯蓄ゼロまたは50万円未満の高齢者世帯の出現率（2007年）

	貯蓄ゼロ			貯蓄50万円未満		
	出現率	世帯数	高齢者数	出現率	世帯数	高齢者数
男の単独世帯	21.7%	25.5万世帯	25.5万人	29.8%	35.0万世帯	35.0万人
女の単独世帯	18.1 〃	57.1 〃	57.1 〃	26.5 〃	83.6 〃	83.6 〃
夫婦のみ世帯	8.3 〃	36.4 〃	72.8 〃	12.7 〃	55.8 〃	111.5 〃
その他の世帯	11.2 〃	3.3 〃	4.9 〃	16.8 〃	4.9 〃	7.4 〃
高齢者世帯計	13.4%	122.3万世帯	160.3万人	19.5%	179.2万世帯	237.4万人

出所：表Ⅱ-9-⑨より作成。

先にみたように、単独世帯には年間収入の低い高齢者世帯が多く、年収の低いことが貯蓄額を形成できない原因の一つと考えられる。年収が一人当たり保護基準額の平均値（一七〇万円）以下で、貯蓄ゼロであったならば、その高齢者の生活に明日を考えるゆとりはあるだろうか。生きていくことだけで精一杯の暮らしではないか。**表Ⅱ―9―⑪**から、そういう「低年収ゼロ貯蓄」状況におかれている高齢者世帯の数を推計すると、一四万四〇〇〇世帯となる。

表Ⅱ―9―⑪では、貯蓄ゼロ世帯の出現率は、年収一五〇万円の世帯まであまり変わらず、二〇％台以上の高率を保っている。もちろん、それなりの年収を得ている世帯でも貯蓄ゼロの世帯は存在しているし、年収が一〇〇万円を割り込んでいる世帯でも、それなりの貯蓄を形成している世帯は存在する。しかし、年収が一五〇万円を超えると、ゼロ世帯の比率が半分に減る。そして年収が三〇〇万円を超えると、さらにゼロ世帯の比率が半減し、年収一五〇万円未満層に比べて約五分の一の出現率に低下する。年収額と貯蓄ゼロ世帯の出現率は明らかに相関している。

日本人の高齢期生活の期間は、六五歳以降八一歳までの平均一六年間であるが、すべての高齢者がこの期間の生活費を貯蓄の取り崩しや就労によって賄えるわけではない。公的年金が所得の補足にすぎない豊かな高齢者もたしかに存在する。しかし、高齢者世帯の五三・〇％を占める年収二五〇万円未満の人々にとって、公的年金がもつ生活保障の意味合いは非常に大きい。年金は依然として、高齢者の生活を保障する重要な役割を担っているのである。

表Ⅱ-9-⑪　所得階層別にみた高齢者世帯の貯蓄額分布（2007 年）

（単位：%）

所得階層／貯蓄額	50 万円未満	50-100 万円未満	100-150 万円未満	150-200 万円未満	200-250 万円未満	250-300 万円未満	300-350 万円未満	350-400 万円未満	400-500 万円未満	500-750 万円未満	750-1000 万円未満	1000 万円以上	計
ゼロ	33.3	30.2	26.1	14.1	11.2	10.0	5.5	5.9	2.7	2.2	–	2.5	13.4
1 円-50 万円未満	6.9	12.2	12.5	5.6	7.6	5.4	2.3	2.4	1.1	2.2	7.5	–	6.1
50-100 万円未満	5.7	6.5	4.4	4.4	2.8	2.7	1.4	3.5	2.2	0.7	2.5	2.5	3.4
100-200 万円未満	10.3	8.2	9.2	10.9	11.6	8.1	6.9	4.1	4.4	1.5	1.0	–	7.7
200-300 万円　〃	4.6	6.5	8.1	7.3	6.8	5.9	4.1	2.9	3.8	3.7	–	–	5.3
300-500 万円　〃	6.9	7.7	7.7	10.1	9.2	10.0	11.1	9.4	10.4	6.6	12.5	10.0	11.7
500-1000 万円〃	11.5	7.0	11.4	14.9	17.2	17.2	19.3	20.0	23.6	23.3	12.0	10.0	14.1
1000-2000 万円〃	3.4	3.6	4.4	9.2	12.8	14.9	17.9	17.1	23.6	20.8	17.5	5.0	12.6
2000 万円以上	3.4	3.2	3.7	8.4	12.8	16.3	19.8	23.5	34.6	42.2	40.0	65.0	17.0
額不詳	6.9	7.3	6.6	9.7	6.8	7.2	9.2	7.1	4.4	5.5	7.5	7.5	7.5
無回答	6.9	6.5	5.5	5.2	3.2	2.3	2.3	3.5	1.1	0.9	2.5	–	4.0
計	100.0	100.0	100.0	100.0	100.0	100.0	100.0	100.0	100.0	100.0	100.0	100.0	100.0
分布	4.0	11.3	12.5	11.4	11.5	10.2	10.0	7.8	9.1	6.7	2.0	2.0	100.0

出所：厚生労働省『国民生活基礎調査』（平成19年版、第1巻全国編）534-535頁より作成。

(1) これらの恩給制度は一九二三(大正一二)年に「恩給法」に統合された。
(2) 日本国民のなかに、国が運営する社会保険制度に対して一定の不信感や被収奪意識が残されているが、その原因の一端は、こうした創設時の政府による制度の悪用に求められる。国民の不信感は、一九五九年の国民年金法の制定のときに強い反対論として表出され、強制加入であるべき公的年金制度に、結果的に故意の未加入者を相当数出すという由々しき事態を招いた。
(3) この時期は、朝鮮戦争を契機に日本経済が復興の足がかりをつかんだ時期であり、各種共済組合法も一斉に創設された。一九五三年には「私立学校教職員共済組合法」が、一九五四年には「市町村職員共済組合法」が、一九五六年には「公共企業体職員等共済組合法」がそれぞれ制定されている。その後、一九五八(昭和三三)年には「国家公務員共済組合法」と「農林漁業団体職員共済組合法」が制定され、公的年金の諸制度が出揃うかたちとなった。

給停止する。

⑤　20歳以上の大学生の国民年金保険料の納付に関して、学生本人の所得で免除の可否を判定することとし、一定所得以下の学生については、免除を受けた月から10年以内であれば保険料を追納できる制度に改める。

⑥　03年度からは、厚生年金の保険料徴収が「総報酬制」に変更され、月給にも賞与にも一律13.58％の保険料が課せられることになった。

⑦　農林漁業団体職員共済組合の厚生年金への統合。

〔04年度改定〕

①　負担の面で「保険料固定方式」を採用し、2017年まで保険料の段階的引き上げを行なう。厚生年金の保険料率は毎年0.354％ずつ引き上げられ、最終的に18.30％で固定される。国民年金の定額保険料は毎年280円ずつ引き上げられ、最終的に16,900円で固定される。

②　給付の面で「マクロ経済スライド」と呼ばれる新方式が採用され、物価上昇率の他に経済成長率や賃金所得の伸び率に合わせて、給付水準が調整されることに。この措置によって、年金の所得代替率は、平均59％から51％以下に引き下げられることになった。

③　以上の改定を行なう前提として、年金制度をこれまでの「永久均衡方式」から「有限均衡方式」へ転換。これは95年後の2100年の年金収支を均衡させようとするもので、2100年度の保険料収入と年金給付、年度末積立金残高がそれぞれ同額（100兆円）になるように、制度設計をシミュレートするものである。当時の坂口力厚生労働大臣は、これをもって「100年安心の年金制度」であることを強調。

④　09年度から年金を受給し始める人を対象に、離婚の際に夫婦間で年金が分割できることに。

⑤　2009年度から基礎年金国庫負担割合を1/2に引き上げ。

〔05年度以降の改定〕

①　05年度……20歳代の若年者について、保険料を追納できる制度を創設（10年以内）。

②　06年度……基礎年金の多段階免除制度の導入。

参考◉5年ごとの年金財政再計算にもとづく年金改定の主な内容

〔89年度改定〕

① 障害年金の保障を理由として、20歳以上の大学生の基礎年金への加入の義務化。

② 「完全物価スライド制」(物価の上昇率が5%に達しなくても、年金額を毎年自動的に改定する) の導入。

③ 国民年金の加入者 (第一号被保険者) を対象に「国民年金基金」制度を新規に導入。

〔94年度改定〕

① 厚生年金に関して、定額部分 (基礎年金) の支給開始年齢を段階的に65歳に引き上げていくことの決定。

② 年金支給額の算定に関して、従来の「賃金スライド」制 (算定の基礎となる受給者の退職以前の賃金を、現役世代の名目賃金の伸びに応じて改定する方式) を、「可処分所得スライド」制 (現役世代の可処分所得の伸びに応じて改定する方式) に変更。

③ ボーナスに対して1%の特別保険料を新規に追加徴収。

④ 在職老齢年金の仕組みを、賃金の増加につれて年金と賃金の合計額が増加していくように改善。しかし、その一方で、雇用保険の失業給付と老齢年金の併給を新たに禁止 (99年より実施)。

⑤ 97年に日本鉄道 (JR) 共済、日本電信電話 (NTT) 共済、日本たばこ産業 (JT) 共済の年金部門を厚生年金に統合。

⑥ 基礎年金番号の実施 (1996年実施)。

〔99年度改定〕

① 給付水準の適正化の名のもとに厚生年金 (報酬比例部分) の給付額の一律5%削減。

② 「可処分所得スライド」を凍結し、物価スライドだけを適用することに変更。この二つの措置によって、厚生年金の給付額が大幅にカットされることになった。

③ 60歳から65歳までの間に支給されていた厚生年金の報酬比例部分について、これを段階的に廃止していくことを決定 (2013年度より実施)。

④ 60歳代後半の在職者について、60歳代前半の在職者と同様に、新たに厚生年金の保険料の納入を求めると同時に、収入の高い人については、賃金額に応じて報酬比例部分の全額または一部を支

10 医療保障

1 現代社会における健康とその意義

人間として生き、生活していく前提として、肉体的・精神的に健康であることは不可欠の条件である。健康は人間の存在にとって決定的なファクターである。反対に疾病（怪我を含む）は人間とその生活に対する脅威である。しかしながら、健康といい疾病といっても、現実には一〇〇パーセント完全な健康状態も、一〇〇パーセント完全な疾病状態もあるわけではない。有機的な人間の肉体と精神には弾力性があり、周囲の環境の変化に適応しながらみずからを維持するものだからである。肝臓や腎臓の機能が低下していても、それがただちに疾病として表われるわけではない。人間の肉体には、ちょうど車のハンドルに「遊び」の部分が設けられているように、一定の範囲内で「恒常性」を保つ機能が備わっている。

しかし、健康と疾病の区分がまったく混沌としているかといえば、決してそうではない。健康な人と病気の人とを現実に区分している基準は、その人が日々働くことができるかどうかにある。したがって、現代の資本主義社会では「労働力の容器」という歴史的な規定を受けざるをえない人間が、

「肉体的・精神的・社会的に〝良好な（well-being）状態〟」（世界保健機構〔WHO〕の健康の定義）のなかに保たれているかどうか、ということである。

人間は日々労働することにより、生活の糧を得ている。とくに現代の資本主義社会においては、賃金労働者（サラリーマン）は企業におけるみずからの労働と引き換えに賃金を得て生活を営んでいるのであるから、労働に関する自由裁量の範囲は非常に狭く、したがって労働を支える健康の意味も非常に重くならざるをえない。こうした日々の労働を遂行する力＝労働力（知力・体力の総合されたもの）を内蔵する人間を〝良好な状態〟に保全していくことが「健康」であることの意味である。また、労働者の健康の維持は、常に良質な労働力を求める企業にとっても、重要な関心事とならざるをえないものであり、社会的な性格をもつものといえる(1)。

そこで、社会の構成員の健康を維持するために必要な制度を考えると、それは以下のように広い範囲のものとなる。

第一に、健康は労働力という存在の基本であるのだから、肉体と精神の保全、健康の増進、疾病・怪我の予防と回復の手段として、医療・公衆衛生がこれに対応するものとして整備されなければならない。結核等の伝染病の予防策や労働衛生管理なども含まれる。

第二に、労働力は日々再生産されると同時に、世代間にわたって再生産されなければならない。したがって、母子保健、学校衛生などが必要となる。

第三に、人間の生活は個別に孤立してではなく、一定の地域社会という空間に共生して社会を構成し、社会生活・地域生活として営まれている。個々人の健全な生活は、共同社会の安全のなかで成り立つのであるから、その社会的な装置として上下水道・食品衛生管理・成人病対策・公害対策などの公衆衛生活動が必要となる。

こうして社会は、どのような社会であれ、その責任において医療と公衆衛生を推進しなければならない。イギリスの著名な社会保障研究者であったブライアン・エーベルスミスは、医療（保健サービス）を集合財（collective goods）としてとらえ、その理由を以下のように説明している。[2]

① 上下水道や蚊の駆除と同じく、保健サービスは個々人が個別に準備するよりも共同で準備するほうがはるかに安上がりである。

② 伝染病に代表されるように、個々人の健康は自分がどのように行動し、どのようにお金を支出するかに依存するだけでなく、他人がどう行動しどう支出するかにも依存している。保健サービスが市場において個人の私的な選択に委ねられると、各個人は自分自身にとっての価値しか考慮しないで行動し支出することになるので、社会全体として病気の予防はむずかしくなる。

このように医療は、個々人の個別的対応を超えた「外部性」をもち、公共財的性格を強く帯びたものと考えられている。

また、エーベルスミスは、消費者が保健サービスを利用する場合の特徴を次の三点にまとめている。[3]

① 保健資源の利用に関する主な需要の大部分は、最終消費者である患者からではなく、中心的供給者である医師から生ずる（「需要者＝供給者」という特殊な関係にある）。

② 消費者は自分の受けているサービスの質を、専門的な知識に乏しいので、非常に限られた範囲でしか評価できない（正しい選択を行なうことがむずかしい）。
③ 消費者は保健サービスを切迫したかたちで求めることが多いために、利用に際して十分な選択をする余裕がない。

ここからエーベルスミスは、保健サービスを「消費者選択に限界のあるサービス」としてとらえ、「商品市場としての本来的メカニズムが働かない市場」と位置づけている。

以上のような医療の経済的性格に適合した医療保障の方法の一つの典型は、イギリスの「国民保健サービス」方式（公費医療方式）であると考えられる。一九七〇年代以降、スウェーデンとデンマークが「国民保健サービス」方式に移行している。次項ではイギリスの国民保健サービスを例にとって、それがどのように形成されてきたのかを概観し、現在の日本の医療保障制度のあり方に対する教訓を導くことにする。

2 イギリスの医療保障制度

イギリスの医療保障制度は、今日「国民保健サービス」（National Health Service, 以下、ＮＨＳ）と呼ばれ、医療は国の責任のもとに全国民を包括して平等に、原則として無料で提供されている。この仕組みの特徴は、

① 薬剤費の一部定額負担（六ポンド六〇ペンス〈約八六〇円〉）以外には患者負担がない（この薬剤費負担も一五歳以下の児童と女性六〇歳以上、男性六五歳以上の高齢者に関しては全員免除される）。この薬剤費負担はサッチャー政権のときから始められたもので、それ以前は文字どおりの「無料の医療」であった。

② 制度が一元化されており、全国民が対象となっている。NHSの適用を受けるには、一般医（General Practitioner，略称GP）に登録することが必要だが、現在の登録者数は全人口の九六％に及んでいる。わが国のように医療保険制度間の給付格差が存在することはなく、平等な制度となっている。

③ サービスの内容は、一般医サービス、病院・専門医サービス、救急医療、助産、訪問看護、学校保健サービスなどを含み包括的である。

④ 医療サービスの財源は、租税にもとづく国の一般会計予算によってまかなわれている。一般医の報酬は、その一般医に登録している人の数にもとづいて人頭報酬として支払われる仕組みである。治療行為と報酬の関係が切り離されているために、「薬漬け・検査漬け」のような問題を引き起こす経済的誘因がない(4)。

このような普遍主義の医療サービス供給体制が戦後登場した背景には、医療に関するイギリス社会独自の歴史・伝統があることを見落とすわけにはいかない。その歴史を振り返ってみることにする。

(1) 初期の社会的な医療の提供

ＮＨＳの成立は、直接的には、社会保険方式の限界を克服するという歴史的経路を通ってきている。「連合王国の保健制度は、まさに今日、西ヨーロッパにおける同様の制度にとって存在を困難たらしめている特色の多くを一九三九年に持っていた」といわれるように、第二次大戦以前のイギリスの健康保険制度には大きな矛盾と限界があった。(5) しかし、社会保険方式の限界だけにＮＨＳの成立要因を求めることは、それ以前のイギリス医療の永い歴史を無視することになるだろう。その歴史とは、「社会的費用」として医療が公的に提供されてきたという事実であり、具体的には救貧法による疾病貧民"the sick poor"の救済と、公衆衛生事業（伝染病対策）に端を発する地方自治体による無料の医療活動である。これにボランタリー・アクションとしての篤志病院"voluntary hospital"による貧困な病人を対象とした救済活動も加えられるべきであろう。

貧民のための二つの病院

イギリスにおける医療の歴史は古く、一三世紀にさかのぼるといわれている。それは修道院におけるホスピス（病院"hospital"の語源）を起源とする篤志病院の活動であり、家族・親戚のない貧しい病人や行路病人の収容と看護を行なうものであった。篤志病院の活動が盛んになったのは、一八世紀に入り資本主義化が目ざましく進展するようになってからのことであり、階級分化にともなう富の一方における蓄積と他方における貧困の蓄積に原因をもっている。フローレンス・ナイチンゲールの活躍の舞台となった「セント・トーマス病院」は、テムズ川沿いに現存するロンドンで最も大きな篤志病院起源の病院である[6]。

救貧法において医療救済は永く明文化されていなかったが、一七世紀から一八世紀にかけて自然発生的に行なわれるようになった。院外救済と賃金補助を認めたことで有名な一七八二年のギルバート法は、いくつかの教区が連合して病人のための救貧院を造ることを法的に承認した[7]。その結果、一九世紀初めには、相当数の疾病貧民が救貧院に収容されることになった。一八三四年の新救貧法によって労働可能な貧民の救済と院外救済が廃止されたために、結果的に救貧院の病院機能は高まることになった。一八六一年の人口動態調査によると、この年、修道院起源の篤志病院入院者数は約一万人であり、救貧院収容者数は約五万人であった[8]。このようにイギリスにおいては、資本主義の発展のなかで「貧民のための二つの病院」が存在していた。篤志病院は資本家層などの富者の寄付や遺贈により設立・運営され、救貧院は救貧税により運営された。エーベルスミスは「当時の（イギリス）社会がいかに義務感と責任感に富んでいたかを示す」ものである、といっている。

しかし当時の医療は、医学の未発達のせいもあって、収容と看護に限られていた。これは対象が「貧民」に限定されていたことにも関係している。救貧院では劣等処遇原則"less eligibility"のもとに（小説家チャールズ・ディケンズが告発し続けたように）、人びとは悲惨な状態におかれていた。篤志病院でも動ける病人を病院内雑役（水汲みなど）に動員することが広く行なわれていた。これら二つの病院は、基本的に貧民を社会から隔離する「貧民収容所」であり、一般の人々にとって病院とはできる限り回避すべき忌まわしい存在であった。

公衆衛生事業の成立

「病院＝貧民収容所」という性格は、一九世紀後半から内外二つの要因によって徐々に改められるようになった。内的要因としては、篤志病院の教育病院としての機能が高まり、そこで教育を受けた救貧医官を通じて救貧院の処遇改善運動が起こったことである。外的要因としては、首都ロンドンなどにおける伝染病の蔓延を契機とする一連の公衆衛生事業の展開である。医学の発達は伝染病の感染経路を明らかにし、伝染病が貧民だけでなく都市に生活するより上層の人々にも共通の問題であることを示した（一八六二年にヴィクトリア女王の夫君アルバート公が腸チフスで死去するという事件が起きた）。ロンドンでは一八六七年以降、首都病院局が設けられ、その下に救貧病舎とは別の独立病舎（隔離病棟）が建設された。一八七一年の天然痘流行時には、この独立病舎に三分の一以上の「非貧民」が入院させられていたという。こうして公費によって設立・運営されながら、貧民以外にも無料で病院治療が提供されることになった。この時期に、病院では「疾病貧民」という言葉に代わって「患者」（patient）という呼称が使われるようになった。公衆衛生事業はベンサムの一番弟子であったエドウィン・チャドウィックによって「公共善」の立場から推進され、社会防衛的性格のものとして出発したが、一八七五年の公衆衛生法はロンドンの先例を全国へ拡張し、地方衛生局のもとに一般病院も建設できるようになった。これはNHSの先駆形態として評価されている。

(2) 社会保険医療の成立と問題点

一九〇九年の『救貧法に関する王立委員会報告』は多数派報告と少数派報告に分かれ、医療に関しても主張を異にしていた。慈善組織協会（COS）に所属するエレン・ボサンケがまとめた『多数派報告』は、貧民ではない労働者が、病気にかかって働けなくなったときの生活費と治療代をまかなうために団結してつくった当時の任意保険組織（友愛組合や疾病クラブ）の推進を提唱し、医療機関としては「実費施療所」（コッテージ・ホスピタルと呼ばれた有料の一般医診療所）の建設を主張した。これに対して、フェビアン協会に所属するビアトリス・ウェッブ（Beatrice Webb）がまとめた『少数派報告』は、こうした任意保険組織が労働者の上層部分しか包摂しておらず、組織間に大きな格差が存在していることを批判するとともに、いわゆる「スティグマ」（恥辱感）をともなう救貧法を解体して、地方自治体による無料の医療活動を全国的に拡張することを提唱した。この対立する二つの報告のうち、実際に採用された政策は多数派報告の趣旨に沿うものであった。ただし、まったくの任意の民間非営利の組織としてではなく、国による社会保険として登場した。これが当時の大蔵大臣デビッド・ロイド・ジョージが立案した一九一一年の国民保険法第Ⅰ部健康保険である。

健康保険制度は、『少数派報告』の徹底した改革要求に対しては保守的であったが、①保険料の拠出に国と資本家の拠出を含ませたこと（国・企業・労働者本人の掛け金は二：三：四ペンスの割合）、

②被保険者数を一挙に一四〇〇万人（有業人口の八〇％）へ拡大したこと、この二点においてイギリス労働者にとって大きな福音であった。

この制度は、医療サービスよりも病気で休業中の所得保障に重点が置かれていた。被保険者の受ける医療は、保険医である「一般医」の診療だけであり、入院や専門医の診療は自費で受けなければならなかった。この点は医学の発達と人々の医療要求の高まりにつれて、保険制度の大きな限界と受け止められ、人々は私的病院保険に加入して入院に備えなければならなかった。

病気による休業中の生活費（疾病手当）を取り扱う窓口は、従来の友愛組合や簡易保険会社であり、これらは法律上「認可組合」（approved society）と呼ばれた。しかし、認可組合には加入者がたった一人から二〇〇万人にのぼる組合まで非常な規模格差があり、このために財政状態には大きなバラツキがあった。加入者数が多く財政の豊かな組合は、法定給付以上の付加給付を支給できた。反対に、炭坑夫で構成されている組合などは、財政が悪化し破産状態で、閉鎖される有様であった。このように健康保険制度には、保険料は均一であるにもかかわらず、給付の面で大きな不平等があった。

(3) 国民保健サービス（NHS）の成立

近代医学が発達する以前、医療がまだ休養と看護の域を出なかった頃、人々にとって病気の恐怖は、まず第一に所得の喪失による家族の生活困難にあった。一九一一年の国民保険法は、まだそうした時代の特徴を色濃く残していた。しかし、これに前後する時期以降のめざましい近代医学の発達と入院治療の有効性は、人々を医療と病院へ惹きつけずにはおかなかった。それにもかかわらず、病院治療の中心をなしていた篤志病院は、相変わらず「貧民に対する慈善」として医療を提供し続けていた。この原則が崩れた契機は、篤志病院の財政難であった。篤志家の寄付のみに頼っていた篤志病院は、設備の拡大・充実に限界をもつようになっていた。そこで考え出されたのが「有料患者制度」の導入（「貧民治療」原則の修正）であった。健康保険制度の限られた給付内容に不満をもつ多くの人々は、古くからある「土曜基金」や私的病院保険に加入して入院治療に備えるようになり、篤志病院はこれらの保険会社と契約を結んで、その拠出金に財源を仰ぐようになった。両大戦間期に篤志病院はいちじるしい発展を遂げたが、それはこうした私保険に支えられてのことであった。篤志病院は事実上、「慈善から商売へ変容した」のである。しかし、それでもなお「無料の貧民治療」が根底におかれていたことは否定できない。

他方、地方自治体による公衆衛生事業はこの間に発達し続けた。一九二九年の「地方自治体法」は貧民救済委員会を廃止して公的扶助委員会に改めるとともに、救貧院病舎をすべて公立の自治体病院に変えた。この結果、公立病院は数のうえで篤志病院を上回ることとなり、人々の入院治療に大きな役割を果たすことになった。一九〇九年の『救貧法に関する王立委員会』の『少数派報告』の趣旨が、一歩大きく前進したのである。

ＮＨＳの成立には、一九一八年に発表された労働党の保健サービス構想や、第二次大戦の緊急医療体制下で明らかになった全国的な病院配置の不備への反省、英国医師会の提案など多くの複雑な力が関与している。しかし、その背景には、イギリスの公衆衛生事業に端を発する地方自治体による病院サービスの経験と発展が存在していた。地方レベルの経験を、国のレベルに拡大・飛躍させたという点に注目する必要がある。

戦後イギリスの福祉国家建設に大きく貢献したものに『ベヴァリッジ報告』（一九四二年）がある（第I部の4参照）。この報告書の中心的内容は、社会保険を通じて全国民に「ナショナル・ミニマム」（国民最低限）の所得を保障することであったが、医療はこの「ナショナル・ミニマム」達成の前提条件として、社会保障制度と切り離されて、社会的に提供されるべきものと位置づけられた。NHSは、まさにそのとおりの制度として実現されたのである。

NHSは現在も、イギリス国民の圧倒的支持を得ている。また、国民医療費のGDPに対する割合は、他の先進資本主義国に比べて低い。とくに私費診療制をとっているアメリカに比べると、この点において対照的である。もちろんNHSが完璧の医療制度であるわけではない。今日、種々の矛盾を内包していることも事実である。[9] しかし、わが国の社会保険医療よりも多くのメリットをもつことも事実である。わが国でも、あるべき医療の姿とそれを実現するための制度の構築がいまも問われている。

3 日本の医療保障制度

イギリスの医療保障と対比する意味で、日本の医療保障が明治期以来どのように形成されてきたか、その特徴を明らかにしたい。

(1) 明治期から第二次大戦期まで

明治維新によって近代国家としての道を歩み始めた日本は、6(「戦前日本における社会保障の展開」)で述べたように、近代的生産体制を急速に樹立する必要に迫られ、政府の手によって殖産興業・富国強兵策が強力に遂行された。医療制度もこの一環として、とくに健民強兵政策とのかかわりで、国家的に創出された点に特徴がある。医学としては一八七〇(明治三)年にドイツ医学が移入され、官公立病院を通じてその普及と定着が図られたが、この施策も軍事上の要請(軍医養成)に応えることが重要なねらいとなっていた。そして一般国民への医療の提供は、「自由開業医制」による私費診療に委ねられることになった。

しかし、急激な農民層の分解、旧士族層の没落などを通じて進行した新しい労働力の形成は、同時に多数の窮民を生み出し、早急な対応を必要とした。こうして登場したのが「恤救規則」(一八七四〔明治七〕年施行)であった。これによって廃疾者・七〇歳以上の老衰者等とともに病気で働けない人も救済されることになった。しかし、救済の内容は肉体の維持すらおぼつかない低水準・劣悪なものであった。また、一八七五年には「悪病流行ノ節貧民治療規則」が制定されたが、伝染病流行時にしか適用されない制限的な救貧医療であった。

このように明治期の医療給付は、他の社会政策とともに、急速な資本蓄積にとっての「空費」とみなされて節約され、医療の提供は私的な開業医を中心に行なわれるのみであった。一般の国民が私費で医者にかかることは、費用の点からも抑制されざるをえず、その代わりとして民間の伝承的医薬が薬商人や寺社などを通じて広く流布されていた。

なお、一八九〇（明治二三）年には、鉱夫の暴動を契機として労働災害補償のための「鉱業条例」が制定された。しかし、これは取締的性格を強くもつとともに、恩恵的な金銭給付を定めたにすぎなかった。

明治三〇年代以降の産業資本主義の確立にともない、民間大企業および官業の一部で共済組合が設立された。これらはイギリスの友愛組合（friendly society）のような労働者の自発的組織ではなく、工場法もないままに無権利状態におかれた労働者に対して、大企業の労務管理政策としてつくられたものであり、給付は公傷病に重点がおかれ、内容は劣弱であった。

第一次大戦（一九一四〜一八〔大正三〜七〕年）をはさむ時期に、戦時特需をバネとして日本の資本主義は急成長をとげた。京浜・阪神工業地帯が形成され、労働者人口はいちじるしく増加した。しかし、二〇年の戦後恐慌の発生は失業問題を顕在化させ、二九年の大恐慌に至る沈滞した経済状況のなかで、労働組合運動が高揚した。こうした時期に、わが国最初の医療保障に関する社会的制度としての健康保険制度が誕生した（一九二二〔大正一一〕年制定）。翌年の関東大震災によって、その施行は二七〔昭和二〕年まで延期された。

しかし、この健康保険法は以下のような欠陥・不十分性をもっていた。すなわち、第一に、保険の適用対象が鉱業法（一九〇五〔明治三八〕年制定）および工場法（一九一一〔明治四四〕年制定、一九一六〔大正五〕年施行）の適用工場に働く労働者に限定され、疾病・怪我の多い中小零細工場の労働者は除外された。また、年間一二〇日以上雇用される者という条件のために、臨時工の大部分が除外された。その結果、適用者数は一九〇万人（総人口のわずか三％）にすぎなかった[10]。第二に、給付内容は、たとえば療養の給付で一回二〇円まで、給付期間は六ヵ月とされ、決して十分な内容とはいえなかった。第三に、運営主体である保険組合は、実質的に事業主によって管理され、依然として労務管理的・恩恵的性格が強かった。このような大企業労働者中心の企業内福利厚生的性格は、今日なお健康保険のなかに長く尾を引いている問題である。

一九二九（昭和四）年、大恐慌の年に方面委員の請願運動によって「救護法」が成立した。これは失業問題の激化と農村の疲弊によって、もはや恤救規則では対応できなくなった結果である。救護の種類も生活、医療、助産、生業扶助と整備された。

満州事変（一九三七〔昭和一二〕年）から太平洋戦争に突入した戦時体制下に、今日の原型をなす社会保障の諸制度が相次いで創設された。医療についてみると、国民健康保険法（一九三八年）、船員保険法、職員健康保険法（ともに一九三九年）がこれである。これらの制度はいわゆる「戦時社会政策」として、戦争にともなう社会不安に対処し、マンパワーを確保・結集しようとする側面をもっていた。

戦争の激化により、根本的には社会的な医療サービスの提供が必要になった。しかし、わが国の医療は私的な開業医制を軸に自由開業医制で展開されてきたので、戦時の医療サービスの確保という要請と矛盾せざるをえなかった。こうして、病院や診療所の設備・管理を国が取り締まるという、国家統制的な性格をもつ国民医療法が一九四二年に成立した。この法律に先立つ医療制度調査会の答申案（一九四〇年）には、開業医制の制限と国家の主導による公営医療の拡充と統制、医師の勤務指定制度、医師の徴用制度などの考えが盛り込まれていたので、日本医師会の強い反発を受けた[11]。その結果、国民医療法は施行上、開業医との協調を図る内容に変更され、医療の全国的な組織化はついに果たされずに終わった。そして逆に、戦争が激しさを増すにつれて医療の荒廃化が進み、敗戦時の病院数は一九四一年時のわずか一三％にまで激減した。

(2) 国民皆保険計画まで

戦争によって荒廃化した医療は終戦とともに立ち直りをみせ、一九四七年には病院と診療所の数は戦前水準に復帰した。しかし、医療保険は国民生活の窮乏と大量失業によって麻痺状態に陥ったままであった。それはとくに国民健康保険においていちじるしく、当時（一九四七年）の一万二二四市町村国保のうち四三％が国保事業不振・事業停止という状態であった。また、加入者数も一九四五年の四〇二九万人から二七八六万人へと大きく減少した。こうしたなかで国民の医療保障に大きな役割を果たしたのは、一九四六年に制定された旧生活保護法による医療扶助であった。終戦後の混乱した世情のなかで、医療保障もまた公的扶助に大きく依存していた。

こうした公的扶助中心時代から脱却するのは、朝鮮戦争による特需ブームによって戦後経済が軌道にのった一九五三年以降のことである。国民所得の上昇にともない、健康保険財政が安定し、医療保障の中心は社会保険へ移行した。しかし、まもなく政管健保の赤字問題が発生した。政府はこれに対して、保険料率の引き上げと初診料の患者負担増という方針で対応した。

またこの頃から、私立病院保護育成の方針がとられるようになった。一九五二年の地方公営企業法による公立病院の独立採算制の強化、五四年の租税特別措置法にもとづく医師優遇税制の導入などがその例である。

一九五九年に新国民健康保険法が成立した。これは六一年に成立した国民年金法とともに、「国民皆保険・皆年金計画」と呼ばれ、わが国における戦後初めての本格的な社会保障の整備・拡充であった。皆保険が実現されるに至った背景には、実現を促すいくつかの要因があった。第一に、当時、医療保険の未適用者は三〇〇〇万人といわれ[12]、これが医療扶助増加の一因となっていた。第二に、一九六〇年の所得倍増計画以降、日本経済の高度成長が始まったが、そのための条件を医療保障面でもつくり上げ、労働力の安定的確保に応じる必要があった。

国民健康保険は基本的には農林漁業従事者、自営業者を対象とした地域保険であるが、実際には経営上の理由から政管健保に加入できない企業規模五人未満の零細企業の被雇用者やパートタイマー、臨時労働者などの不安定雇用労働者を多く含んでいた。日本経済の高度成長は、これらの無保障・無権利の労働者を大企業本工の周辺で多数活用し、労働費用を節約することによって達成された。製造業中心の高度成長が、農林業の衰退にともなって農林業従事者の農外就労を促進し、農業就業人口の漸減を招くことは明白であった。それにもかかわらず、こうした地域型の国民健康保険を基礎に置く改革が行なわれたことは、その後の日本の社会保障制度にとって大きな問題となった。

国保の給付内容は、たとえば療養の給付は当初五割と低く、健保に対していちじるしく不平等であった。これに対する批判が強まったことから、一九六三年には被保険者七割給付が実現され、六七年には被扶養者を含めて一律七割給付が実現された。しかし、その財源はできるだけ国庫負担を抑え、主として保険料の引き上げによってまかなわれたものであった。

国民皆保険によって医療保険の「社会化」が進んだが、医療の供給体制は「社会化」せず、むしろ高度経済成長の過程で私立病院建設ブームが勃発した。一九六〇年の特殊法人医療金融公庫の設置、六四年の公立病院の病床規制措置などは、この傾向を促進する役割を果たした。その結果、わが国では一般病院に占める私的医療機関の割合が、他の先進国に見られぬほどいちじるしく高いという、日本特有の現象を生じるに至った。

(3) 臨調行革から医療費抑制政策へ

公害健康被害や労働災害の多発など戦後の急激な高度成長政策が生んだ様々な矛盾への批判から、一九六〇年代末になると住民運動の高揚を背景に、大都市圏を中心に各地で革新自治体が誕生した。革新自治体の政策の眼目の一つは「老人医療の無料化」であった。この施策は一九七三年には国の制度として採用され、七〇歳以上の高齢者を対象とする老人医療費の無料化が実現された。同時に健康保険法が一部改正され、家族給付率が五割から七割に改善された。また、医療費の自己負担額が月に三万円を超えた場合、その超えた金額部分を健康保険から給付するという高額療養費償還制度が新たに設けられた。この制度はのちに国民健康保険にも適用された。同年、予算編成に際して「福祉元年」が自民党政府によって宣言され、ようやくわが国でも本格的な社会保障の拡充が展開するかに思われた。

しかし、同年秋に勃発したオイル・ショックを契機とする日本経済の低成長への移行によって、社会保障は拡充から後退へ一八〇度の方向転換を見せることになった。「人減らし合理化」の嵐が吹きすさぶなかで、政財界によって「雇用か賃金か」の選択を迫られた労働組合運動の側は、一九七六年のスト権ストを最後に、徐々に退潮傾向を強めた。社会保障全般に関しても、「高齢化社会の危機」とか「福祉国家の衰退」が強調されるようになり、「経済の活力と効率の維持」が何ものにも優先されることになった。七九年には自由民主党によって「日本型福祉社会」が提唱された。これは社会保障の家庭内自助・地域の相互扶助への先祖返りを企図した「福祉見直し論」の集大成である。

八〇年代に入ると、中曽根政権のもとで国会の審議を軽視した第二次臨時行政調査会が発足し、民営化（イギリスのサッチャー政権の“privatization”の踏襲）を合言葉に、いわゆる「臨調行革路線」が強力に推し進められた。医療保障制度の水準も他の社会保障分野と同様に抑制もしくは圧縮されることになり、その先兵の役割を果たしたのが無料の老人医療の見直しであった。一九八二年に成立した老人保健法は、老人医療の無料化を廃止し、窓口での一部負担額の徴収と老人への差別的診療報酬の仕組みを導入した。あわせて制度間財政調整と称して各種健康保険制度から老人保健制度への拠出負担が実施されることになり、国庫負担の軽減化（社会保障費に占める国庫負担額の伸び率を経済成長率の範囲内に収めること）に道を開いた。さらに八四年には、健康保険の抜本的な改訂が実施され、政府にとっては懸案の健保本人の一〇割給付の廃止（当面九割給付、九七年から八割給付へ、二〇〇三年から七割給付へと段階的に後退）が強行された。

八〇年代後半に、高齢人口の増加と医療費の高騰、国庫負担金の削減の影響を受けて、国民健康保険の財政は厳しい局面を迎えた。八七年と八八年の国保法の改訂は、各市町村に保険料徴収額の引上げと受診抑制とを強制した。この結果、国保料滞納者の増大を招き、全国的に「保険証未交付問題」を出現させた。

今日では、医療保障制度の格差と不平等に対する国民の不満を逆手にとって、医療保険の「一元化」が推し進められている。これは、給付条件の悪い国保の水準に他の医療保険制度を均そうとするものであり、積極的な意味での平等な制度への接近ではない。また、こうした「一元化」を通じて窓口負担を強化し、受診抑制と医療費の抑制を推し進めようとしている。医療保障に関しては、イギリスのＮＨＳのように、経済的な意味での受診抑制要因を取り除き、早期発見・早期治療に導くことが、最終的に国民の健康水準の向上と総医療費の節約とを同時に達成する一つの道である。わが国のような近視眼的な医療費の抑制が、将来的に国民の健康の維持に失敗する可能性は大きいのである。その先例が、貧困者医療（Medicaid）と高齢者医療（Medicare）を除けば社会保険すらなく、私費診療に委ねられ、膨大に膨らんだ国民医療費に悩むアメリカの医療の現状ではないか。

4　わが国の医療保障の現状

わが国の医療は、一部の公費負担医療を除いて、社会保険制度として組み立てられている。しかもそれは一本化した制度ではなく、**表Ⅱ—10—①**に示したようにいまなお八つの制度に分かれて存立している。このように分立している理由は、年金制度と同様に、歴史的に保険制度が成立しやすい上層の勤労者から順次形成されてきたためである。したがって、各々の制度はそこに所属する被保険者の階層性を反映している。たとえば、組合管掌健康保険は主として従業員数の多い（一〇〇〇人以上の）大企業ごとに設けられたものであり、協会管掌健康保険（旧政府管掌健康保険）はそのような組合をつくって運営することのできない中小企業労働者を対象として、健康保険協会が一括して管理し

表Ⅱ—10—① 医療保険制度とその適用状況（2009年）

（単位：万人、％）

	区分	組合数	被保険者数	被扶養者数	計	構成比
職域保険	組合管掌健康保険	1,473	1,572.2	1,422.8	2,995.0	23.6
	健康保険協会管掌健康保険	1	1,951.7	1,531.1	3,482.8	27.5
	法第3条2項	1	1.1	0.6	1.7	0.0
	船員保険	1	6.1	8.0	14.1	0.1
	国家公務員共済	20	106.7	123.4	230.1	1.8
	地方公務員共済	62	290.3	307.2	597.5	4.7
	私立学校教職員共済	1	50.0	34.7	84.7	0.7
地域保険	国民健康保険					
	市町村国保	1,723	3,566.5	–	3,566.5	28.1
	（うち被用者保険退職者）	(1,723)	(172.3)	–	(172.3)	(1.4)
	国保組合	165	343.3	–	343.3	2.7
	後期高齢者医療制度	47	1,361.6	–	1,361.6	10.7
	合計	3,494	9,249.5	3,427.8	12,677.3	100.0

出所：国立社会保障・人口問題研究所『社会保障統計年報』（平成24年版）92頁、162頁、324頁より。

表Ⅱ—10—② 医療保険制度別平均標準報酬月額（2009年）

区　分	平均報酬月額	格差
組合管掌健康保険	359,340	100.0
健康保険協会管掌健康保険	276,892	77.1
法第３条２項	12,806	78.4
船員保険	398,822	111.0
国家公務員共済	418,333	116.4
地方公務員共済	347,478	96.7
私立学校教職員共済	379,444	105.6

注：３条２項（旧日雇健保）は平均賃金日額。格差は組合健保の月額を22日で除した金額を分母として算出した。
出所：国立社会保障・人口問題研究所『社会保障統計年報』（平成24年版）164頁より。

表Ⅱ—10—③ 制度別老人医療受給対象者数（75歳以上、2007年）

（単位：人、％）

区　分	人員数	構成比	出現率
組合健康保険	525,870	4.1	1.7
旧政管健康保険	1.365,510	10.5	3.8
法第３条の２	856	0.0	4.8
船員保険	9,844	0.1	6.3
各種共済組合	300,408	2.3	3.2
国民健康保険	10,763,530	83.0	21.2
計	12,966,018	100.0	10.1

出所：国立社会保障・人口問題研究所『社会保障統計年報』（平成24年度版）324頁より作成。

ているものである。また、自営業者・農民を対象とした国民健康保険の加入者のなかには、協会健保からも漏れた零細企業労働者が請負労働者・パートタイマーなどとして数多く含まれている。**表Ⅱ―10―①**のとおり、現在でも国保は最大の加入者を擁している。このように、同じ雇用労働者であっても、勤務する企業の規模格差や雇用形態によって異なる保険に分断されている。**表Ⅱ―10―②**は、制度別に保険料算定の基礎となる標準報酬月額の平均値をみたものだが、組合健保に対する協会健保加入者の所得格差は歴然としている。このように、わが国の医療保険は「職域」(occupational) というよりも「階層域」(classificational) というべき性格をもつものである。

このような構造は、とりわけ国保に多くの矛盾をしわ寄せしている。国保は低所得者が多く加入させられているだけでなく、かつて被雇用者だった定年退職者が健保などから切り離されて流入してくる受け皿的制度でもある。二〇〇七年度現在の老人保健法の対象となる七五歳以上の高齢者の国保加入率は八三・〇%、一〇七六万人といちじるしく高い（**表Ⅱ―10―③**)。国保の恒常的赤字が生み出される所以である。政府はこうした問題の拡大に対して、先に述べたように、国庫負担率を引き上げるどころかむしろ引き下げて、老人保健制度の設置による制度間財政調整（プール制）で対応する道を選んだが、これは一面において国民の相互扶助に依存するものであり、国保以外の制度をも赤字に転落させる必然性をもっている。現に一九九七年度には組合健保の財政が赤字に転落した。その理由は景気の低迷による保険料収入の減少と老人保健制度への拠出が原因と指摘されている。

表Ⅱ－10－④　国民医療費の推移

	国民医療費総額（億　円）	増加率（％）	対国民所得比（％）	国民１人当たり医療費（千　円）
1955年	2,388	－	3.4	2.7
1965年	11,224	370.0	4.2	11.4
1975年	64,779	477.1	5.2	57.9
1985年	160,159	147.2	6.2	132.3
1995年	269,577	68.3	7.3	214.7
2000年	301,418	11.8	8.1	237.5
2005年	331,289	9.9	9.1	259.3
2009年	360,067	8.7	10.6	282.4

出所：厚生労働省大臣官房統計情報部編『厚生統計要覧』（平成23年度版）293頁より。

(1)　医療保障について

日本は世界の最長寿国記録を更新し続けてきた。そこには乳児死亡率の低下、蛋白質摂取量の増加をはじめとする食生活の改善などのいくつかの要因とともに、国民皆保険以降の医療保障の発展がある。しかしその反面、急速な経済成長がもたらした生活環境の悪化にともなうアレルギー性疾患などの社会的疾病の増加、糖尿病・高血圧などの成人病の増大、不況でも短縮されない労働時間や過密労働の結果として出現している腰痛やうつ病の多発などが、有病率・受療率の上昇を招き、これまでの医療保障のあり方に対して多くの問題を投げかけている。

表Ⅱ―10―④は国民医療費の推移を示し

たものである。二〇〇九年現在で三六兆円近い金額となっている。ただし、八五年以降は増加率が経済成長率（GDPの増加率）とほぼ同程度かそれ以内に収まっており、医療費抑制策が成功していることを物語っている。国民医療費の増大の要因として、以下の諸点があげられる。

第一に、医療を受ける側の要因として、人口の高齢化とそれを反映した疾病構造の変化がある。戦後間もない時期には、結核に代表される感染症が疾病構造の上位を占めていたが、今日では循環器系疾患や糖尿病などがいちじるしく増加し、「国民病」と呼ばれるまでになっている。これらは慢性疾患・成人病と呼ばれるもので、長期の治療を要し、医療費の増大に大きく寄与している。

第二に、医療を提供する側の要因として、医学・医療技術の進歩にともなう新しい医薬品や高額医療機器（PET－CTのようなmedical electronics）の導入がある。わが国におけるHIV問題の本質が解明される過程で露呈したように、わが国の製薬会社は国際価格よりも不当に高い価格で医薬品を販売しており、それが製薬企業の利益率をトヨタ・ホンダのそれよりもはるかに高い水準に押し上げる要因となっていた。いわば、社会保険財政に製薬企業が寄生している構造がつくられているのである。

第三に、医療制度にかかわる要因として、国民皆保険の実施、老人医療制度の設置などを契機とする受療率の上昇がある。また、現行の「現物給付出来高払い制」という診療機関に対する診療報酬のあり方が、ひと頃よりも是正されてきたとはいえ、いわゆる「薬漬け」「検査漬け」医療を促進する誘因をもっていることである。デンマークなどでは「人頭報酬制」と「出来高払い制」をミックスし

表Ⅱ—10—⑤　国民医療費の負担割合の推移

（単位：億円、％）

	負担額					構成比				
	1975年	1985年	1995年	2005年	2009年	1975年	1985年	1995年	2005年	2009年
国民医療費	64,779	160,159	269,577	331,289	360,067	100.0	100.0	100.0	100.0	100.0
公費負担分	8,471	12,090	12,953	21,987	24,601	13.1	7.5	4.8	6.6	6.8
生活保護法	4,210	8,443	8,610	13,453	14,641	6.5	5.3	3.2	4.1	4.1
結核予防法	819	572	208	80	29	1.3	0.4	0.1	0.0	0.0
精神保健・精神障害者福祉法	961	938	554	1,350	64	1.5	0.6	0.2	0.4	0.0
老人福祉法	2,127	–	–	–	–	3.3	–	–	–	–
障害者自立支援法	–	–	–	–	2,925	–	–	–	–	0.8
その他	354	2,138	3,582	7,104	6,998	0.5	1.3	1.3	2.1	1.9
保険者等負担分	47,933	88,506	140,042	155,377	173,368	74.0	55.3	51.9	46.9	48.1
医療保険	46,541	85,090	136,641	152,566	170,769	71.8	53.1	50.7	46.1	47.4
職域保険	30,262	52,273	83,678	74,714	81,615	46.7	32.6	31.0	22.6	22.7
国民健康保険	16,280	32,816	52,968	77,852	89,154	25.1	20.5	19.6	23.5	24.8
労働者災害補償	1,167	2,664	2,694	2,249	2,106	1.8	1.7	1.0	0.7	0.6
その他	224	753	707	562	493	0.3	0.5	0.3	0.2	0.1
後期高齢者医療給付分	–	40,377	84,877	106,353	110,307	–	25.2	31.5	32.1	30.6
患者負担分	8,395	19,185	31,750	47,572	49,928	12.9	12.0	11.8	14.4	13.9
軽減特例措置	–	–	–	–	1,864	–	–	–	–	0.5

注：後期高齢者医療制度は2008年3月以前は老人保健制度分を計上。
出所：厚生労働省大臣官房統計情報部編『厚生統計要覧』（平成8年度版）309頁、同（平成17年度版）160頁、同（平成23年度版）294頁より。

て、両者の欠点を補う方法が採用されており、わが国でも今後、参考にすべきであると思われる。
では、国民医療費はどのように負担されているのであろうか。**表Ⅱ—10—⑤**は国民医療費の負担状況を示しているが、歴然としているのは生活保護法の医療扶助などの公費負担分の割合が一九八〇年以降、大幅に低下していることである。とくに老人福祉法にもとづく公費負担部分が、老人保健法の成立によってなくなった点が大きく作用している。患者負担分（窓口負担部分）の比率は大きな変化がないので、結局、保険者等負担分が老人保健負担分のなかの社会保険拠出部分とあわせて増大したことになる。老人医療費の負担状況は、**表Ⅱ—10—⑥**に示すとおりである。以前に比べると国の負担割合は二八％と少し上昇したが、約四九％が各制度の保険者の負担（拠出）でまかなわれている。患者負担も約二倍に増えた。

表Ⅱ—10—⑥　老人医療費の負担状況（2007年）

（単位：億円、％）

	医療費額	構成比
公　　費	47,609	42.2
国	31,739	28.1
都道府県	7,935	7.0
市町村	7,935	7.0
保 険 者	55,083	48.9
組合健保	11,435	10.0
政管健保	16,808	14.9
3条の2	6	0.0
船員保険	70	0.1
共済保険	3,771	3.3
国　　保	22,992	20.4
患者負担	10,061	8.9
計	112,753	100.0

出所：国立社会保障・人口問題研究所『社会保障統計年報』（平成21年版）422頁より作成。

このほかに医療保障の問題として、保険外負担の問題がある。この保険外負担は、正常分娩費・人間ドック等の予防医療費・入院時の差額ベッドなど、重要な費用であるにもかかわらず医療保険の対象外とされ、ストレートに家計に負担されている費用である。こうした国民医療費に含まれない負担は、包括性の観点から早急に改善されなければならないが、むしろ事態は逆行しており、一九九六年には入院給食費が保険外負担となった。

九七年九月から実施された健康保険の九割給付から八割給付への給付率削減と薬剤費の一部負担の導入、および老人保健の窓口負担の定額負担から複数回負担への移行は、患者の窓口負担を少なく見積もっても一気に三倍化したといわれている。診療機関ではその影響を受けて、診療に訪れる患者数が一割程度減少したと伝えられている。こうした施策はたしかに当面の医療費の抑制には役立つであろうが、疾患の重症化を招いて、のちのち国民医療費を膨張させることにつながる危険性をもっている。健康の自己責任が喧伝されているが、日本の生活環境・職場環境は「自己責任」を求めうる余地を狭める方向にますます作用している。経済的な意味における制度の「利用しやすさ」(accessibility) は、医療にとっても重要な課題なのである。

(2) 貧困と医療

社会保険による医療提供には、いくつかの限界がある。一つは、社会保険の網の目から漏れる人々である。保険というリスクをプールする機構においては、被保険者は一定額の保険料を納め続けなければならない。しかし、規定の保険料の負担に耐えうるだけの所得のない人や不安定な所得の人は保険料を納められなくなり、「国民皆保険」体制のもとで、保険から事実上除外されてしまう。また、資本主義社会では必然的に失業者が生み出され、不断に存在していることを考えに入れておかねばならない。また、保険は平均的な事故を前提にして組み立てられているので、特別に長期の療養を必要とする疾病や、特殊な治療を要する疾病には、保険が適用されないことがある。このように、保険方式による医療の提供を受けるには、被保険者は拠出条件と給付条件を満たさなければならない。ここから、社会保険で医療を受けられない人々の問題が生じる。

これを生活保護法にもとづく医療扶助受給開始世帯の状況を通してみてみよう。ただし、先の二つの条件は、社会保険にとって本質的であるけれど、国庫負担の増額による被保険者負担の軽減化、あるいは高額療養費の償還制度を適切に運用することによって緩和されうる条件である。また逆に、国庫負担を圧縮すれば、この条件は強化され、低所得者たちを保険から排除する方向に作用する。この点を忘れてはならない。

医療扶助を受給した人員数は、二〇〇九年現在で被保護受給実人員数（一ヵ月平均）一七六万三五七二人のうち一四〇万六四五六人で全体の七九・八％と高い割合を占めている。〇四年以降の動向をみると、ほぼ一貫して増加し続けている。被保護者に占める医療扶助受給者の割合は、〇四年で八一・一％であり、その後も八〇％程度の高い割合を占めている。[13] このように、今日、疾病が原因で生活保護を受給するに至った世帯が相当の大きさで存在していることがわかる。

一九九六年版を最後に廃止された『生活保護動態調査』から、医療扶助開始時の社会保険給付との関係をみると、[14]「社会保険給付あり」の世帯は九・〇％にすぎないのに対し、「社会保険給付なし」の世帯は全体の四七・三％、そのうち国民健康保険への未加入が二七・三％を占め、「社会保険給付なし」の世帯の五七・八％を占めていた。しかも国民健康保険への未加入世帯の割合は、九〇年代に入って三割弱と高い水準を維持していた。また、「国保適用除外」が四三・七％を占めていた。

このように、医療扶助受給開始世帯の半数近くは社会保険制度から除外された世帯であり、とくに、国民健康保険から転落してきたと考えられる世帯が大半を占めていた。このことは、国民健康保険が医療保険としての限界性を強く現していることを示している。

医療扶助の開始前の診療期間をみると、三ヵ月未満という短期間の診療ののちに保護に頼らざるをえなくなった世帯が九六年現在で二二・八％、まったく診療期間がなく傷病と同時に保護へと直行した世帯が三八・八％を占め、九〇年代に入っても高い水準にあった。

では、どのくらいの医療費用によって生活保護を受けたのであろうか。九六年現在で月額「一万円〜三万円」が二七・五％、「一万円未満」が一〇・二％であった。このように、世帯員の誰かが病気になると同時に、あるいは病気になって短期間のうちに生活保護を受給せざるをえない世帯が多く存在し、しかも比較的少額の医療費を支払うことができずに保護を求めた世帯が全体の四割弱に達していた。このことは、医療扶助受給世帯の相当大きな部分が、受給以前から困窮した生活をおくっていたことの証拠であり、貧困と疾病は、密接な関係にあったことがわかる。

参考までに、『福祉行政報告例』（平成二二年版）によって、生活保護受給開始者の開始前の医療保険加入状況を見ると、加入率は七〇・五％で、国保加入者が五八・七％、被用者保険加入者が五・六％、後期高齢者医療制度加入者が六・二％となっている。一般国民の国保加入率が二八・一％であるから、国保からの転落者が多いことがうかがえる。医療保険未加入者は二九・五％に達し、とくに四〇歳代、五〇歳代で未加入率が高い。

以上の医療扶助受給世帯等の諸事実から、貧困と疾病の分厚い併存状況が今も存在していることが推測できよう。疾病は勤労者を貧困に陥れる契機であるが、同時に「貧困にともなう疾病」が、今日もなお広範に存在していることを示唆している。

（1）ＷＨＯは健康を「肉体的、精神的、社会的にウェルビーイングの状態」と定義している。「社会的にウェルビーイングの状態」とは、失業や貧困の状態にないことを意味する。
（2）Brain Abel-Smith "Value for Money in Health Services" 1976.（一圓光弥・炭谷茂・三友雅夫訳『医療保障の経済学』保健同人社、一九八六年）五八～六〇頁参照。
（3）同前訳書、七六～八一頁参照。
（4）登録者数が増えるにつれて一般医の報酬は上昇するが、登録者数が一定以上を超えると、報酬の上昇幅が逓減する仕組みになっている。
（5）Alan Maynard "Health Care in the European Community" 1975.（日野秀逸・多田羅浩三・吉岡尚志訳『欧州共同体諸国の保健・医療』形成社、一九七九年）二四五頁参照。
（6）Charles Graves "The Story of St. Thomas's 1106-1947" 1947.（永坂三夫・久永小千世訳『セント・トマス病院物語』日本看護協会出版会、一九四七年）参照。
（7）Brian Abel smith "The Hospitals 1800-1984" 1964.（多田羅浩三・大和田建太郎訳『英国の病院と医療 二〇〇年のあゆみ』保健同人社、一九八一年）四三頁参照。

（8）同前訳書、八二頁参照。
（9）Wendy Ranade "A Future for the NHS? Health Care in the 1990s" Longman, 1994. 参照。
（10）小倉襄二『公的扶助』（ミネルヴァ書房、一九八一年）参照。
（11）菅谷章編『現代の医療問題』（有斐閣、一九八二年）一四三頁参照。
（12）菅谷章編、前掲書、一四三頁参照。
（13）厚生大臣官房統計情報部『社会福祉行政業務報告』（二〇〇四年）。
（14）厚生大臣官房統計情報部『生活保護動態調査』（一九九七年）。

11 介護保障

1 戦後日本における高齢者介護の変遷

人間の生活にとって重要な基盤的領域、たとえば教育、住宅、医療、介護などは、本来、市場化（商品化）されてはならない領域であると考える。これらの生活領域が営利の対象になると、「命の沙汰も金次第」という医療格差、介護格差、教育格差、住宅格差が一般化してしまうからである。そうなると、近代社会の基本的な原理である「機会の平等」が大きく損なわれる結果を招き、本当の意味での社会の活力は弱体化の道をたどることになる。格差が貧しい人々の成長・発達の芽を摘んでしまうからである。**10**（「医療保障」）でブライアン・エーベルスミスの主張を紹介したように、これらの領域は公共財または集合財として人々に提供されるのが本来的な姿と言わねばならない。

しかし、戦後日本の高齢者福祉の展開過程を振り返ると、かなり長い時間をかけて市場化の階梯を一段一段と登りつめてきたように思われる。今日ではニチイ学館もベネッセ・コーポレーションも、高齢者介護で高い収益を上げ、株主配当を行なっている。コムスン事件の際に明らかになったように、全国の高齢者の零細な年金から広範囲に集められた介護保険料は、ごく一部の超富裕層を生み出すことに充てられている。介護保険制度は、家計部門から企業部門に富が移転される仕組みである。それを背後で強力にコントロールしているのが、政府・厚生労働省である。今の日本はまさに紛うかたなき「国家＝独占」資本主義なのである。

こんなことを指摘すると、「市場とはどこでもそういうものである」という反論に遭うであろう。しかし、絶対に忘れてはならないことは、一般の消費財と違って介護サービスは、消費者が利用しない（買わない）という選択肢（権利）を行使できないという点である。利用しないと、その人の尊厳が大きく損なわれる結果を招く。人間の生命を守る医療サービスと人間の尊厳を守る介護サービスを天秤にかけることはできないが、人によっては尊厳の侵害のほうが深刻度の高い場合がある。病気になる心配と寝たきりになる心配と、今の高齢者にとってどちらがより深刻だろうか。介護問題は人間の尊厳に真正面から向き合わねばならない問題である。介護とは「要介護高齢者に食事を与えて、おむつを交換してやること」と考えているから、厚生労働省は市場化に向けて舵を取ることができたのであろう。そして介護の現場を、介護職員の専門性を根底から否定するほどに低い賃金の職場にしたのも、それと同じ理由であろう。以下、どのように介護サービスの市場化が達成されたのか、その歴史を概略的に振り返ってみる。

(1) 低所得者対策としての高齢者介護――一九六〇年代から七〇年代末まで

高齢者介護の問題は、深沢七郎の『楢山節考』（姥捨て伝説）にみるように、古くて新しい普遍的な問題であり、長いこと家族関係内部で対処されるべき問題と考えられてきた。都市部を中心に、家族関係の崩壊によって「鰥寡《かんか》孤独」の境涯に陥った極貧高齢者を救済するために、いわゆる養老院が篤志家の手で建設された。しかし、それはあくまでも例外的な問題への対処にすぎなかった。

日本で高齢者とその家族が家族外（つまり第三者）からの援助を必要とするようになったのは、家族の崩壊が急速に進行し始めた高度経済成長期以降のことである。労働力流動化政策が推進されるなかで若中年層の大都市部への流出が続き、全国的に過疎過密の問題が発生した時期に当たる。農村部では「三ちゃん農業」（家に残った爺ちゃん、婆ちゃん、母ちゃんが従事する農業のこと）が広がった。この時期（一九六二年前後）、長野県や大阪府の一部の自治体で「家庭奉仕員派遣事業」がスタートし、徐々に全国に普及していった。

家庭奉仕員派遣事業は、被保護世帯と住民税非課税世帯を対象に、在宅生活に困難を抱える高齢者や障がい者の居宅に、家庭奉仕員（今日のホームヘルパー）を無料で派遣するサービス提供事業である。市区町村からの委託を受けた市区町村社会福祉協議会が提供主体となることが多く、それぞれの地域で独創性豊かな事業が展開された。「託老所」や「配食サービス」など高齢者の在宅生活を支える仕組みも、この社協の取り組みのなかから生まれた。一九七〇年に日本の老年人口指数は七％を超えて、高齢化社会の仲間入りを果たした。旧厚生省によって「高齢化の危機に立つ日本」が喧伝され始めるのはもう少し後のことであるが、高齢者介護の問題が社会に認識され始めた時期といってよいであろう。

大都市部に移住して日本の高度経済成長を底辺から支えた若中年労働者をかりにここで「企業戦士」と呼ぶならば、農村部に取り残された高齢者は「銃後の守り」である。高度経済成長の恩恵は多少は企業戦士にも及んだかもしれないが、それはせいぜい郷里で零細農業を営んで得られる農業所得に比べればマシというレベルのものであり、多くの富は下請系列構造を通じて大企業へと吸い上げられていった。したがって、郷里に取り残されて介護を要する状態に至った低所得高齢者を税財源で介護することは、社会の責任という意味において、当然のことなのであった。しかし、老年人口の急増は、制度をこのまま継続させていくならば、国にとっての将来的負担を非常に大きくすることは必定であった。旧厚生省は「人口の高齢化」を「人類がかつて経験したことのない危機」と煽りたてることで、公的責任を小さくする方向へ転換した。

(2) 有料化による日本的「福祉の普遍化」——一九八二年から九二年まで

めざましい高度経済成長が展開されるようになると、日本経済に関する評価は「もはや戦後ではない」から「豊かな大衆消費社会」へと一変した。**7**(「戦後日本における社会保障の展開」)でもふれたように、ここから「貧困」もしくは「貧困化」に対する否定的見解が勢いを増すことになる。高齢者介護に限るならば、社会福祉を貧困問題への対処と考えることはオールドファッションどころかアナクロニズムの理解であり、今や福祉は「非貨幣的ニーズ」(サービス行為という現物給付要求)に対応する方向へ転換を遂げなければならないと主張されるようになった(三浦文夫氏の見解)。

この見解を後押しすることになったのが、福祉の「選別主義から普遍主義への発展」というイギリスで提唱された議論である。選別主義の福祉とは、公的扶助制度のような資力調査を給付の要件とするスティグマをともなう福祉のことであり、対象者を資力調査で選別することから、そう呼ばれるようになった。普遍主義の福祉とは、義務教育制度や国民保健サービス（NHS）のように、イギリス国民であるという資格において、所得の多寡によらずに国民全員に一律平等に給付する福祉のことである。基本的にあらゆる福祉は普遍主義をめざすべきであるという方向づけが、サッチャー首相登場以前のイギリスでは主流であった。一九八四年にILOから出された『二一世紀に向けて・社会保障の発展』と題された報告書（イギリスのブライアン・エーベルスミスとフランスのピエール・ラロックが主査）を読むと、社会保障の一層の普遍化が主張されている。

日本では、この議論が家庭奉仕員派遣事業の制度変更に活用された。低所得者を対象に無料で提供されていた家庭奉仕員派遣事業を、一般世帯を対象に有料（一時間六〇〇円、二時間一単位）で提供するように変更したのである。一般世帯にまで対象を広げたことはたしかに普遍化であろうが、有料で提供することは普遍化と呼ぶに値するであろうか。単なる自己負担化ではないか。その背景には、もちろん旧厚生省の「高齢化の危機」があったのであろうが、「豊かな大衆消費社会」の到来という貧困問題を過去の遺物とみなす見解の流布が大きく作用していたと思われる。しかし、制度変更後も低所得世帯には無料で家庭奉仕員が派遣されたのであるから、スティグマが除去されたわけではなく、むしろ有料で利用するようになった一般世帯とのあいだでスティグマは強化された。ヨーロッパ先進諸国の議論が日本人研究者によって紹介されると、その途端に換骨奪胎されたものになる。バイアスのかかった翻訳が行なわれているからというわけではなく、十分に承知のうえで、厚生労働省に受け入れられやすいように翻訳しているためではないか。

有料化の直後は、一時的に家庭奉仕員の派遣を要望する世帯数が減少した。有料になるならば、「相談」とか「介護者の短時間のリフレッシュ」のために利用されてきた派遣に、わざわざお金を払う必要はないと考えられたためである。これが日本における普遍化の実態である。

有料化が解禁された後は、「公私の役割分担」、「供給主体の多元化」等々により、急速にサービスの提供主体が拡大した。それでも公的な補助が打ち切られたわけではないので、今にして思えば、高齢者介護の全盛期と呼ぶべき活況を呈した。一九九二年に打ち出された「ゴールドプラン」は「一〇年間で六兆円」をキャッチコピーとすることで衆目を集め、「福祉の時代」の到来を予感させるものとなった。しかしその裏側では、埼玉県「綾福祉グループ」による特別養護老人ホーム建設にかかわる公的補助金の不正流用事件（旧厚生省から埼玉県に派遣されていた茶谷滋高齢者福祉課長と、旧厚生省のトップに君臨していた岡光序治事務次官の両者に対する巨額贈収賄事件）など悪質な事件が発生し、福祉をめぐる底知れぬ闇の深さを垣間見せた[1]。

(3) 措置から契約への転換——介護保険制度

一九九五年に社会保障制度審議会（隅谷三喜男会長）は、一九五〇年勧告以来四五年ぶりともいわれた大きな勧告文書を発表した。その文書（「九五年勧告」と呼ばれる）は、五〇年勧告の「生存権保障」がすでに達成されたと想定し、今日の社会保障の目的は「国民にすこやかで安心できる生活を保障すること」にあるとし、「みんなのために、みんなでつくり、みんなで支えていく」ことが基本に据えられなければならないと主張した。しかし、それはただ単に社会保障の将来像を一般的に述べたものではなく、五年後に制定・施行されることになる介護保険制度の創設のための予告ないしは地ならしの意味を持つものであった。

介護保険制度構想は九七年に明らかにされたが、その時から実際に制定・施行されるまでの三年間は、新制度をめぐって賛成論と反対論が入り乱れる混沌とした状況になった。賛成論者（樋口恵子氏や大熊由紀子氏ら）は介護保険制度の「措置から契約へ」を「お仕着せの福祉からの脱却」「選択できる福祉への転換」と理解し、反対論者（小川政亮氏ら）は「自治体による措置義務の放棄」「契約は高齢弱者にとっての不利益」と読み解いた。また、そもそも社会保険制度で介護サービスを提供することの是非についても、従来の公的介護保障との繋がりのなかで論じられた。ジェンダー論からは「家族介護からの女性の解放」と、介護保険制度を積極的に評価する向きが強かった。しかし今にして思えば、終末期を迎えつつある要介護高齢者の尊厳にどう向き合うべきかという、基本的な視点から介護をとらえなおす議論はほとんど提起されなかったと思われる。

介護保険制度の導入以来、まる一一年が経過し、事業計画は五期目を迎えた。しかし、介護保険で何が変わったのか。要介護高齢者をめぐる問題状況が格段に好転したとはいえない。入所介護施設の絶対的不足は待機者リストを長くする一方であるから、利用者にとって今も入所施設を選択できる余地などないに等しい。福祉は医療と同様に、一般消費財とは異なり「希少財」と考えられるので、そもそも「選択できる福祉」という考え方は成り立たない。スーパーストアで多種多様なカップラーメンのなかから好みの一品を選ぶのとはわけが違うのである（食べてみると、どれもこれもほとんど同じ強烈なグルタミン酸ソーダの味であり、違うのは外装・パッケージだけである）。人生のなかで重要なことほど、個人の選択が許されていない。重要でないことの選択可能性も、実は本質とはほとんど関係のない心理的充足感（ブランド信仰）の問題にすぎない。家庭介護をめぐる悲惨な心中事件や殺人事件は今も払拭されたわけではなく、「介護の社会化」＝「家族介護からの女性の解放」は未達成のままである。

2　介護保険制度の仕組みと現状

以下、介護保険制度の仕組みと現状について、概略的に述べる。

(1)　財源負担と保険料

介護保険制度は、国民のなかの満四〇歳以上の人々が被保険者（加入者）となる。介護保険適用状況を見ると（**表Ⅱ―11―①**）、二〇〇九年度現在、四〇歳以上六五歳未満の第二号被保険者が四二三

表Ⅱ—11—① 介護保険適用状況（2009年）

（単位：万人）

	2000年	2003年	2006年	2009年
保険者（市区町村）数	2,899	2,729	1,669	1,587
第1号被保険者数	2,242.2	2,449.4	2,676.3	2,891.7
65歳 -75歳未満	1,319.2	1,373.6	1,450.1	1,514.4
75歳以上	923.0	1,075.8	1,226.2	1,377.3
サービス利用認定者数	332.4	370.4	425.1	469.6
65歳 -75歳未満	60.0	65.4	66.1	64.3
75歳以上	272.4	305.0	359.0	405.3
第2号被保険者数	4,308.3	4,262.0	4,239.0	4,233.0
サービス利用認定者数	12.1	13.5	15.0	15.0

出所：国立社会保障・人口問題研究所『社会保障統計年報』各年度版。

三万人、六五歳以上の第一号被保険者が二八九一万人となっている。本制度がスタートした二〇〇〇年度に比べると、第一号被保険者が六四九万五〇〇〇人増えたのに対して（増加率二九・〇％）、第二号被保険者は七五万三〇〇〇人減少した（減少率一・七％）。第一号被保険者を七五歳で二分してみると、六五～七四歳の前期高齢者は一九五万二〇〇〇人増加し（増加率一四・八％）、七五歳以上の後期高齢者は四五四万三〇〇〇人増加している（増加率四九・二％）。日本人の平均寿命の伸びにともなって、後期高齢者が急速に増加していることがわかる。

被保険者は介護保険料の徴収対象でもある。二〇一一年現在、第一号被保険者が介護保険財政の二〇％を負担し、第二号被保険者が三〇％を負担している（サラリーマンの場合は労使折半負担）。残りの五〇％に関しては、二五％が国庫負担で、一二・五％が都道府県負担、同じく一二・五％が地区町村

表Ⅱ—11—②　所得段階別介護保険料の一例（東京都Ａ区）

所得段階	対象者	月額保険料
第１段階	生活保護受給者または老齢福祉年金受給者で住民税世帯非課税	2,331円
第２段階	住民税世帯非課税で、合計所得金額＋年金収入額が80万円以下	2,331円
特例第３段階	住民税世帯非課税で、上記金額が80万円超 -120万円以下	3,108円
第３段階	住民税世帯非課税で、上記金額が120万円超	3,237円
特例第４段階	住民税本人非課税・世帯に課税者がいる場合で、上記金額が80万円以下	4,790円
第４段階	住民税本人非課税・世帯に課税者がいる場合で、上記金額が80万円超	5,180円
第５段階	住民税本人課税で、合計所得金額が125万円未満	5,698円
第６段階	住民税本人課税で、合計所得金額が125万円以上200万円未満	6,475円
第７段階	住民税本人課税で、合計所得金額が200万円以上300万円未満	7,770円
第８段階	住民税本人課税で、合計所得金額が300万円以上500万円未満	8,288円
第９段階	住民税本人課税で、合計所得金額が500万円以上800万円未満	10,619円
第10段階	住民税本人課税で、合計所得金額が800万円以上1,100万円未満	12,432円
第11段階	住民税本人課税で、合計所得金額が1,100万円以上1,500万円未満	12,950円
第12段階	住民税本人課税で、合計所得金額が1,500万円以上2,000万円未満	13,468円
第13段階	住民税本人課税で、合計所得金額が2,000万円以上	13,986円

注：第１段階・老齢福祉年金受給者は、月額1,460円に減額。
　　合計所得金額とは収入額から必要経費相当額を控除した各所得の合計額のこと。
　　年金収入額とは障害年金や遺族年金等の非課税年金を除いた公的年金の受給額のこと。
出所：東京都Ａ区介護保険制度の案内パンフレットより。

負担となっている。介護保険がスタートする以前は国庫負担が五〇%を超えていたので、本制度の発足によって国の負担は大きく低下したことになる。

第二号被保険者に対する保険料率は一・一九%と定められている。第一号被保険者に対する保険料は**表Ⅱ—11—②**（参考例）のように所得段階別保険料となっている。スタート時点では全国一律に五段階に設定されていたが、その後、保険者の判断により多段階の保険料設定が可能になった。当初の五段階では高所得高齢者の保険料負担が相対的に軽く、低所得高齢者（とくに第二段階の高齢者）の負担が相対的に重く設定されていて、保険料負担の逆進性が指摘されていた。参考例は一三段階に設定された自治体の状況を示しているが、保険料負担の累進度を高めた設定となっている。

しかし、設立当初の保険料基準額と比較すると、現在の基準額はおよそ二倍になっており（第四段階の保険料）、年金生活の高齢者にとってかなり重い負担となっている。その理由は、当該自治体内で介護老人福祉施設（特別養護老人ホーム）の建設などの基盤整備が進むと、その費用がすべて第一号被保険者の保険料引き上げに反映される仕組みになっているからである。保険料はすでにこれ以上引き上げられないほどの水準に達しており（民間生命保険会社の保険料と比較してみれば一目瞭然）、現在の負担枠組みを再考する必要に迫られている。

(2) 要介護認定と利用者負担

介護保険制度の利用は、被保険者が介護を必要とする状況に至った場合に、本人またはその家族が市区町村の窓口、または保健所・保健センターの窓口に認定を申請しなければならない。居宅介護支援事業者、地域包括支援センターが申請の代行を行なうことも可能である。

表Ⅱ—11—①に再び戻ると、第一号被保険者中のサービス利用認定者数は二〇〇九年度現在、四六九万六〇〇〇人で、二〇〇〇年度に比べると一三七万二〇〇〇人の増加となっている（増加率四一・三％）。このうち、七五歳以上の後期高齢者の認定者数が四〇五万三〇〇〇人に達しており、認定者全体の八六・三％を占めている（二〇〇〇年度に比べて一三二万九〇〇〇人増で、増加率は四八・八％）。これに対して、前期高齢者の認定者数の対二〇〇〇年度比は四万三〇〇〇人増にとどまっている（七・二％の増加率）。参考までに、第二号被保険者中のサービス利用認定者数についてみると、現在一五万人であり、二〇〇〇年度に比べて二万九〇〇〇人増、増加率二四・〇％となっている。

利用者は身体状況により要支援1、2を含めて要介護度1から要介護度5にまで振り分けられ、介護度が高まるにつれて利用できる保険給付費の上限額が決まる。その範囲内で実際に利用した金額の一割を、利用者が負担しなければならない。保険料を納めているから無料で利用できる仕組みではない。この点で医療保険制度と同じである。この利用料の一割負担が、大きく引き上げられた介護保険料とともに、低所得高齢者にとって重い負担となっている。

具体的には、要介護度2の人を例にとると、利用できる保険給付額の上限は月額一九万四八〇〇円となっている。したがって上限まで利用した場合、利用者負担額は月に一万九四八〇円になる。もしこの利用者が月に六万円の国民年金しか受給していなかったとしたならば、利用料を払った残りの金額は四万五二〇円にしかならない。ここから家賃を支払ったならば、残金はほとんどないであろう。持ち家であったとしても、月に四万円の現金収入で暮らしていくのは至難の業である。食費の捻出で精一杯ということになる。こうして、年金収入から支払える範囲内にサービスの利用量を自制する動きが広がることになる。これが介護保険制度のめざした理想の高齢期生活なのであろうか。もともと介護保険制度は、高齢者の生活の現実をとらえていないと批判されてきた。現実と食い違った政策の典型と言えるであろう。これで「すこやかで安心できる生活の保障」(九五年勧告)とは恐れ入ったものである。中身のない美辞麗句にすぎない。やはり生存権の保障の問題と考えられるべきである。

(3) 利用できるサービス

介護保険制度で利用できるサービスには、多種多様なメニューが用意されている。**表Ⅱ—11—③**は、二〇一〇年現在の一ヵ月平均の介護保険年間実受給者数を介護サービス種類別に示したものである(要支援と判定された人に対する介護予防サービスは含まれていない)。最も受給者数の多いのが居宅サービスで二九八万七〇〇〇人、その次に多いのが居宅介護支援で二七六万八〇〇〇人、三番目に多いのが施設サービスで一一〇万九〇〇〇人、最も少ないのが地域密着型サービスで三二万八〇〇〇人となっている。

表Ⅱ—11—④は、二〇一一年四月のサービス種類別受給者数を要介護度別に見たものである。相対的に要介護度の低い場合に、居宅介護支援と居宅サービスの受給者が多く、相対的に介護度が高くなると、施設サービスの受給者が多くなっている。とはいえ、要介護度３以上では、居宅サービスのなかの訪問看護や訪問入浴介護の受給者が多い。短期入所は生活介護が中心だが、要介護度２から４の範囲内で受給者が多く、要介護度１と５で受給者が少ない。

表Ⅱ―11―⑤は、男女別、年齢階級別に受給者の要介護度分布を見たものである。受給率から先に見ると、全年齢平均で男性二・九％に対して女性五・九％と、女性のほうが二倍以上高い。男女ともに年齢が上がるにつれて受給率が高くなるが、八〇歳以上で顕著に受給率が上がっている。とくに女性で上がり方が激しい。これは平均寿命の男女差にもとづくと思われるが、女性は高齢化するにつれ

表Ⅱ―11―③　介護保険年間実受給者数（サービス種類別、2009年）

（単位：万人）

居宅サービス	298.7
訪問通所	271.1
訪問介護	124.8
訪問入浴介護	14.8
訪問看護	41.2
訪問リハビリ	9.9
通所介護	145.1
通所リハビリ	54.1
福祉用具貸与	155.3
短期入所	74.2
生活介護	62.6
療養介護（老健）	14.6
療養介護（病院等）	1.2
居宅療養管理指導	49.2
特定施設入居者生活介護	16.2
居宅介護支援	276.8
地域密着型サービス	35.8
夜間対応型訪問介護	1.0
認知症対応型通所介護	8.5
小規模多機能型居宅介護	6.5
認知症対応型共同生活介護	19.0
地域密着型特定施設入居者生活介護	0.4
地域密着型介護老人福祉施設サービス	1.2
施設サービス	110.9
介護福祉施設サービス	53.9
介護保健施設サービス	48.4
介護療養施設サービス	13.6
総　　数	401.6（第1号被保険者の13.9％）

注：各月の介護サービス利用者について名寄せした数値。1人の受給者が複数のサービスを利用することもあるので、各サービスの受給者を合計しても総数と一致しない。

出所：厚生労働省大臣官房統計情報部『厚生統計要覧』（平成23年版）248頁より。

表Ⅱ—11—④　要介護度別介護保険受給者数（サービス種類別、2011年4月審査分）

（単位：万人）

	要介護1	要介護2	要介護3	要介護4	要介護5	計
居宅サービス	65.9	66.6	43.1	30.3	21.3	227.2
訪問通所	60.7	61.1	37.2	25.2	17.7	201.9
訪問介護	24.8	24.4	14.2	10.7	9.1	83.2
訪問入浴介護	0.2	0.6	1.0	2.1	4.2	8.0
訪問看護	4.0	5.6	4.6	5.0	6.6	25.8
訪問リハビリ	0.9	1.6	1.3	1.2	1.2	6.3
通所介護	33.5	31.2	19.6	11.9	6.6	102.8
通所リハビリ	10.9	12.3	7.7	4.6	2.2	37.8
福祉用具貸与	16.1	31.9	24.5	20.3	15.6	108.4
短期入所	4.3	7.5	8.8	7.3	5.1	33.0
生活介護	3.7	6.4	7.6	6.2	4.2	28.2
療養介護（老健）	0.6	1.0	1.2	1.1	0.9	4.8
療養介護（病院等）	0.0	0.1	0.1	0.1	0.1	0.4
居宅療養管理指導	4.9	6.7	6.7	6.7	7.5	32.5
特定施設入居者生活介護	3.2	2.8	2.5	2.4	1.9	12.8
居宅介護支援	61.3	61.5	38.0	25.5	17.6	203.9
地域密着型サービス	5.2	6.8	7.4	5.0	3.3	27.7
夜間対応型訪問介護	0.1	0.2	0.1	0.1	0.1	0.6
認知症対応型通所介護	1.0	1.3	1.5	1.0	0.8	5.6
小規模多機能型居宅介護	1.1	1.2	1.1	0.8	0.4	4.6
認知症対応型共同生活介護	2.9	4.0	4.3	2.7	1.6	15.5
地域密着型						
特定施設入居者生活介護	0.1	0.1	0.1	0.1	0.0	0.3
介護老人福祉施設サービス	0.0	0.1	0.2	0.3	0.3	1.0
施設サービス	4.6	10.0	17.8	25.4	27.6	85.5
介護福祉施設サービス	1.4	3.8	8.9	14.1	15.9	44.1
介護保健施設サービス	3.2	6.0	8.2	9.0	6.9	33.3
介護療養施設サービス	0.1	0.3	0.7	2.4	4.9	8.4
総　　数	74.3	80.8	64.7	57.9	50.3	328.1

注：2011年4月に請求のあった受給者数。複数のサービスを受けた場合は、各欄の計と総数のみ1人と計上。要支援の人（87.9万人）に対する介護予防サービスは含まない。

出所：厚生労働省大臣官房統計情報部『厚生統計要覧』（平成23年版）250頁より。

表Ⅱ—11—⑤　年齢階級別介護保険受給者数（要介護度別、2011年4月審査分）

（単位：万人、％）

	要介護1	要介護2	要介護3	要介護4	要介護5	計	受給率
男	22.0	26.7	21.1	16.8	12.9	99.6	2.9
40-64歳	1.3	1.9	1.3	1.0	0.9	6.5	0.3
65-69歳	1.5	2.1	1.5	1.1	1.0	7.1	1.8
70-74歳	2.4	3.2	2.5	2.0	1.6	11.8	3.6
75-79歳	4.0	5.0	3.9	3.2	2.5	18.6	7.2
80-84歳	5.4	6.1	4.8	3.9	2.9	23.2	13.7
85-89歳	4.6	4.9	4.0	3.1	2.2	18.8	25.3
90歳以上	2.8	3.4	3.1	2.6	1.7	13.6	44.7
女	52.3	54.2	43.6	41.1	37.3	228.5	5.9
40-64歳	1.0	1.5	0.9	0.8	0.9	5.0	0.2
65-69歳	1.4	1.6	1.1	0.9	0.9	5.9	1.4
70-74歳	3.1	3.2	2.2	1.8	1.7	12.1	3.2
75-79歳	7.5	6.9	4.8	4.1	3.8	27.1	8.1
80-84歳	13.5	12.1	8.8	7.7	6.9	49.0	18.5
85-89歳	15.1	14.8	11.8	10.7	9.5	62.0	36.7
90歳以上	10.8	14.0	12.9	15.1	13.6	67.4	63.6
男女計	74.3	80.9	64.8	57.9	50.3	328.1	4.5
40-64歳	2.2	3.4	2.3	1.8	1.8	11.5	0.3
65-69歳	2.8	3.7	2.6	2.0	1.9	13.1	1.6
70-74歳	5.5	6.5	4.7	3.8	3.3	23.9	3.4
75-79歳	11.5	11.9	8.7	7.3	6.3	45.7	7.7
80-84歳	18.9	18.2	13.7	11.5	9.8	72.2	16.6
85-89歳	19.7	19.8	15.8	13.8	11.7	80.8	33.2
90歳以上	13.6	17.4	17.0	17.7	15.3	81.0	59.4

注：年齢別人口は2010年10月1日現在の数値を採用し、それで受給者数を除して受給率を算出した。

出所：厚生労働省大臣官房統計情報部『社会保障統計要覧』（平成23年版）256頁より。

て男性よりも介護保険に依存しなければならない人が多くなる。男性は女性よりも相対的に早死にするが、比較的健康で高齢期を過ごす人が多い傾向にある。

3　公的介護保障の重要性

介護保険制度ができて老後の安心を保障された人は、公的年金の受給額が相対的に高い人か老後の生活資金を潤沢に用意できた人に限られる。そうでない人々にとって、介護保険制度は決して安心な制度ではない。では、どうすべきであろうか。

第一に、経済的理由で介護保険サービスを必要なだけ利用できない高齢者であっても、その生活を支えなければならない。そのためには、地方自治体による要介護高齢者のための独自施策を拡充することが必要である。当初言われた、「横だし・上乗せ」施策を追求していくことである。これには財源が必要であり、一面において自治体間格差を広げる可能性もあるが、人が生まれる場所を自分で選択することができない以上、格差是正役割は国にある。「地域主権」という考え方の最も大きな問題点は、地域間格差の是正機能を国が放棄する点にあると思われる。

第二に、介護保険制度は、地域住民の要望に応えようと自治体が施設整備等に努力すると、それが第一号被保険者の保険料の引き上げに直接的に反映する仕組みになっている。施設整備を介護保険制度とは別枠で行えるような仕組みを設けるべきである。

第三に、利用料の一割自己負担制に減免制度を設け、低所得高齢者でも利用限度額の上限までサービスを利用できるようにしなければならない。支払い能力の高低で老後の介護サービス水準が決まるような現状を放置しておいてはならない。

第四に、要介護高齢者の尊厳を保障する仕事に従事している介護労働者に対して、その専門性を高く評価し、介護報酬の引き上げによる賃金・労働条件の改善に取り組まなければならない。そうすることで、介護保険施行前のあの創意工夫に溢れた介護現場を取り戻さなければならない。それは畢竟、サービスの利用者である高齢者の幸福につながる。

江口英一氏は、よく高齢者に関して「愚者一処」という言葉を使っていた。誰も彼も「愚者」として老後生活は平等がいいという主張である。実際には平等を実現することは難しいが、せめて公的な社会保障、社会福祉の領域内くらいは、平等をめざすべきである。それが福祉の精神というものではないか。介護保険制度がそうした境地から遊離して、すでに一二年が経つ。

（1） 巨額の金が動く高齢者福祉の分野では、その後もこの種の重大不正事件が後を絶たない。二〇〇六年末に発生したグッドウィル・グループ（折口雅博会長）のコムスンによる介護報酬不正請求と事業所指定の不正取得事件など、介護保険制度に代わった後も高齢者福祉をめぐる不正事件が発生している。

12 生活保護制度

1 セーフティネットとしての生活保護制度

労働者はその人生の過程で失業や倒産、疾病、労災、老齢などの社会的事故に遭遇し、労働を継続できなくなることがある。その結果として起こる所得の中断・喪失に対して、保険原理にもとづいて運営される社会保険制度が一定の所得を保障し、貧困への転落を防ぐ「防貧」の役割を果たす。しかし、それらの社会的事故が長期間に及ぶと社会保険では対応しきれなくなり、最終的に生活を継続できない危機的な状態、つまり貧困に陥る。貧困に陥った人々の救済は、国家の責任において一〇〇％税を財源とする公的扶助制度が、最低生活費と呼ばれる所得を保障することで行なわれる。わが国の生活保護制度は、こうした「救貧」の役割を果たす公的扶助制度に該当する。

第Ⅰ部の社会保障の歴史で述べたように、イギリスでは救貧法を起源とする救貧施策が、紆余曲折はあるものの、主として労働能力を持たないと認定された人々の貧困に対応してきた。一九世紀末の大不況期に至って長期失業者の大量発生に遭遇し、短期失業にしか対応できない失業保険制度の限界をカバーするかたちで、救貧施策が再構成されなければならなくなった。こうして稼働能力者の貧困を正式にその対象に位置づけることにより、イギリスの近代的公的扶助制度が確立されたのである。イギリスの公的扶助制度は、救貧法の伝統と失業者救済というダブルスタンダードで成り立っているとみることができる。今も稼働能力者が排除されていないのはそのためである。

これに対して日本では、恤救規則から救護法へ、救護法から現行生活保護法へ、という制度の発展過程を辿ることはできるものの、その対象は労働能力を持たない人々の貧困であり、長期失業者に代表される稼働能力者の貧困に公的扶助制度が対応するという性格はほとんど持ち合わせなかった。そもそも失業保険制度すら、労働者の怠惰を招くものとみなされ、戦前は創設されることはなかったのである。生活保護制度が施行された後、各種社会保険制度がまだ敗戦の打撃から立ち直れずにいた一九五〇年代初頭までの時期を「生活保護中心時代」というが、そのきわめて短い期間、稼働世帯の貧困に生活保護制度が対応したことはある。しかしその後、日本経済が高度経済成長の波に乗るにつれて、貧困稼働世帯の保護からの追い出しが顕著に進んだ。結局、わが国の公的扶助制度は救貧施策というシングルスタンダードで出来上がっているとみなされるべきであろう。リーマンショック後の二〇〇八年、二〇〇九年の「年越し派遣村」や「ネットカフェ難民」のように、失業者や若者の貧困が社会問題として大きく取り扱われるようになった時だけ、稼働能力者に対して期間限定、地域限定の保護の窓口が小さく開かれるにすぎない。それは公的扶助制度としての対応というよりも、治安対策措置としての性格が多分に濃いように思われる。このように見るならば、ワークフェアとかアクティベーションの推進を声高に主張すること自体、日本の公的扶助の成り立ちを知らない人の言といわねばならない。基本的に稼働能力者を排除している日本の生活保護のもとで、ワークフェアは成り立たないのである。

要するに、日本の社会保障制度の場合、社会保険制度が「防貧」機能を果たし、公的扶助制度が「救貧」(セーフティネット)機能を果たすという、冒頭のような教科書的説明を行なってみても、わが国の現実に照らすならば「防貧」と「救貧」のはざまに大量のボーダーライン層が放置されているのであるから、あまり意味がないことになる。一九九〇年代後半以降、「生活の自己責任」論が強調されはじめるなかで、社会保障制度全体を「セーフティネットの体系」としてとらえる傾向が強まった。しかし、本来「セーフティネット」機能は最低生活を保障する公的扶助制度が担うものである。今日、雇用や失業手当や家族や企業の福利厚生までをも「セーフティネット」とみなす見解が出されているが、それは貧困の激増を前にしてわが国の生活保護制度があまりにも微弱な機能しか果たせていないために起きた「セーフティネットの蛸足化」現象である。それは、大雨による増水に耐え切れなくなった河川の氾濫に似ている。決壊することのない堅牢な堤防に、生活保護制度の機能(捕捉率)を高めていく必要がある。

2　ナショナルミニマムの未達成

わが国では、社会保障の生命線ともいうべきナショナルミニマム(国民最低限)の保障が未だに達成されていない。貧困の救済を目的とする生活保護制度は、のちに証明するように、国が定める最低生活費以下の生活をおくる貧困世帯の一一％程度しか現に救済できていない。日本の生活保護の受給率（{被保護世帯数÷総世帯数}×一〇〇）は二〇〇九年度現在二・六五％と低く、これに対してドイツの受給率は一〇％強、フランスの受給率は一四％、イギリスに至っては二四％（ほぼ四軒に一軒）と高い。これだけネットカフェ難民やケータイ派遣労働者等の若者の貧困が問題視されているのに、生活保護の適用状況は桁違いに低い。それが日本の現実である。

なぜこれほどまでに低いのか。その要因を探ると、貧困者でも少額の貯金などを保有している場合、それらの「資産」を使い果たして丸裸の状態にならないと保護を適用されない仕組みだからである。これを「補足性の原理」（生活保護法第四条）という。保有を認められている貯蓄額の上限は、保護基準月額の二分の一程度とされている。これでは単身世帯の場合、一〇万円前後の所持金があるだけで、福祉事務所の窓口で申請を却下されてしまう(1)。

車の保有も、特別な理由がある場合を除き、処分換金を求められる。さらに、保護受給者は車を運転することさえ禁じられている。母子世帯の母親が娘の高校受験の際に、友人から車を借りて試験場まで送って行き、それを理由に保護が打ち切られた。この事件は裁判にまで発展したが、司法の判断は「借りて運転することも不可」であった。また、埼玉県の桶川事件として話題になったように、真夏に保護受給者にクーラーをつけることを禁じている地域がまだ多くある。ケースワーカーが粘着テープでクーラーを作動できないようにしていくという(2)。

また、日本では二親等までの扶養義務が求められる。ヨーロッパでは、一八歳未満の子どもに対する親の扶養義務があるだけである。嫁いだ娘や長いこと会っていない兄弟姉妹のもとに突然扶養照会の通知が届くのでは、誰しも保護の申請に二の足を踏むのは当然である。こういう理由で、貧困と格差の問題が喧伝されるようになった今でも、保護の受給世帯は一四八万世帯程度にとどまっているのである。(3)

生活保護法は第二条で「無差別平等保護」の原理を謳っている。法律上は貧困であれば誰でも保護を受ける権利を有する。これを一般扶助主義と呼んでいる。しかし実際には、保護行政の運営面で対象者を強く絞り込む傾向があるので、日本の生活保護制度は事実上、制限扶助主義ではないかともいわれる。「不正受給」防止を目的とした数次に及ぶ「適正化政策」によって、申請時の受給要件のチェックが厳格化され、保護の水際で受給者数の増加をコントロールすることが行なわれてきた。いまも地域によって、制度の運用にかなりの差があると指摘されている。それは生活保護の申請を却下されて餓死者が出た事件が、特定の地域に集中していることからもわかる。これでは居住地によって生存権の保障に差が出ることになり、平等保護の原理は空文にすぎないことになる。

3　放置された稼働世帯の貧困

ここで、勤労者・国民に広がり続ける貧困の現状に関して、若干の統計的な把握を試みる。具体的には、最初に「世帯業態」（世帯のなかの最多所得者の雇用形態のこと）別に世帯所得の分布状況を把握し、どのような業態の世帯に貧困が集中しているかを明らかにする。同時に、正規労働者と非正規労働者の貧困率の格差を明らかにする。

厚生労働省『国民生活基礎調査』は三年に一度、大規模調査を実施している。大規模調査の年（ここでは二〇〇七年）には、世帯業態別の所得分布状況を世帯人員別に集計したデータが公表される。このデータに生活保護基準を尺度として当てはめて、貧困率や貧困世帯数を推計してみる。世帯業態別の所得データは、一人世帯から六人以上世帯まで世帯人員別に六区分されている。これに世帯人員ごとに算出された保護基準を当てはめると、貧困率を導くことができる。保護基準に関して生活保護制度は事実上六級地制を採っているが、ここでは二〇〇九年現在の二級地―2の生活保護基準を全国平均とみなし、貧困の測定基準とする。すなわち、一人世帯で年収一九〇万円、二人世帯で二四〇万円、三人世帯で二九〇万円、四人世帯で三三五万円、五人世帯で三八〇万円、六人以上世帯は世帯人員六人と想定して四二五万円を貧困基準とした。「世帯業態」別のデータであるから、稼働世帯の測定基準を用意しなければならない。したがって、測定基準には税・社会保険料負担と勤労控除を加えた。

世帯業態は、『国民生活基礎調査』では「雇用者世帯」、「自営業者世帯」、「その他の世帯」に大きく三区分されている。さらに「雇用者世帯」は、「常雇者世帯」と一年未満の契約の「短期雇用者世帯」に二区分されている。また「常雇者世帯」は、「一般常雇者世帯」と「会社・団体等の役員世帯」に二区分され、前者の「一般常雇者世帯」は企業規模別（人員別）に五区分されている（「企業規模不詳」という区分を含む）。「自営業者世帯」は「雇人なし」と「雇人あり」に、「その他の世帯」は「所得を伴う仕事をしている者のいる世帯」と「所得を伴う仕事をしている者のいない世帯」に、それぞれ二区分されている。以上のように世帯業態は、全部で一一の業態から構成されているが、ここでは稼働世帯の貧困を測定するという趣旨に照らして、「会社・団体等の役員世帯」と「その他の世帯」のなかの「所得を伴う仕事をしている者のいない世帯」を除外し、全体で九つの業態に整理して貧困率を測定した。

(1) 「不安定就業世帯」で高い貧困率

世帯業態別、世帯人員別に貧困率を集約した**表Ⅱ—12—①**を参照すると、最も高い貧困率を示したのは「短期雇用者世帯」であり、世帯人員の総平均で三四％であった。二番目に高い貧困率を示したのは「自営業者世帯（雇人なし）」であり、同平均で三三％であった。三番目に高い貧困率を示したのは「その他の世帯（所得を伴う仕事あり）」であり、同平均で二九％であった。以上の三業態の世帯は、これ以外の業態の「一般常雇者世帯」に比べると、仕事の安定度が相対的に低い「不安定就業世帯」を多く含む世帯業態とみなせるであろう。

この三者には、まず第一に、一人世帯で貧困率が際立って高い点に特徴がある（いずれも五〇％前後に達している）。第二に、世帯人員が二人になると貧困率はともに三〇％前後にまで低下するが、

表Ⅱ—12—① 世帯業態別・世帯員数別貧困世帯数（2007年）

（単位：万世帯，％）

	1人世帯	2人世帯	3人世帯	4人世帯	5人世帯	6人以上世帯	計	構成比	世帯分布	構成比
一般常雇者世帯										
30人未満	28.1	20.6	21.0	13.4	7.5	4.3	94.9	15.5	428.0	12.7
30–999人	30.0	23.7	26.0	16.9	6.8	4.7	108.1	17.5	878.0	26.1
1,000–4,999人	7.0	3.1	2.9	1.6	1.4	0.7	16.7	2.7	234.0	7.0
5,000人以上・官公庁	5.6	4.9	4.5	3.2	1.6	0.7	20.5	3.3	441.9	13.2
規模不詳	7.9	8.1	5.5	6.5	2.7	2.1	32.8	5.4	210.0	6.3
短期雇用者世帯	35.8	19.2	13.3	6.5	4.0	1.5	80.3	13.1	235.5	7.0
自営業者世帯										
雇人なし	30.0	43.5	23.6	17.3	7.7	6.3	128.4	21.0	392.5	11.7
雇人あり	10.7	14.3	10.8	7.9	3.9	2.1	49.7	8.1	257.7	7.7
その他の世帯										
所得をともなう仕事あり	16.6	24.0	21.9	10.5	5.6	2.7	81.3	13.3	281.6	8.4
計	171.7	161.4	129.5	83.8	41.2	25.1	612.7	100.0	3,359.2	100.0
構成比	28.0	26.3	21.1	13.7	6.7	4.1	100.0	–	–	–
世帯分布	602.2	823.6	836.5	669.6	266.9	160.4	3,359.2			
構成比	17.9	24.5	24.9	19.9	7.9	4.8	100.0			

注：表中では、一般常雇者世帯のなかの「その他の世帯」のうち「所得を伴う仕事をしている者のいない世帯」が除かれている。

出所：厚生労働省『国民生活基礎調査』（平成19年版）144-145頁、178-180頁、356-361頁より作成。

三人以上の世帯でも貧困率は二五％前後を保ち、それ以下に下がらない点が共通している。つまり、仕事の不安定性が所得の低位性に強く結びついている業態の世帯ということである。この三業態の世帯は、その四分の一を占める「貧困稼働世帯」を中核としつつ、全体として「低所得・不安定就業世帯」を形成していると考えられる。生活保護制度の最低生活費に満たない所得で生活している全国の勤労者世帯は**表Ⅱ—12—①**に示したように、六一二万七〇〇〇世帯存在するが、そのうちこの三業態に属する世帯が四七％（二九〇万世帯）を占めている。測定対象とした九つの世帯業態のうち、世帯数において約四分の一を占めるにすぎない三業態の世帯が、貧困世帯数では約半数を占めている事実は、まさにここに貧困が集中していることを物語っている。

⑵ 小規模企業ほど高まる一般常雇者世帯の貧困率

「一般常雇者世帯」は世帯数の点で、貧困測定対象とした九業態の世帯のうちおよそ三分の二（六五％）を占め、最大の集団である。貧困世帯についてみると、全体の四四％を占めている。「一般常雇者世帯」（最多所得者が正規雇用労働者の世帯）で全貧困世帯の四四％を占めるという事実は、軽視されてはならないだろう。

予想がつくことではあるが、企業規模が大きくなるにつれて貧困率が劇的に下がっている（**表Ⅱ—12—②**参照）。「計」の欄の貧困率をみると、「三〇人未満規模の常雇者世帯」で二二％、「三〇～九九九人規模の常雇者世帯」で一二％、「一〇〇〇人～四九九九人規模の常雇者世帯」で七％、「五〇〇〇人以上・官公庁の常雇者世帯」で五％となっている。このように常雇者の場合、勤め先企業の規模と世帯所得は正比例しており、やはり日本では労働者にとって、より大きな企業に就職先を得ることが安定生活をおくるための必要条件となっていることがわかる。

世帯人員別に貧困率をみると、「三〇人未満規模」の一人世帯で貧困率が飛び抜けて高い（三一％）。この企業規模に属する常雇者世帯では、世帯人員が多くなるにつれて貧困率がやや逓減する傾向を示すが、再び五人世帯から貧困率が上昇している。五人世帯から（つまり、一般的には中年期以降のライフステージで）貧困率が再度上昇するのは、一つには、小企業ゆえに年功賃金カーブが中規模企業や大企業よりも平坦に設定されているためであろう。またもう一つには、倒産・解雇・再就職を経験するなかで、再就職賃金を低く抑えられているためであろう。こうした特徴を持つ点で「三〇人未満規模の常雇者世帯」は、たとえ常雇（正規雇用）者であっても「低所得・不安定」度の高い業態の世帯として把握される。

次に「三〇～九九九人規模」をみると、「一〇〇〇～四九九九人規模」や「五〇〇〇人以上・官公庁」に比べて、世帯人員が多くなっても貧困率があまり下がらない点に特徴がある。この点で「三〇人未満規模」に近い特徴を持っている。おそらく三〇～九九九人という幅の設定は、一括りにできないほどに大きな賃金格差を内包しているのであろう。**表Ⅱ―12―①**をみると、「三〇～九九九人規模」は八七八万世帯と全世帯の二六％を占め、九業態中最大の世帯数を擁する業態となっている。このために貧困世帯の実数は多くなり（一〇八万世帯）、「自営業者世帯（雇人なし）」に次ぐ貧困世帯

表Ⅱ—12—② 世帯業態別・世帯員数別貧困率（2007年）

（単位：％）

	1人世帯	2人世帯	3人世帯	4人世帯	5人世帯	6人以上世帯	計
一般常雇者世帯							
30人未満	31.7	19.6	20.7	16.0	20.7	21.6	22.2
30–999人	18.5	12.4	11.8	8.2	8.9	11.1	12.3
1,000–4,999人	16.0	6.7	5.1	2.3	6.7	6.8	7.1
5,000人以上・官公庁	6.8	5.9	4.4	2.8	3.5	4.0	4.6
規模不詳	22.5	18.3	9.6	13.5	13.7	18.0	15.6
短期雇用者世帯	49.2	27.8	24.5	27.1	41.3	20.7	34.1
自営業者世帯							
雇人なし	53.5	33.1	25.8	28.1	25.5	24.4	32.7
雇人あり	38.9	20.1	17.2	15.5	14.4	9.9	19.3
その他の世帯							
所得をともなう仕事あり	48.3	29.2	24.9	22.2	29.7	16.8	28.9
計	28.5	19.6	15.5	12.5	15.4	15.6	18.2

注：測定基準として生活保護基準（2級地 -2）を採用し、1人世帯で年間190万円、2人世帯で240万円、3人世帯で290万円、4人世帯で335万円、5人世帯で380万円、6人以上世帯で425万円である。

出所：厚生労働省『国民生活基礎調査』（平成19年版）144-145頁、178-180頁、356-361頁より作成。

数となっている。

以上のように、わが国の勤労者世帯の貧困は、三業態の「低所得・不安定就業世帯」を中心としながら、「三〇人未満規模」の常雇者世帯と「三〇〜九九九人規模」の常雇者世帯の一部へと広がりをみせている。その総数は、九つの業態をすべてあわせると、実に六一二万七〇〇〇世帯に達しており、稼働世帯の貧困率は一八・二％となる。わが国の生活保護制度が長期にわたってその対象から外してきた稼働世帯のなかにも、今日、貧困はジワジワと拡大している。いまや全貧困世帯数の半数近くが稼働世帯、つまり「ワーキングプア」によって占められるに至っていると考えられる。

4　捕捉率の地域間格差——生存権保障の地域差は認められない

厚生労働省大臣官房統計情報部編『国民生活基礎調査』（平成二一年版）には、全国全世帯の年間所得の分布状況を「世帯構造別・地域ブロック別」に示したデータが掲載されている。わが国の生活保護基準は地域の生活水準差を反映したものとして、それぞれ二つの枝級地をもつ三級地制（つまり、事実上の六級地制）として設定されている。保護基準を貧困測定基準として採用する場合、この級地ごとに設定された基準の差がネックとなり、全国全世帯のデータに当てはめることができない。しかし、「地域ブロック別」のデータが入手できるのであれば、どの地域ブロックにどの級地の基準を当てはめればよいかは推測可能である。少なくとも、全世帯を対象に保護基準の全国平均で測定するよりは計測の精度は上がると考えられる。そうした理由から、上記のデータを用いて現在のわが国の貧困量を測定することにする。(4)

(1) 貧困率の高さと貧困の大量性

表Ⅱ―12―③の二つの表を参照いただきたい。地域間の比較検討に入る前に、日本全体の貧困率と貧困世帯数を見ると(「計」の欄を参照)、世帯貧困率は二五・一%、貧困世帯数は一二〇四万九三〇〇世帯という膨大な数値を示している。日本中の全世帯の四分の一が、生活保護制度によって公的に保障されるはずの所得水準と同等またはそれ以下の所得で生活している。これに対して、今日マスコミ等によって生活保護受給世帯の急増に警鐘が鳴らされているが、それでも現に生活保護を受給している世帯の比率は二〇一〇年七月現在で三・〇一%、被保護世帯数は一四八万六三四一世帯にすぎない。捕捉率は一〇・五六%となり、要保護(貧困)世帯の九割弱(一〇七七万五一〇〇世帯)が漏給という現実である。やはり、貧困問題にとって喫緊の課題は岩田正美氏が言うような「貧困のかたち」などではなく、被保護世帯の背後に隠されている「貧困の大量性」なのである。

これまでいく人かの研究者によって貧困率の測定が試みられてきたが、江口英一・川上昌子両氏によって行なわれた研究を唯一の例外として、これほどまでに高い貧困率が指摘された例はない。(5) 二〇〇九年秋に長妻元厚生労働大臣のもとで、『国民生活基礎調査』のデータにOECDの「相対的貧困基準」(所得中央値の二分の一の所得)を当てはめて測定された貧困率が発表された。全世帯で一

表Ⅱ—12—③—ⓐ　地域別に見た貧困率・保護率・捕捉率（2009年）

（単位：％）

世帯区分	北海道	東　北	南関東	北関東	北　陸	東　海	近畿Ⅰ	近畿Ⅱ	中　国	四　国	北九州	南九州	計
〈貧困率（％）〉													
男の単独世帯	25.80	44.54	42.25	32.92	50.00	17.40	53.42	20.02	28.42	43.58	35.18	63.20	33.74
女の単独世帯	57.70	57.22	56.15	75.06	47.32	51.44	63.42	46.36	50.88	67.64	65.00	63.02	65.40
夫婦のみ世帯	15.75	29.40	18.89	16.10	16.65	11.72	24.96	15.00	22.15	22.39	21.26	25.69	18.95
夫婦＋未婚子	12.96	18.15	8.72	8.70	6.90	6.00	17.30	16.70	8.55	7.26	9.54	17.34	10.75
単親＋未婚子	30.03	44.05	38.19	29.35	30.65	27.64	39.62	25.00	59.20	33.19	53.16	40.38	38.36
三世代世帯	36.40	6.13	17.90	13.81	4.32	6.00	7.00	2.73	13.43	5.30	5.61	21.30	10.46
その他の世帯	18.78	23.30	27.95	9.35	10.25	20.40	29.22	16.75	26.65	15.74	9.60	26.40	21.41
計	26.80	27.48	24.86	21.49	19.06	16.30	32.03	19.30	24.85	28.84	25.96	35.29	25.10
世帯保護率（％）	4.36	2.08	2.75	1.27	1.06	1.35	4.60	2.00	2.15	2.83	3.33	2.76	2.65
捕 捉 率（％）	16.27	7.57	11.07	5.91	5.56	8.25	14.37	10.36	8.65	9.81	12.82	7.82	10.56

出所：厚生労働省『国民生活基礎調査』（平成21年版）72頁、104頁、225-231頁、生活保護制度研究会『保護のてびき』（平成23年度版）52-68頁参照。

表Ⅱ―12―③―ⓑ　地域別に見た世帯数・被保護世帯数・捕捉率（2009年）

（単位：万世帯、％）

世帯区分	北海道	東　北	南関東	北関東	北　陸	東　海	近畿Ⅰ	近畿Ⅱ	中　国	四　国	北九州	南九州	計
〈世帯数(万世帯)〉													
男の単独世帯	8.33	13.81	69.67	11.46	6.05	11.29	36.06	1.76	8.18	5.67	12.59	12.89	197.76
女の単独世帯	27.75	22.83	95.12	27.17	15.66	36.37	61.83	8.21	21.52	22.05	30.75	29.24	398.50
夫婦のみ世帯	9.37	22.26	54.44	11.90	6.86	13.51	34.97	5.00	16.63	8.22	15.41	14.69	213.26
夫婦＋未婚子	7.80	15.77	39.17	9.67	3.77	11.56	34.69	7.68	7.22	2.74	10.39	9.83	160.29
単親＋未婚子	4.50	9.47	30.51	7.48	3.22	10.23	18.70	2.25	10.36	4.02	15.89	7.27	123.90
三世代世帯	3.39	3.58	11.99	6.64	1.50	3.62	2.30	0.40	3.06	0.65	1.41	3.45	41.99
その他の世帯	2.40	8.92	18.95	2.66	1.79	7.69	10.08	1.99	5.86	2.05	2.06	4.78	69.23
計	63.54	96.64	319.85	76.98	38.85	94.27	198.63	27.29	72.83	45.40	88.50	82.15	1204.93
被保護世帯数	10.34	7.31	35.41	4.53	2.15	7.78	28.55	2.83	6.29	4.45	11.35	6.42	127.42
捕捉率（％）	16.27	7.57	11.07	5.91	5.56	8.25	14.37	10.36	8.29	9.81	12.82	7.82	10.56

出所：厚生労働省『国民生活基礎調査』（平成21年版）72頁、104頁、225-231頁、生活保護制度研究会『保護のてびき』（平成23年度版）52-68頁参照。

五・七％であった。これまでに行なわれてきた他の研究は、すべてこれと同等もしくはこれ以下の貧困率を指摘している。(6) 江口・川上両氏による測定方法は、市区町村が所管している住民租税台帳に記された所得データ（個票）をもとに、世帯ごとに生活保護基準を当てはめ、それ以下の世帯の出現率を算出したものである。これ以上精度の高い研究はないと思うが、そもそも所得データの入手に高い障壁があるために、これまでに四つの区と市の貧困率が明らかにされたにすぎない。しかし、そうして計測された特定地域の貧困率が代表性と普遍性を持たないと即断するのは誤りである。同じ実質的生活保護基準を用いて、全国統計にもとづいて貧困率を測定した本研究の結果がその証左である。江口・川上両氏による貧困測定結果とほぼ同等の結果となった。

全国的に見て高い貧困率を示す世帯構造は「女の単独世帯」（貧困率六五・四％）、「単親と未婚子の世帯」（同三八・四％）、「男の単独世帯」（同三三・七％）の三タイプであった。それ以外の「その他の世帯」（貧困率二一・四％）、「夫婦のみ世帯」（同一八・九％）、「夫婦と未婚子の世帯」（同一〇・七％）、「三世代世帯」（同一〇・五％）の四タイプは平均値の二五・一％よりも貧困率が低いグループに所属している。このように、いわゆる「変則的世帯」で貧困率が高いことがわかる。

これを貧困世帯数から見ると、また違った側面が現れる。貧困な「女の単独世帯」が三九八万五〇〇〇世帯、「男の単独世帯」が一九七万八〇〇〇世帯に達し、貧困率と同様の結果が読み取れる。その反面、貧困率の低い「夫婦のみ世帯」が、貧困世帯数では二一三万三〇〇〇世帯、「夫婦と未婚子の世帯」が一六〇万三〇〇〇世帯に達している。貧困率の高い「単親と未婚子の世帯」は一一三万九

○○○世帯で、「夫婦と未婚子の世帯」よりも少ない。貧困率と貧困世帯数のあいだに見られる捩れは、ひとえに母数としての世帯数の多寡によっている。貧困率が低い世帯構造でも、世帯数それ自体が多ければ、貧困世帯の数は他の世帯構造よりも多くなるのは当然である。さらに言えば、逆もまた真なりである。「三世代世帯」と「その他の世帯」は、それぞれ四二万世帯、六九万二○○○世帯と少なく、貧困率と同様の結果を示している。

(2) 保護率の低位性と地域差

貧困率の全国平均は二五・一%であったが、地域ブロック別に見ると貧困率にはかなりの凹凸が見られる。二つの地域で貧困率が突出している。最も貧困率が高いのは「南九州」(熊本県・宮崎県・鹿児島県・沖縄県)で、三五・三%と全国平均よりも一○%以上高い。二位は「近畿Ⅰ」(京都府・大阪府・兵庫県)で三二・○%である。両地域では総世帯の約三分の一が生活保護基準と同等もしくはそれ以下の低所得で生活している。

反対に三つの地域で貧困率が低く現れている。最も貧困率が低いのは「東海」(岐阜県・静岡県・愛知県・三重県)で、一六・三%と全国平均よりも約九%も低い。二番目に低いのは「北陸」(新潟県・富山県・石川県・福井県)で、一九・一%である。これと僅差で「近畿Ⅱ」(滋賀県・奈良県・和歌山県)が一九・三%となっている。これらの地域では総世帯の約六分の一ないし五分の一が保護基準以下という状況である。これら以外の七つの地域ブロックの貧困率は全国平均と大差ないが、

「四国」「東北」「北海道」「北九州」で平均より高く、「北関東」「南関東」「中国」で平均より低い、という状況である。

以上のように、貧困率にはかなり大きな地域差が認められる。地域差の背景には、地域を担う主要産業の盛衰やそれにともなう人口の変動、家族形態の変容など、その地域に背負わされてきた歴史的経緯もあるが、それだけでは説明できない事情も認められる。貧困率に大きな地域差が認められる場合、その格差を補正する役割は当然、地方自治体ではなく国家（日本政府）にある。昨今の「地域主権」論は、国家による貧困率の適正な補正（所得の地域的再分配の推進）を後退させることに繋がるおそれがある。

貧困率と保護率の対応関係を見ると、必ずしも両者の間に正の相関関係が認められるわけではない。それは捕捉率に反映されている。先に示したように、全国平均の捕捉率は一〇・五六％であった。上下二％の範囲内で、これと同程度の捕捉率を示す地域を探すと、「近畿Ⅱ」一〇・三六％、「南関東」一一・〇七％、「四国」九・八一％、「中国」八・六五％の四地域が該当する。これらを除く八地域では、捕捉率は相対的に高いか、相対的に低いかのどちらかに分かれる。捕捉率が相対的に高い地域は「北海道」一六・二七％、「近畿Ⅰ」一四・三七％、「北九州」一二・八二％の三地域で、その理由は地域の貧困率に比べて保護率が相対的に高いからである。生活保護制度の機能が全国平均よりも活性化している地域と言える。反対に、捕捉率が相対的に低い地域は「北陸」五・五六％、「北関東」五・九一％、「東北」七・五七％、「南九州」七・八二％、「東海」八・二五％の五地域である。

その理由は、地域の貧困率に比べて保護率が一層低いからである。もともと低い機能しか発揮していない生活保護制度ではあるが、それがさらに機能不全に陥っている地域と言える。

子細に検討すると、捕捉率が低い（つまり、生活保護の機能が停滞している）地域は、さらに二つのグループに分けられる。一つは「北陸」「北関東」「東海」の三地域であり、貧困率自体が低く、保護率がそれに輪をかけて低いグループである。もう一つは「東北」と「南九州」の二地域であり、貧困率が高いにもかかわらず保護率が低いグループである。どちらも生活保護がうまく機能していないという意味で問題であるが、問題の性質を異にしていると思われる。後者のグループのほうがより深刻度が高いと言えるであろう。

生活保護行政を司る厚生労働省は、国家責任のもとに全国的に捕捉率を引き上げる取り組みに着手すると同時に、捕捉率の地域差をなくす取り組みを推進すべきである。憲法第二五条の生存権は、全国一律に保障されなければならないからである。住む地域によって貧困率に差があったとしても、捕捉率の差は許されてはならない。その前提として、都道府県別に貧困率を測定し、都道府県別の捕捉率を把握し、両方のデータを積極的に公表していくことが必要である。

5 「適正化」という名の「不適正化政策」――繰り返される保護をめぐる餓死・自殺

一九八一年に、暴力団員による不正受給をきっかけとして、旧厚生省は「一二三号通知」を出し、生活保護の「適正化」に乗り出した。[7] 保護の申請者から資産調査と扶養義務者調査の白紙委任状を提出させることで、保護行政の引き締めを図ったのである。その影響は、九一年のバブル経済の崩壊後、国民生活が厳しさを増すなかでしだいに大きくなっていった。東京都荒川区では、屑拾いの仕事をしながら保護を受けていた高齢男性が、武蔵野市の病院に入院することによって荒川区の保護を廃止となった。その後、病院を訪れたかつてのケースワーカーは、その高齢者が保護費を節約して貯めていた八〇万円余の金を発見し、荒川区福祉事務所の金庫に納めてしまった。高齢者は病院を抜け出して元のアパートに戻り、首を吊って自殺した。島根県では、保護を申請した高齢女性が亡夫の勤めていた銀行に資産調査の通知書を送られ、夫の尊厳を傷つけられた悲憤から、福祉事務所長宛に抗議の手紙を出して自殺した。東京都豊島区では、障害を持つ中年の息子を介護していた年金生活の高齢女性が、水道料金の滞納などから困窮状態にあることを区役所が把握していたにもかかわらず放置したために、息子ともども餓死した状態で発見された。[8]

社会保障構造改革が断行されるようになって社会保障の総体的抑制が強まるなか、一九九八年頃から再び全国各地で生活保護をめぐる同様の悲劇が繰り返されるようになった。[9] 大企業中心の景気回復の効果が社会全体に及ばなくなった今日、「いざなぎ超え」といわれる景気の回復やメガバンクの史上空前の最高収益の達成と叫ばれても、失業や生活苦で自殺に追い込まれる人があとを絶たない。自殺者数は九八年から二〇一〇年の一三年間で累計四二万人を超えた。そのなかの約三分の一が経済苦・生活苦による自殺者であるという。日本の自殺率はアメリカの二倍、世界中で最も自殺率の高いロシアやウクライナ、ハンガリーと同水準にある。[10] 本当の意味で生活保護が「適正に」運用されていたならば、自殺者の増大を防ぐことができたはずである。

6 福祉と賃金の逆転現象——低所得者対策の欠落

生活保護は貧困であることの他に、「病気または高齢で、働けない状態でないと受けられない」とよく言われる。活用しうる資産や稼働能力の有無が厳しく問われ、丸裸の状態にならないと受けられないからである。しかし、いったん保護が開始されると、複数の扶助が合算されるので、最低生活費の水準はワーキングプアの賃金水準を超えるようになる。これを賃金水準と生活保護基準の「逆転現象」と呼んでいる。

イギリスの公的扶助制度は、日本の生活保護制度の「生活扶助」部分だけを給付する仕組みである。医療は一九四七年にスタートした「国民保健サービス」（NHS）により国民全員が原則無料で受診できるので、保護受給者だけを対象とした「医療扶助」は必要ない。住宅に関しても、低所得層（国民全体の下方約二五％）をターゲットとして、「住宅給付」制度によって家賃の八割から一〇割を公的に補助しているので、保護受給者だけを対象とした「住宅扶助」は必要ない。[11] 教育費も、日本のように義務教育に自己負担部分があるわけではないので、保護受給者だけを対象とした「教育扶助」は必要ない。ボーダーラインの所得で生活している低所得者をターゲットとした所得保障制度が重畳的に設けられているので、保護受給者には基本的に衣食を賄う生活費の支給で済む。ヨーロッパの先進工業国の公的扶助制度は、イギリスの仕組みと大同小異である。

このように、ヨーロッパでは低所得者援助制度の存在が、福祉と賃金の「逆転現象」の発生を防止する役割を果たしている。日本では、社会保障制度として、低所得者の生活を支える制度がまったくと言ってよいほどに欠落している。そのために、保護受給者があたかも手厚く保護されているかのような現象を生み出してしまっている。「逆転現象」の発生は、保護基準が高いせいではない。基本的には賃金が低すぎるせい（労働市場政策の失敗のせい）であるが、それを補うための格差是正機能を社会保障制度が持ち合わせていないために起きている現象である。日本の社会保障制度は、貧困の存在を無視したまま運営されている点に特徴がある。[12]

何らかの理由で生活保護の粗い網の目に救われた人と網の目から漏れ落ちた人とが保護をめぐって分断され、対立させられている。被保護者に対する糾弾の多くは、低中所得層から発せられることが多い。厚生労働省が発表した日本の相対的貧困率一五・七％から生活保護の捕捉率を求めると、一四・四％でしかない。実に、保護されるべき貧困者の八五・六％が保護を受けられないままに放置されているという国家公認の現実が浮かび上がる。被保護者の周囲に、その六倍近くもの貧困・低所得層が存在している。この問題を解決することなくして、逆転現象と分断・対立構造は解消されないだろう。

7　働くことの意味を忘れた社会の自立支援政策

少子・高齢化の進行と財源難を理由に、旧自公政府は社会保障予算を毎年二二〇〇億円抑制してきた。増え続ける生活保護予算もその例外ではなく、老齢加算の段階的廃止、保護基準の見直し（引き下げ）とセットで、被保護者に対する自立支援の導入が決定された。

生活保護法はその第一条で、「最低限度の生活保障」とともに「自立助長」を法の目的として掲げている。この「自立」の意味をめぐっては、いくつかの解釈が出されてきた。最も平易な解釈は、生活保護からの自立、つまり「経済的自立」のことを意味しているという理解である。生活困窮者にとって「経済的自立」とは「就労自立」に他ならないから、働くことで保護から「自立」するということになる。(13)

しかし、労働者派遣法の全面的解禁以降、非正規労働者が全労働者の三分の一を占め、年収二〇〇万円以下の労働者が一二〇〇万人を超えるまでになったこの日本で、保護受給者に「就労自立」を促すことは、無権利の不安定雇用労働者（ワーキングプア、過剰人口プール）の大群に被保護者を突き落とすことと同義である。「普通に働けば安定した生活が送れる」ことが前提にないと、「就労自立」はワーキングプアの追加供給、それによる正規労働者の賃金・労働条件の悪化（雇用の劣化）の促進策に堕することになる。生活保護法の趣旨に則り、貧困であることを唯一の要件として制度の運用を推し進め、「捕捉率」の上昇を図ることが求められている。[14]

また、わが国では福祉を受けることに対する根強いスティグマ（恥辱感）が残存している。戦後の欧州各国は、公的扶助制度からスティグマを除去して貧困の救済が十全に行なわれるようにすることに心血を注いできた。[15] その到達点が、選別主義から普遍主義への福祉の転換である。日本では義務教育を受けることに、誰しもスティグマを感じる人はいない。イギリスでは一〇〇％税で運営されているＮＨＳを無料で受診することに、スティグマを感じる人はいない。ところが、一転して公的扶助になると受け止め方が違ってくる。これは基本的に洋の東西を問わない問題だろうが、日本におけるスティグマのとりわけ強い残存を見る時、その要因は就労に関する価値観の相違にあるのではないかと思える。

日本人は、それが本当の要望であるかどうかわからないが、高齢者も障害者も失業者も野宿者もみんな、福祉を受けることより働くことを希望する。そうした国民の気質をふまえて、近年これらの人々を対象に「自立支援」の網が被されるようになった。しかし、国民に自立を求めるのであれば、国が「働いたら普通に暮らせる社会」を用意することが前提になければならない。雇用の劣化を放置したままで国民に自立を求めることは、政策として矛盾している。

二〇〇九年から現行の積極的連帯所得（ＲＳＡ）に移行したが、フランスで一九八八年に導入された参入最低限所得（ＲＭＩ）の目的は、なかなか再就職できない二五歳以上の失業者を対象に、国が最低生活を保障する福祉制度であった。「参入」とは、社会への参入を意味している。日本の若者は、正規職に就くコースから一度外れると、フリーターの境涯から脱出することは難しい。雇用と福祉の狭間でもがき続ける若者たちの一群が存在する。若者の社会への参入を支える所得保障の制度は、雇用の劣化をストップさせる効果を持つ。悪い条件の雇用には就かないことを選択可能にするからである。就労自立に価値を置き過ぎる社会では、社会保障で生きる意味を見出せない。ヨーロッパのように、「失業者」や「保護受給者」をひとつの社会的地位として受け容れる社会を、この日本にも創造しなければならない時代が訪れていると思われる。

格差と貧困が大きな問題となるなかで、むしろ貧困の理解は混迷を深めている。社会的な問題である貧困を「個人の行動様式」の問題にすり替える議論が抬頭しているからである。貧困に限らず、社会のあらゆる矛盾は具体的な個人に現れる。歴史に翻弄される個人と、背後にある社会の変化と抑圧の高まり。社会科学の分析対象は、つねに後者であることを忘れてはならない。それを忘れた瞬間に、貧困の原因は個別性のなかに韜晦し、不可知論（「多様な貧困」という理解）に陥らざるをえない。

（1）　保護基準の低位性を争った「朝日訴訟」も、その発端は補足性の問題から生じている。「事の起こりは、津山福祉事務所長が、……（中略）……九州の宮崎に住んで長い間音信がとだえていた次兄啓一さんを戸籍調べで探し出し、毎月一五〇〇円もの仕送りを命じたことにあった。その上で津山福祉事務所長は、朝日茂さんに対して、『本年八月から次兄の啓一さんより毎月一五〇〇円の仕送りがあることになったので、そのうち六〇〇円は日用品費として自分で使って宜しい代わりに、これまでの生活扶助費六〇〇〇円は廃止する。残りの九〇〇〇円は医療扶助の一部自己負担金として国庫に納入するように』と通知してきたのである」（新井章「朝日訴訟のたたかい」中央社会保障推進協議会『人間らしく生きるための社会保障運動』大月書店、二〇〇八年、七九頁）。

（2）都留民子氏が大牟田市で二〇〇八年夏に実施した「失業者調査」に同行し、聞き取りを行なった折、車上生活から糖尿病を発症し生活保護の受給に至ったある被保護者は、九州の暑い夏を扇風機二台で凌いでいることを吐露した後、クーラーが使えないことについてそのように述べた。

（3）生活保護の財源は、その七五％を国が、二五％を地方自治体が負担している。一〇〇％国庫負担ではないので、受給者増は自治体の負担増に直結する仕組みになっている。これも保護の窓口（自治体）で受給抑制を促す一つの要因である。

（4）上記のデータにおける「世帯構造別」とは、世帯を単独世帯、三世代世帯などの七つの世帯形態に区分して把握されたデータである。世帯形態のことを統計上「世帯構造」と称しているので、本稿でもこの用語を用いる。同じく「地域ブロック別」とは、都道府県を基礎単位として日本全国を北海道、北九州など一二の地域に区分したものである。「関東地方」などとして通常使われている区分とほぼ同じであるが、関東と近畿に関してのみさらに二分化されている。

世帯構造別の所得分布データが得られると、世帯構造ごとに「最小の世帯員数」を想定することができる。その最小の世帯員数をもとに算出された生活保護基準を当てはめることによって、世帯構造別の貧困率を推計する。世帯員数を最小に想定して導かれた貧困測定基準であるから、それによって計測された貧困率は実際の貧困率よりも必ず低くなる。この意味で正確さに欠ける方法と言わざるをえないのだが、低い数値になることが予見されるこの測定方法を用いてさえ、読者諸氏を刮目させるに十分なほど高い貧困率が導かれる。この計測を全国一二の地域ブロックごとに行ない、地域別貧困率を算出し、それを総合することによって日本全体の貧困率を割り出した。

地域ブロックと級地の対応を示す。昇順で説明すると、最も低い基準の「三級地—2」と判定された地域は四国と南九州の二地域ブロックであり、その次に低い基準の「三級地—1」と判定された地域は東北、北関東、北陸、近畿Ⅱ、中国の五地域ブロックである。つまり、日本全体の半数以上を占める七つの地域ブロックが三級地と判定された。中間的基準の「二級地—2」は東海と北九州の二地域ブロックであり、「二級地—1」は北海道の一地域ブロックである。高い基準の「一級地—2」は近畿Ⅰの一地域ブロックであり、最も高い基準の「一級地—1」は南関東の一地域ブロックである。このなかで東海地域は二級地—2ではなく、二級地—1に引き上げるべきかもしれない。しかし、級地ランクを訂正して計測し直しても、結論が変わるほどに貧困率が変化することはなかった点を付記しておく。

級地別に算出した最低生活費（貧困測定基準）の算出方法について述べる。生活扶助Ⅰ類とⅡ類の合計額に住宅扶助（特別基準）を加え、さらに稼働世帯であることを前提として税・社会保険料と勤労控除を加えて算出した。被保護世帯がおくっている生活水準と同等の生活を要保護世帯がおくるためには、要保護世帯が現に負担している税・社会保険料を上乗せしなければならない。生活保護を受けると、介護保険料と後期高齢者医療制度の保険料を除く社会保険料と税金が免除されるからである。また、日本では被保護世帯の大半（二〇〇九年度で八七・一％）が非稼動世帯によって占められているので、勤労控除の適用を受けている被保護世帯は多くないのだが、稼動世帯が多い要保護世帯の貧困を測定する場合には勤労控除を加味しなければならない。

こうした考え方にもとづいて算出された貧困測定基準を掲げるならば、最も多くの地域ブロックに適用される「三級地—1」の単身世帯で年収一九〇万円、二人世帯で二四〇万円、三人世帯で二九〇万円、四人世帯で三三五万円である。厚生労働省が貧困率の測定に用いているＯＥＣＤの「相対的貧困基準」によれば、単身世帯で年収一一四万円、二人世帯で一六一万円、三人世帯で一九七万円、四人世帯で二二八万円である。保護基準とは大きくかけ離れている。しかし、保護基準こそ国民生活に責任を負う日本政府が定めた最低生活費なのであり、公的貧困線であるのだから、公式にはこちらを用いるべきであると考える。

なお、五人以上世帯の最低生活費は算出していない。その理由は先に述べたように、「単親と未婚子の世帯」は世帯員数二人、「夫婦と未婚子の世帯」は世帯員数三人というように、各世帯構造の最小世帯員数で計測しているからである。最も世帯員数が多くなる可能性を持つ「三世代世帯」の場合は、理屈上は「親一人＋子一人＋孫一人」の三人世帯でも成立しうるが、統計上の平均世帯員数との乖離が大きくなるので四人と想定した。

もちろん『国勢調査』とは異なり、『国民生活基礎調査』は全数調査ではなく標本抽出調査なので、標本誤差があることは念頭におかねばならない。

「地域ブロック」を構成する単位は都道府県である。生活保護基準はその一段階下の市区町村ごとに定められている。正確を期するならば、「○県は○級地」と決めることはできない。しかし、「市区町村の級地一覧」を参照し、人口の分布状況等を考慮しながら、当該県の市区町村の大半に適用されている級地を特定することは可能である。

（5）江口・川上両氏が一九七二年に最初に東京都のA区で実施した貧困率の測定によれば、生活保護基準以下の所得で生活している世帯の割合（貧困率）は二六・二％であった（江口英一・川上昌子『日本における貧困の量的研究』法律文化社、二〇〇九年、参照）。

（6）参考までに、これまでに行なわれてきた江口・川上両氏以外の貧困率の推計結果を列挙すると、生活保護基準を用いた推計で駒村康平氏七・七％（一九九九年）、星野信也氏四・二％（一九八九年）、ＯＥＣＤの相対的貧困基準を用いた推計で西崎文平氏八・一％（一九九四年）、岩田正美氏八・〇％（一九八九年）、厚生労働省一五・七％（二〇〇九年）となっている。厚生労働省は『国民生活基礎調査』のデータに依拠しているが、他はすべて『全国消費実態調査』のデータにもとづいている。

(7) 当時、年間八〇億円と指摘された「不正受給」は、生活保護給付費総額の〇・四%にすぎず、九九・六%が適切に給付されていたことを杉村宏氏は指摘している(杉村宏『現代の貧困と公的扶助』放送大学教育振興会、一九九八年)。

(8) その高齢女性は死に至る日々の状況を大学ノート数冊に書き留めてあり、そのノートは後日、ジャーナリストの手によって『池袋母子餓死日記——覚え書き』(公人の友社、二〇〇六年)というタイトルで刊行された。

(9) 北九州市における餓死事件、京都市における息子による要介護の母親の委嘱絞殺事件、秋田市における抗議の練炭自殺事件などがあげられる。

(10) 自殺率は、人口一ゼロ万人あたりの自殺者数で表わす。アメリカの自殺率は一二だが、日本のそれは二六となっている。エジプトの自殺率はゼロである。

(11) 公営住宅や民間アパートに居住する低所得世帯には「住宅給付」(HousingBenefit)が支給され、高齢者など持ち家の低所得世帯には固定資産税を減免する「地方税給付」(CouncilTaxBenefit)が適用される。二制度の受給世帯数を合計すると、全世帯の約四〇%になる。

(12) 福祉と賃金の逆転現象を低中所得層がどう解釈して合理化するかというと、一般に受給者を差別し貶めるという方途が採用される。つまり、「社会が貧困者を排除している」という場合、それは低中所得層と貧困層の分断・対立の構造から生じているのであって、漠然とした「社会」や「世間」の差別意識から発生しているのではない。制度が生み出した意識なのである。

(13) 「自立」支援には、「就労自立」のほかに「日常生活自立」と「社会生活自立」があるといわれる。また、「自立」とは「その人らしく生きること」であるという解釈もある。しかし、保護の現場でいま行なわれているのは、ほとんどが「就労自立」(保護からの追い出し)であり、「日常生活自立」や「社会生活自立」を展開している自治体は全国でもわずかに三自治体程度といわれている。

（14）「捕捉率」（Take-upRate）とは、保護を受けるべき貧困世帯のうち、何％の世帯が現に保護を受けているかを表わした数値である。イギリスの所得援助制度の捕捉率は八三〜八七％に達している。

（15）イギリスではピーター・タウンゼントとブライアン・エーベルスミスによる「貧困の再発見」を契機に、一九六六年、それまでの国民扶助制度を補足給付制度に改めた。「アシスタント」（扶助）という言葉に国民がスティグマを抱き、公的扶助を受けたがらないと政府が判断したからである。労働党政府は、ＢＢＣ放送を通じて国民に積極的に補足給付制度を受けるように宣伝したという（Ｊ・Ｃ・キンケイド〔一圓光彌訳〕『イギリスにおける貧困と平等——社会保障と税制の研究』光生館、一九八七年）。

13　社会保障財政と財源問題

1　「構造改革」がもたらしたもの

今から三〇年以上前、中国の国家主席・鄧小平氏は「先富論」を唱えた。彼の先富論は、「改革・開放」政策によって外資を呼び込み、広州や上海などの沿岸部を経済特区に指定して優先的に発展させ、そこを牽引車にすることで中国全体の経済発展をめざすという政策である。特定地域を優先することは、特定地域に住む人々を優先することに繋がる。経済特区に多数の富裕層が誕生すれば、彼らの旺盛な消費需要によって様々な国内産業が活性化し、たくさんの人々が雇用されるようになり、労働者の賃金所得が増えて貧困問題が解消される、というバラ色の経済成長政策を唱えた。富の雫が社会の最末端にまで零れ落ちてきて国民全体が幸福になる、という能天気な経済理論は「トリクルダウン」理論と呼ばれている。

この理論は、竹中平蔵流「新自由主義経済政策」が断行された日本でも長く信奉されてきた。富裕層に課せられる最高税率を六五％から三七％へ大幅に引き下げて、富裕層の消費活性化を図る。株式の譲渡益（キャピタルゲイン）や配当所得への課税率を「証券優遇税制」の導入により、ただでさえ国際的に見て低水準の二〇%から一〇%へ引き下げて、不労所得を思い切り優遇する。死亡した人のうち、上位わずか四%の金持ちしか該当しないといわれる相続税率を軽減する。相続税率の軽減は生前贈与にも適用され、富裕層の財産が子や孫に、より早くより多く継承されるようにする。累進税率を採用してきた住民税を一律一〇%に改定して、高所得層の負担軽減を図る。こうして生じた大幅な税収不足を、直接税(所得税)中心の租税体系から間接税(消費税)中心の租税体系へシフトさせることにより、富裕層以外の人々の負担を増強して穴埋めする。こうした富裕層厚遇の税制が次々に実行に移されてきたのが「構造改革(痛みをともなう政治)」である。まさに「租税民主主義」の全面的否定と言わざるをえない。

長期不況からの脱却を口実に、わが国で採用されてきた経済政策は、基本的に中国と同じ「先富論」(富裕層の創出)である。しかし、庶民がいくら辛抱強く待っても景気はいっこうに上向かず、「失われた一〇年」どころか「失われた二〇年」が過ぎようとしている。なぜこうなってしまったのか。その理由は、いくら富裕層を優遇し続けても、彼らの消費は「ハイブランド」と呼ばれる高級な外国製品の購入に向かってしまうからである。フランス(ルイヴィトン)やイタリア(フェラガモ)、イギリス(バーバリー)、ドイツ(ベンツ)、スイス(ピアジェ)といった国々の産業を活性化させることはあっても、日本国内の産業を活性化させるような消費需要にはあまり結びつかない。富裕層のお金は容易に海外に流出してしまうのである。

また、長期にわたる富裕層への特権的優遇は、富裕層以外の人々を疲弊させてきた。いまでは昼食は「すき家」か「松屋」の牛丼。時間がないときはコンビニのおにぎり二個に特大の鶏の唐揚げ一本(これではメタボ予防は無理)。洋服は「ユニクロ」か「ライトオン」か「しまむら」(ヒートテックで風邪知らず。いつのまにか洋服はホカロン同様使い捨てに。これでCO_2を削減できるのか)。休日に家族で出かけるのは「ららぽーと」か「イオンモール」(入場料が要らないから)。たまの外食は「びっくりドンキー」か「海鮮三崎港」(回転寿司)か「牛角」。家具とインテリアは「ニトリ」(お値段以上だから)。というのが庶民生活の実態である。主要大手スーパーは年頭所感でこぞって「さらに一層の低価格帯をめざさなければならない」と宣言していた。貧困・低所得でも何とか生きていける社会を次々に先回りして用意されても、全然うれしくない。これでは日本の将来は暗くなる一方としか言いようがない。明るい将来は富裕層にしか開かれない。この閉塞感こそが、いまの日本の現実である。

新自由主義経済政策がもたらしたものは、以上のように、日本がかつて経験したことがないほどの貧富の格差であり、庶民生活の疲弊である。これだけ格差が拡大した日本では、誰が現在の赤字財政を補塡すべきか、言うまでもない。二〇年にわたって多大な恩恵を受け続けてきた富裕層と大企業に他ならない。民主党野田政権が固執する「税・社会保障の一体改革」(消費税率の段階的かつ速やかな引き上げが一番のねらい)は、疲弊した庶民への最後の一撃となるに違いない。

表Ⅱ-13-① 社会保障財源の負担状況の推移

（単位：％、億円）

	被保険者負担	事業主負担	国庫負担	他の公費負担	資産収入	その他	計	収入総額
1970年	28.5	31.2	26.4	3.6	8.8	1.6	100.0	54,681
1975年	26.4	30.4	29.0	4.1	8.7	1.3	100.0	167,375
1980年	26.5	29.1	29.2	3.7	9.7	1.8	100.0	335,258
1985年	27.1	29.7	24.3	4.1	12.8	2.1	100.0	485,773
1990年	27.9	31.7	20.3	4.1	12.6	3.5	100.0	663,678
1995年	28.7	31.5	19.5	4.9	11.5	4.0	100.0	851,268
2000年	29.6	31.4	21.9	5.9	7.2	4.0	100.0	901,585
2001年	30.4	31.7	22.9	6.5	4.8	3.7	100.0	903,926
2002年	31.1	32.2	23.3	6.9	1.8	4.7	100.0	882,219
2003年	26.1	26.0	20.2	6.2	4.5	7.0	100.0	1,047,492
2004年	27.9	26.6	21.9	7.1	7.1	9.4	100.0	986,333
2005年	24.1	22.5	18.7	6.6	6.1	12.0	100.0	1,173,897
2006年	28.0	25.9	21.0	8.1	8.4	8.7	100.0	1,043,713
2007年	29.5	27.1	22.1	8.8	2.0	10.4	100.0	1,004,289

出所：国立社会保障・人口問題研究所『社会保障統計年報』（平成21年版／2010年刊）112-113頁より作成。

2 社会保障財源は本当に不足しているのか

政府が言うように、社会保障の財源は本当に不足しているのであろうか。検証してみよう。

表Ⅱ―13―①は、社会保障財源の負担状況の推移を示したものである。社会保障の財源、つまり「収入」がどのように調達されたのか、その推移を構成比の変化として見たものである。

第一に、二〇〇三年から事業主負担の割合が加入者本人負担の割合を下回るようになった。それまでは、前者の割合が後者の割合をずっと上回っていた。下回るようになったのは、戦後初めての現象である。社会保険料は職域保険の場合、普通「労使折半」（五分五分）で徴収されている。したがって、職域保険の場合は、事業主負担の割合と加入者本人負担の割合は等しくなるはずである。しかし、大企業サラリーマン等が加入している組合管掌健康保険では個別労働組合の交渉力を反映して、労働者本人の保険料率よりも事業主の保険料率のほうが高く設定されていることが多々見受けられる。この点を反映して、事業主負担の割合が加入者本人負担の割合を上回ることになる。それが二〇〇三年以降下回るようになった理由は、何よりも非正規労働者が増えた結果、職域保険の加入者が減少した分、地域保健（国保・国年）の加入者が増加し、事業主負担が軽くなったためと考えられる。社会保障の財源に対する企業の負担が相対的に軽減された分、労働者本人の負担に転嫁されたことになる。

第二に、国庫負担の割合が全体的に下がり続けてきた。国庫負担は一九八〇年には二九％超だったのが、八二年の第二臨調行革頃から二〇％台前半にまで低下し、顕著に抑制されるようになった。いまでは、かろうじて二〇％前後をギリギリ保っている状況である。その反面、「他の公費負担」（つまり地方自治体負担）が徐々に増えてきて、いまや八・八％にまで上昇している。介護保険制度の導入以来、国の負担が地方自治体に転嫁されてきたことがわかる。こういう方向性をさらに推し進めていこうとするのが、地方自治体への財源移譲なき「地域主権」論に他ならない。以上のように、企業から労働者へ、国から地方自治体へと、社会保障の財政負担が徐々に転嫁されてきたのが近年の趨勢である。消費税を社会保障目的税化すると、この趨勢は加速化されることになるであろう。

表Ⅱ―13―②は、社会保障の収入状況の推移を金額で見たものである。結論から先に述べると、事業主負担と国庫負担という、この間比率を低下させてきた二分野を元に戻せば、財源は十分に確保されるということである。国民が先に述べたようなデフレ生活をおくらされているときに、二六六兆円も内部留保を溜め込んでいる大企業の高収益構造を、どうして聖域として放置しておくのであろうか。日本経団連は事あるごとに、日本の法人税率は国際的に見て高すぎると言うが、社会保険料として企業が負担すべき割合を加味すると、日本の企業の負担率はＥＵ加盟国のそれに比べて大幅に低下する。二六六兆円といわれる大企業の内部留保は、もともと労働者が生み出した剰余価値が広範囲かつ重層的に大企業に吸い上げられたものである。労働者全体の福祉に使われるのが当然ではないか。この高利潤体制を放置していたために、オリンパスによる一七〇〇億円にものぼる資金運用の失敗と不正経理事件を招き、大王製紙の創業家社長個人による一〇六億円にものぼるカジノ浪費事件を招いたのではないか。国が企業から税として徴収し、国民の福祉のために使っていれば、こうした不祥事の発生を未然に防ぐことができたうえに、社会保障財源に大きな余裕が生まれたはずである。大企業だからすべて健全に運営されていると考えるのは、まったくの幻想である。今日、コンプライアンス（企業の法令遵守）が声高に叫ばれるのも、それがいかに守られていないかの証左ではないか。

表Ⅱ—13—③は、支出総額および支出の内訳を示したものである。「社会保障給付費」は、現金給付やサービス給付として国民に給付された総額を意味する。「管理費」というのは主に事務費のことであるが、日本年金機構（旧社会保険庁）の職員の給料等が含まれている。本来、公務員の給料は税金から出すべきであり、元来、事務費は国庫から拠出されていたのだが、臨時措置法で社会保険料か

表Ⅱ—13—② 社会保障の収入状況

（単位：兆円）

	拠出		国庫負担	他の公費負担	資産収入	その他の収入	収入総額
	被保険者	事業主					
2000年	26.6589	28.3106	19.7066	5.5118	6.4976	3.4708	90.1562
2001年	27.4720	28.6537	20.7075	5.9847	4.3464	3.2259	90.3902
2002年	27.4731	28.4054	20.5520	6.1620	1.6124	4.0170	88.2218
2003年	27.3797	27.2505	21.1415	6.6438	15.2229	3.6142	101.2526
2004年	27.5285	26.2256	21.7012	6.9357	7.0005	3.6291	93.0206
2005年	28.3469	26.3603	22.0521	8.0327	18.8465	13.8835	117.5220
2006年	29.2169	26.9847	21.8703	9.2048	8.7222	8.3725	104.3713
2007年	29.6730	27.2010	22.1900	8.8468	2.0363	10.4818	100.4289
累計	223.7490	219.3918	169.9212	57.3223	64.2848	50.6948	785.3636

注：「資産収入」とは、利子・配当金・施設利用料・賃貸料・財産処分益・償還差益等から成る。
「その他の収入」とは、受取延滞金・損害賠償金・手数料・繰入金・繰越金・雑収入等から成る。

出所：国立社会保障・人口問題研究所『社会保障統計年報』（各年版）の「社会保障費用①、②、③」より作成。

表Ⅱ—13—③ 社会保障の収支状況

（単位：兆円）

	収入	支出					収支残
	収入総額	支出総額	社会保障給付費	管理費	運用損失	その他	
2000年	90.1562	89.0013	78.1272	1.4665	—	9.4076	1.1549
2001年	90.3902	88.8245	81.4007	1.4663	—	5.9576	1.5657
2002年	88.2218	95.3633	83.5666	1.4038	7.3319	3.0610	－7.1415
2003年	101.2526	88.9982	84.2668	1.3298	41	3.3975	12.2544
2004年	93.0206	90.1505	85.6469	1.2719	29	3.2288	2.8701
2005年	117.5220	96.6869	87.9150	1.2488	18	7.5213	20.8351
2006年	104.3713	94.0397	89.1098	1.2053	—	3.7246	10.3316
2007年	100.4289	106.7364	91.4305	1.3262	9.7048	4.2749	－6.3074
累計	785.3636	749.8007	681.4635	10.7186	17.0455	40.5727	35.5629

注：「管理費」とは、事務費・事務所費・総務費・基金運営費・業務取扱費・業務委託費・組合会費・旅費等から成る。
「運用損失」とは、決算時点で生じた積立金等の評価損等を意味する。
「その他の支出」とは、支払基金事務費・施設整備費・保健施設費・福祉施設費・営繕費・組合債費・保険料等還付金等から成る。

出所：国立社会保障・人口問題研究所『社会保障統計年報』（各年版）の「社会保障費用①、②、③」より作成。

ら出すように変えられ、それが二年間の延長の繰り返しで今日まで続いている。社会保障支出のなかに紛れ込ませた管理費は、八年間で一〇兆円にも達している。それに加えて、資産の「運用損失」が八年間で一七兆円にも達している。運用しなければ出ることのなかった損失である。[1]また、「その他の支出」が八年間で四〇兆円もある。それらの合計で社会保障給付費の約一割になるので、軽視できない。国民の財産をいかに適正に保全するかが問われている。

重要なのは、八年間の累積で見た場合の収支残が三五兆円の黒字になっていることである。本来、単年度決済であるから、累積値を出すのは邪道なのだが、試みに算出してみた。八年間で三五兆円もの黒字であるならば、これで財源不足と言ったらおかしいことになる。

もちろん、年金積立金として積み立てられている部分が大半であろう。それが予測どおりに順調に積み立てられておらず、いわゆる「積立不足」の状態に陥っているからという理由で、財源不足が喧伝されているのであろう。しかしそれは、長期不況で国民生活が疲弊しているからに他ならない。そういう時でも予定どおりに積み立てられないからといって「財源難」を持ち出すのでは、財務官僚は国民の生活を尊重していないと言わざるをえない。

そもそも日本の社会保障は、赤字にならないようにかなり用意周到に運営されているのではないか。年金などは毎年「保険料固定方式」という名の「保険料引上げ方式」で、二〇一七年まで自動的に保険料が上がっていく仕組みである。そのねらいは年金積立金のさらなる積み上げにあるのだから、赤字になること自体、本来考えられないことなのである。「積立不足」になる原因は、国民生活の疲弊のほかに、公的年金制度に対する国民の不信感の高まりを背景とした保険料納付率の低下にも求められる。いまでは、国民年金の納付率は六〇％にまで落ち込んでいる。これでは積立不足に陥るのも当たり前ではないか。このように問題の責任は、制度不信を高めた政府と厚生労働省にある。また、国民健康保険も、前年度の収支状況を参考にして各自治体が翌年度の国保税額を決めているので、国庫補助を減額しようとしないかぎり、基本的に大幅な赤字にはならない仕組みである。したがって、「財源がない」というのは「社会保障に回すお金はない」という本心の別表現であろう。

表Ⅱ—13—②に戻って国庫負担の項目をみると、この八年間、ほぼ二〇〜二二兆円の範囲で推移してきた。ところが、政府が二〇一一年六月に出した「社会保障・税の一体改革案」をみると、二〇一五年に公費負担が四一兆円になるという。この間、ずっと国庫負担は二〇兆円前後に固着してきたのに、どうして公費負担が数年で一気に四一兆円まで増えるのか、まったく理解できない。高齢人口がそれほど急激に増加するわけがない。「他の公費負担」、つまり自治体負担があと数年で現在の二・五倍に増えるという計算であろうか。もしそうであるならば、基本的に国庫に収まるはずの消費税の税率一〇％への引き上げは、まったく見当はずれの政策ではないか。

そういうわけで、今の日本の社会保障財政はかなり堅実に営まれていると考えられる。どうして民主党政府が「財源がない、財源がない」と言うのか理解に苦しむ。やはり財源難は一種のデマゴギーであって、何が何でも消費税率を引き上げるための議論として喧伝されているのではないか。財務省からすれば、消費税率引き上げは赤字国債の金利上昇を防止するためのスケープゴートではないか。

3　消費税は公平な税か

消費税は逆進性の強い、庶民にとって最悪の大衆課税である。しかし数年前から、「消費税は公平な税である」という議論がまことしやかに流されるようになった。そう主張されている理由をさぐると、「消費税だけを見れば逆進性があるが、社会保障給付は低所得層に厚く支給されているので、給付として受け取った金額を合算して考えれば、結果的には負担の累進性が保たれている」という牽強付会の説である。また、「富裕層も死ぬまでには全ての資産を消費すると考えられるので、消費税率自体に逆進性はない」という説である。給付の受け取り分を含めてまで消費税の累進性を証明したいのであれば、所得税を財源にしたほうがもっと累進性が高まると反論しなければならない。また、富裕層の巨額の遺産相続を考えれば、鳩山家を例に持ち出すまでもなく、死ぬまでに全財産を使い果たすことなどフィクションにすぎない。一代で使い果たしてしまう程度の資産の持ち主は、富裕層とは呼べないのではないか。「公平神話」が「消費税ムラ」の面々によってつくられている感がある。

そこで試みとして、消費税の実効負担率を年間所得10分位階級別に推計してみたのが**表Ⅱ—13—④**である。同表は、消費税が仮に一〇%に引き上げられた場合の実効負担率をみたものである。

消費税の実効負担率の現状をみると、一番所得の低い第Ⅰ10分位階層で四・〇四%、一番所得の高い第Ⅹ10分位階層で一・九〇%である。負担の逆進性は明瞭であり、第Ⅰ10分位は第Ⅹ10分位の二・

表Ⅱ—13—④　所得10分位階級別にみた消費税負担率（推計、2009年）

（単位：円、%）

勤労者世帯（2人以上）	年間消費税額		年間直接税額（B）	年間収入の平均（C）	消費税負担率		直接税負担率（B/C）	税負担率	
	5%（A）	10%（a）			(A/C)	(a/C)		(A+B/C)	(a+B/C)
第Ⅰ10分位	113,184円	226,368円	109,428円	2,800,000円	4.04	8.08	3.91	7.95	11.99
第Ⅱ10分位	135,263〃	270,526〃	160,800〃	3,950,000〃	3.42	6.85	4.07	7.50	10.92
第Ⅲ10分位	145,634〃	291,268〃	233,112〃	4,690,000〃	3.11	6.21	4.97	8.08	11.18
第Ⅳ10分位	157,088〃	314,176〃	254,940〃	5,370,000〃	2.93	5.85	4.75	7.67	10.60
第Ⅴ10分位	171,107〃	342,214〃	326,040〃	6,080,000〃	2.81	5.63	5.36	8.18	10.99
第Ⅵ10分位	184,836〃	369,672〃	412,848〃	6,840,000〃	2.70	5.40	6.04	8.74	11.44
第Ⅶ10分位	197,057〃	394,114〃	493,860〃	7,680,000〃	2.57	5.13	6.43	9.00	11.56
第Ⅷ10分位	217,716〃	435,432〃	639,132〃	8,750,000〃	2.49	4.98	7.30	9.79	12.28
第Ⅸ10分位	246,841〃	493,682〃	862,656〃	10,260,000〃	2.41	4.81	8.41	10.81	13.22
第Ⅹ10分位	273,408〃	546,816〃	1,412,496〃	14,370,000〃	1.90	3.81	9.83	11.73	13.63

注：年間消費税額（A）＝{（消費支出－保健医療費）×0.05}×12ヵ月
　　年間消費税額（a）＝{（消費支出－保健医療費）×0.10}×12ヵ月
出所：総務省『家計調査年報』（平成21年度版）。年間消費税額以外の数値は、すべて総務省ホームページより作成。

一三倍の税率で消費税を負担している。住民税は一律一〇％になったものの、所得税は累進税率を採用しているので、下位の所得階層ほど税率は低く、上位の所得階層ほど高い税率である。そこで消費税と直接税（所得税と住民税）をあわせてトータルな税の負担率をみてみると、第Ⅰ10分位階層が七・九五％、第Ⅱ10分位階層が七・五〇％となっている。なんと一番所得の低い第Ⅰ10分位の税負担のほうが第Ⅱ10分位の負担率よりも高くなっている。その理由は、第Ⅰ10分位の平均年収二八〇万円では貯金を取り崩して一家三人の消費支出に当てざるをえないからであり、貯金の取り崩しは「実収入以外の収入」として年収に含まれていないからである。これに対して、第Ⅹ10分位のトータルな税負担率は一一・七三％である。五％の現行消費税率によってさえも、これほどまでに税負担率の累進度が緩められているのである。

それでは、二〇〇九年段階でもし消費税率が一〇％だったならば、どういう負担率になるかみてみよう（**表Ⅱ—13—④**）。消費税負担率は第Ⅰ10分位階層が八・〇八％、最も所得が高い第Ⅹ10分位階層が三・八一％となる。直接税負担率には変化はないので、トータルな税負担率をみると、第Ⅰ10分位が一一・九九％、第Ⅹ10分位が一三・六三％になる。税率の累進性は消滅して、負担率がすべての階層でほぼ均等化してしまうのである。消費税を一〇％にすると、金持ちも貧乏人も実質的にほぼ同じ税負担率になる社会が実現されるわけである。まさに「自己責任社会」の実現である。こうした社会の創造をねらっているのが財務省であり、その意向の実現に張り切る現民主党政権ということになる。

年収二八〇万円の世帯と一四三七万円の世帯が同じ税負担率になるのは、一見公平のように思えるかもしれないが、税負担の重み、痛みは大きく異なる。年収二八〇万円の世帯が、年に三三万円もの税を負担するのは容易なことではない。可処分所得は大幅に低下する。貧しいものはさらに貧しくなり、低所得者の生存権が奪われることになる。格差と貧困を拡大し、社会に大きな断絶を生むことになる。

4 「腐朽的・寄生的資本主義」の構築

小泉構造改革以降の日本資本主義についてつくづく思うことは、不況でも大企業の収益が向上する社会になったということである。このことの意味はきわめて重要である。不況になったら企業収益が下がり、労働者の賃金も下がり、労資双方が不況に耐えてともに景気をよくしていくというのならば、まだわからないことではない。日本の善良な市民は皆そう考えて、この一〇年余りの辛い年月を過ごしてきたに違いない。しかし、不況になったら労働者にだけ一方的に様々なしわ寄せをして、非正規労働者というチープレイバーをつくりだして正規雇用を減らし、賃金・ボーナスをカットし、サービス残業をさせ、そうした労働費用の大幅な節約によって大企業の収益を向上させてきた。「不況に強い体質」が大企業に構築されたのである。不況でもかなりの収益が上がるし、リーマンショック以前の「戦後最長不倒」の景気回復期のように、いったん好況に転じたら笑いが止まらなくなるほど収益

表Ⅱ—13—⑤　国民所得（名目）の配分の変化

（単位：兆円、万人）

	00年	01年	02年	03年	04年	05年	06年	07年	00-07年
雇用者報酬	271.3	268.0	261.2	256.3	256.1	259.6	264.3	265.7	−5.6
(1)賃金・俸給	232.0	227.6	220.2	218.6	218.7	223.4	226.6	226.9	−5.1
(2)雇主の社会負担	39.3	40.4	40.9	37.7	37.4	36.3	37.7	38.8	−0.5
財産所得（非企業部門）	16.6	11.0	9.2	8.1	10.8	14.1	17.6	16.6	−
企業所得（法人企業の分配所得受払後）	83.9	82.3	85.4	93.6	97.0	92.1	91.7	92.5	+8.6
(1)民間法人企業	44.4	41.2	42.0	47.1	51.9	46.8	47.5	49.3	+4.9
(2)公的企業	1.2	3.6	4.5	6.2	5.8	6.8	6.9	6.5	+5.3
(3)個人企業	38.3	37.6	38.9	40.4	39.4	38.6	37.4	36.6	−1.7
国民所得（要素費用表示）	371.8	361.3	355.8	358.1	363.9	365.9	373.6	374.8	+3.0
国民所得（市場価格表示）	410.1	399.5	393.1	394.9	401.9	405.7	413.8	415.1	+5.0
就業者数	6,446	6,412	6,330	6,316	6,329	6,356	6,382	6,412	−34
完全失業者	320	340	359	350	313	294	275	257	−63
総人口	12,688	12,715	12,740	12,758	12,767	12,766	12,761	12,776	+88

出所：国立社会保障・人口問題研究所『社会保障統計年報』（平成19年版）254頁、同（平成21年版）244,496頁より。

が上がる。そういう資本主義が構築されてきたのが、この一〇年間だったのではないか。

この点を検証するために作成したのが、**表Ⅱ—13—⑤**の国民所得（名目）の推移である。二〇〇〇年から〇七年までの国民所得（要素費用表示）は、三七一・八兆円から三七四・八兆円へ三兆円増えている。その中身をみると、雇用者報酬が、二〇〇〇〜〇七年の間に五・六兆円のマイナスになっている。賃金・俸給が下がり、雇い主の社会負担（社会保険料の企業負担分）も五〇〇〇億円下がった。一方、企業所得は同期間に八・六兆円増えている。民間法人企業の

表Ⅱ—13—⑥　国民所得（名目）の配分の変化（指数）

（2000年＝100）

	00年	01年	02年	03年	04年	05年	06年	07年
雇用者報酬	104	103	100	98	98	99	101	102
(1) 賃金・俸給	105	103	100	99	99	101	103	103
(2) 雇主の社会負担	96	99	100	92	91	89	92	95
財産所得（非企業部門）	180	120	100	88	117	153	191	180
企業所得（法人企業の分配所得受払後）	98	96	100	110	114	108	107	108
(1) 民間法人企業	106	98	100	112	124	111	113	117
(2) 公的企業	27	80	100	138	129	151	153	144
(3) 個人企業	98	97	100	104	101	99	96	94
国民所得（要素費用表示）	104	102	100	101	103	103	105	105
国民所得（市場価格表示）	104	102	100	100	102	103	105	106
就業者数	102	101	100	100	100	100	101	101
完全失業者	89	95	100	97	87	82	77	72
総人口	100	100	100	100	100	100	100	100

出所：国立社会保障・人口問題研究所『社会保障統計年報』（各年版）の「社会保障費用①、②、③」より作成。

所得が四・九兆円増え、公的企業の所得が五・三兆円増え、個人企業の所得が一・七兆円減っている。

このように国民所得、つまり国民が働いて生み出した社会の富（付加価値）の総額は三兆円増えているのに、その配分が労働者により少なく、大企業により多く配分する方向に大きく変わったのである。これがかなり長期に続いてきたために、大企業の内部留保がどんどん膨らんだわけである。小泉構造改革の「痛みをともなう政治」は、まさに労働者階級と小企業に「痛み」を押しつける政治だったことがはっきりとわかる。

国民所得が最も落ち込んだ二〇〇二年と直近の〇七年との比較では、変化がもっと大きく出ている。**表Ⅱ—13—⑥**は、二〇〇二年の各数値を一〇〇として変化を指数表示したものだが、「財産所得」が一八〇へ、民間法人企業の所得が一一七へと大きく伸びている。逆に、雇い主の社会負担や個人企業の所得が大きく落ち込んでいる。その結果、大企業の内部留保はいまや二六六兆円に達したわけだが、景気の先行き不透明感から年間わずかに八兆円しか設備投資に回されず、備蓄されている一方なのである。この内部留保の一割を東日本大震災の被災地復興資金にあてるとしたら、二五兆円余になる。これだけの資金を投入したら、被災者・被災地の復興は大きく前進することは間違いない。日本の大企業にとっては、二五兆円程度負担しても、資金運用にまわせるお金がまだ二三〇兆円もあるわけだから、それは五年程度で回収できるのではないか。少なくともラスベガスやマカオのカジノで一企業の社長が一〇六億円使い果たすよりは、はるかに有意義な使い方ではないか。

リストラで大した苦労もなく収益が上がるようになると、どんな企業でも腐敗していくと思われる。その例がオリンパスと大王製紙である。まったく緊張感のない経営が社会的に蔓延しているのではないか。こうした企業のダークサイドを見せつけられると、日本政府の大企業保護は、日本経団連の認識とは正反対に、すでに国際的に見て過剰ともいうべき領域に入っているのではないか。大企業を過保護にするくらいならば、少しは国民を保護すべきではないか。日本における年間自殺者数は、一九九八年以降一四年連続で三万人の大台を超え続け、一四年間の累積で約四五万人に達する。その約三分の一が「経済苦・生活苦」による自殺者である。「資本主義社会で富が蓄積されるとき、その対極には貧困が蓄積される」というのはマルクスの有名なテーゼであるが、今日の日本では貧困どころか人間の死が累積しているのである。これを放置してまで大企業が莫大な利潤を得続けることの正当な理由はどこにもない。

社会保障のあり方を「ナショナルミニマムの構築」に向けることは、不況でも大企業の内部留保が増え続けるという今日的な日本版「腐朽的収益構造」を打破して、健全な経済循環に戻し、内需拡大型の資本主義に変えていくことにつながると思われる。このまま腐朽的な収益構造を続けて、大企業だけが肥え太っていくことでよいのか。それで国民が幸せになる道が切り開かれるのか。現にバブル経済の崩壊以降今日まで、幸せになれたのは金持ちだけではないか。また、リストラと派遣活用で収益を上げる資本主義が、本当の意味で成長力を持ちうるものだろうか。日本の資本主義のあり方が根本的に問われていると思われる。社会保障の拡充は、お金がないからできないのではなく、富の分配がおかしいからできないのである。

バブル崩壊以降構築されてきた日本資本主義のあり方を転換して、国民本位の経済運営に改め、国民が希望を持って生きられる社会をつくるために、日本の社会保障を拡充していくことが必要である。財界側の論理に組み込まれてしまうと、国民の希望が委縮し続けるデフレ社会が、このまま永遠に続くことになるのではないか。

社会保障は「富の分配」を基本としている。たとえ消費税を財源に社会保障を拡充できたとしても、それは「貧困の分配」にすぎない。財務省から見れば、所得税で徴収しようと消費税で徴収しようと金に変わりはないという認識であろうが、それは官僚の無知と驕りを証明するものに他ならない。富者が虚栄心を満足させるために使うお金と、年金生活者や派遣労働者が食費を節約して納めるお金が、同じ価値を持つお金であるはずがない。そう考えることが政治を担う者の役目ではないか。少なくとも二世議員に世代交代する前の自民党の政治家は、そう考えていたのではないか。また、所得税で集めようと消費税で集めようと、一〇〇〇円の金が一〇〇〇円の価値しか持たないのは当然のことである。経済的な客観価値とはそういうものである。しかし、富者にとっての一〇〇〇円と貧者にとっての一〇〇〇円は主観的な価値が異なる。客観的な等価を超えて「何が公正か」を考えることが政治の役割である。過度な経済主義の暴走を許してはならない。社会保障は「富の分配」が命である。消費税で社会保障を持続可能な制度にできたとしても、それでは国民が本当の意味で幸福と安心を得ることのできない「不幸の分配」に終わるであろう。不幸を分配された人々は別の新たな貧困に直面するだけである。そうさせないための取り組みが、いま必要とされている。

（1） 長期的にみると、年金積立金の運用実績はプラス・マイナス・ゼロといわれている。それならば運用をやめたほうがいい。積立金を増やすことよりも、日本の大企業の株価を下支えすることが本当の目的ではないか。

あとがき

今年七月二八日、ロンドン・オリンピックの開幕式の様子が放映された。その中盤、子どもの患者を乗せたおびただしい数のベッドが場内に現われ、医療スタッフに看護される光景が『ハリー・ポッター』などのファンタジー小説と絡み合いながら展開された。そのラストシーン。暗転した場内の中央に、淡いピンクに光る輪に囲まれて「ＮＨＳ」（国民保健サービス）の三文字が大きく輝いた時、私は不覚にも感動で落涙しそうになった。イギリスはオリンピックの開幕式に、すべてのイギリス国民がいかにＮＨＳを大切なものと考えているか、さりげなく、ただしわかる人にはわかるように、実に印象的に示してみせたのである。オリンピックの会場で自国の医療保障制度を誇示する国がこれまでにあっただろうか。ドキュメンタリー映画「シッコ」のなかで、「ＮＨＳは女性の参政権と同じ。誰一人として否定できる人はいない」と断言したトニー・ベンの言葉は本当であった。

本書を書き終えて、筆者が言いたかったことは、結局、イギリスのＮＨＳに象徴される本当の意味での「普遍主義の福祉」をこの日本において形成し、定着させたいということに尽きる。それは医療保障だけにとどまらない。介護保障にも教育保障にも住宅保障にも「普遍主義」を実現させたい。恩師の江口英一先生がまだ現役の大学教授だった頃、「唐鎌君、普遍主義の公的扶助って、考えられないものでしょうか」と問われたことがある。短慮だった私は「先生、それは言語矛盾ですよ。ミーンズテスト付きの給付を選別主義給付というのですから、公的扶助はその代表です」と答えた。先生は「そうですかねぇ」と怪訝そうな声を出されて、黙ってしまわれた。今では「ベーシック・インカム」という普遍主義の現金給付が考案されている。先生のほうが思考は柔軟であり、時代の先を見ていた。戒めとしなければならない。

本書の企画が始動したのは『労働法律旬報』に執筆した連載（全八回、四ヵ月間）が終盤に差しかかった頃であるから、二〇〇八年のことであったと記憶する。それから四年の歳月が経ってしまった。この間、筆者の境遇は大きく変動した。二〇一〇年三月末をもって先任校を依願退職し、ほとんど定収入のないフリーター生活を二年経験した後、本年四月から立命館大学産業社会学部に再就職した。先任校を辞めたのは、原稿の執筆に向き合う時間がほとんどとれないほど、体力を消耗していたからである。十分な考察ができないにもかかわらず、求められるままに原稿を書き続けることに、ひどい倦怠を覚えていた。どうあがいても取り繕うことができない状況に追い込まれていたのである。二年間は自分を取り戻すための時間であった。

この間、本書の企画者である旬報社の真田聡一郎さんは、辛抱強く執筆の進捗を見守り続けてくれた。真田さんがいなければ、本書が日の目を見ることはなかったであろう。心から感謝申し上げる。

二〇一二年七月三〇日　京都・花園団地の蝉しぐれのなかで

著者プロフィール
唐鎌直義（からかま・なおよし）
1952年生まれ。立命館大学産業社会学部教授。中央大学大学院経済学研究科博士後期課程満期退学。長野大学助教授、大正大学教授、専修大学教授、フリーの社会保障研究者を経て2012年４月から現職。
主な著作に、「大気汚染健康被害者の生活と公害健康被害補償制度」（島崎稔・安原茂編『戦後重化学工業都市の構造分析』東大出版会、1987年）、「『利潤ブロック構造』下の勤労者生活と社会保障」（「経済」新日本出版社、1987年）、「イギリス高齢期の所得保障にみる最低限保障の構造」（中央大学経済研究所編『社会保障と生活最低限――国際動向を踏まえて』中央大学出版会、1997年）、『日本の高齢者は本当にゆたかか――転換期の社会保障を考えるために』（萌文社、2002年）、「年金格差と高齢者の貧困」（岩井浩・福島利夫・菊地進・藤江昌嗣編『格差社会の統計分析』北海道大学出版局、2008年）、他。

脱貧困の社会保障

2012年９月５日　初版第１刷発行
2013年７月22日　　　第２刷発行

著　者　唐鎌直義
装　丁　坂野公一（welle design）
発行者　木内洋育
編集担当　真田聡一郎
発行所　株式会社 旬報社
〒112-0015　東京都文京区目白台2-14-13
TEL 03-3943-9911　FAX 03-3943-8396
ホームページ　http://www.junposha.com/
印刷製本　株式会社光陽メディア

 ISBN 978-4-8451-1266-1 C0036